商庆军 著

金融资源配置及其组织化发展

THE ALLOCATION OF FINANCIAL RESOURCES AND ITS ORGANIZATIONAL DEVELOPMENT

经济科学出版社
Economic Science Press

目 录

第一章 艰难的融资：金融资源需要优化配置 … 1

第一节 一般情况下的融资困境 … 2
一、中小微企业融资困境 … 3
二、创业艰难 … 6
三、成长烦恼 … 7
四、创新需求 … 8
五、基础设施建设 … 9
六、风险防范需求 … 10
七、紧缩时期的艰难 … 11

第二节 流动性过剩中的融资困境 … 13
一、供求不均衡 … 16
二、期限不对称 … 17
三、利率不合理 … 18
四、信用环境不优良 … 20

第三节 融资困境的根源 … 22
一、信息不对称的制约 … 22
二、金融资源初始配置不均衡的制约 … 26
三、金融资源配置效率的制约 … 27
四、外部条件的制约 … 28
五、金融准入条件的制约 … 30
六、融资技术手段的制约 … 32

第四节　各类主体都应促进金融资源优化配置 ………… 33
第五节　金融资源优化配置的前景 ……………………… 34

第二章　金融资源概说：金融资源学与金融资源优化配置 ………… 37

第一节　经济资源与资源经济学 ……………………… 38
一、资源及其特点 …………………………………… 38
二、经济资源 ………………………………………… 41
三、资源经济学 ……………………………………… 42

第二节　金融资源与金融资源学 ……………………… 43
一、金融资源的内涵 ………………………………… 43
二、金融学科的发展 ………………………………… 47
三、金融资源学的研究对象 ………………………… 49
四、金融资源学与金融效率 ………………………… 52

第三节　金融资源系统 ………………………………… 53

第四节　金融资源的构成要素 ………………………… 56
一、各类主体 ………………………………………… 57
二、资金 ……………………………………………… 60
三、经济资源 ………………………………………… 60
四、经济活动 ………………………………………… 61
五、信用制度 ………………………………………… 61
六、社会环境 ………………………………………… 62
七、金融牌照及金融机构 …………………………… 62
八、金融要素市场体系 ……………………………… 63
九、宏观政策和监管 ………………………………… 64
十、技术手段 ………………………………………… 64

第五节　金融资源的供给和需求 ……………………… 65

第六节　组织优势本身就是资源 ……………………… 67

第七节　金融资源优化配置措施 ……………………… 71
一、金融资源优化配置的五项措施 ………………… 72
二、金融资源的整理 ………………………………… 72
三、金融资源的整合与重组 ………………………… 73

目录

  四、金融资源的优化 …………………………………………… 74
  五、对金融资源进行优良化处置 ……………………………… 75
  六、加强金融政策统筹协调 …………………………………… 76
  七、运用市场机制实现金融资源优化配置 …………………… 77

第三章 融资条件的达成：经济主体自我组织金融资源 ……… 79
 第一节 金融资源自我组织的理论基础 …………………………… 79
  一、经济系统的自组织 ………………………………………… 79
  二、管理理论和金融资源优化配置 …………………………… 81
  三、金融资源系统的竞争与协同 ……………………………… 83
 第二节 融资方式与金融资源优化配置 …………………………… 84
 第三节 贷款及其融资组织 ………………………………………… 86
  一、贷款的融资条件 …………………………………………… 86
  二、贷款的融资组织 …………………………………………… 87
 第四节 企业发行上市及其融资组织 ……………………………… 89
  一、企业发行上市的条件 ……………………………………… 89
  二、上市融资的组织推进 ……………………………………… 90
 第五节 资产重组及其融资组织 …………………………………… 90
 第六节 专业投资及其融资组织 …………………………………… 94
  一、非公开股权的融资条件 …………………………………… 94
  二、非公开股权的融资组织 …………………………………… 95
 第七节 企业债务融资及其融资组织 ……………………………… 95
  一、企业债务融资的融资条件 ………………………………… 95
  二、企业债务融资的组织推进 ………………………………… 97
 第八节 投融资平台及其融资组织 ………………………………… 98
  一、平台公司的融资条件 ……………………………………… 98
  二、平台公司的融资组织 ……………………………………… 100
 第九节 政策性金融及其融资组织 ………………………………… 101
  一、政策性金融的定位 ………………………………………… 101
  二、政策性金融的主要内容 …………………………………… 102
  三、政策性金融的融资组织 …………………………………… 103

第十节　小额贷款及其融资组织 ··················· 105
一、小额贷款的界定与融资条件 ··················· 105
二、小额贷款的融资组织 ······················· 106

第十一节　担保及其融资组织 ····················· 107
一、担保的融资条件 ························· 107
二、担保的融资组织 ························· 108

第十二节　其他融资方式及其融资组织 ················· 110
一、典当及其融资组织 ······················· 110
二、信托及其融资组织 ······················· 110
三、租赁及其融资组织 ······················· 112
四、外来直接投资及其融资组织 ··················· 113
五、公益融资及其融资组织 ····················· 115

第四章　金融市场体系的构建：金融资源的市场组织 ············ 117

第一节　金融资源集聚发展 ······················ 117
一、金融资源的集聚效应 ······················ 117
二、中国金融资源配置的不均衡状况 ················· 118
三、金融资源与产业经济的互动发展 ················· 120
四、促进金融资源集聚的有效机制 ·················· 123

第二节　金融生态环境 ························ 124
一、经济环境 ···························· 125
二、法治环境 ···························· 125
三、市场环境 ···························· 125
四、社会环境 ···························· 125
五、信用环境 ···························· 126
六、服务环境 ···························· 126
七、健全信息披露机制 ······················· 126
八、金融生态环境综合评价 ····················· 128

第三节　金融市场体系 ························ 128
一、金融市场和要素市场构成 ···················· 129
二、金融要素市场体系 ······················· 129

三、金融资源集聚的市场机制……………………………………132

　第四节　金融市场促进金融资源优化配置………………………………137

　　　一、完善金融市场制度……………………………………………137

　　　二、健全金融市场体系……………………………………………138

　　　三、金融市场化改革………………………………………………138

　　　四、金融市场信息传递……………………………………………138

　　　五、优化金融市场环境……………………………………………140

　第五节　社会信用体系……………………………………………………142

　　　一、健全社会信用体系……………………………………………142

　　　二、发展各类中介机构……………………………………………142

　第六节　金融资源组织与市场机制的矛盾与协调………………………144

第五章　金融资源优化配置中的创新：金融资源与社会组织……… 146

　第一节　社会组织与社会组织化发展……………………………………146

　　　一、社会组织………………………………………………………146

　　　二、社会组织的经济功能…………………………………………147

　　　三、社会组织化发展………………………………………………148

　　　四、社会组织促进创新……………………………………………149

　第二节　金融创新的总体把握……………………………………………149

　　　一、理解金融创新…………………………………………………150

　　　二、金融创新的效应………………………………………………151

　　　三、金融创新的领域………………………………………………152

　　　四、金融创新的风险规避…………………………………………153

　第三节　金融理念创新……………………………………………………154

　第四节　金融制度创新……………………………………………………156

　　　一、创新金融管理制度……………………………………………157

　　　二、创新金融机构…………………………………………………157

　　　三、创新金融业务管理制度………………………………………157

　　　四、完善金融监管制度……………………………………………157

　　　五、健全金融运行体制……………………………………………157

　　　六、优化金融资源组织机制………………………………………158

第五节　融资方式创新 ··· 158
一、新型融资方式 ··· 159
二、成体系的产业金融 ··· 159
三、战略性的资源金融 ··· 161
四、备受瞩目的中小微企业金融 ······························ 164
五、前景无限的消费金融 ······································ 165
六、理念引领的金融产品 ······································ 166
七、新颖灵活的"供应链金融" ································ 168
八、金融衍生产品 ··· 169

第六节　金融机构创新 ··· 170

第七节　金融监管创新 ··· 173
一、监管目标 ··· 174
二、监管内容 ··· 174
三、监管理念 ··· 175
四、监管重点 ··· 175
五、监管方式 ··· 175
六、监管机制 ··· 176
七、监管法规 ··· 176
八、监管环境 ··· 176

第八节　金融服务创新 ··· 177
一、金融服务联盟 ··· 177
二、金融超市 ··· 180
三、金融特区 ··· 181

第六章　"有形之手"的作为：金融资源的政府组织 ········ 183

第一节　"大政府"的兴起及政府职能定位转变 ············ 183
一、经济社会发展与政府职能定位 ··························· 183
二、"大政府"的宏观背景 ····································· 184
三、政府职能定位的转变 ······································ 185
四、政府经济职能中的组织化水平 ··························· 187

第二节　金融政策推动 ··· 190

一、发挥政策导向的推动作用……………………………… 190
　　　二、完善金融管理体制……………………………………… 191
　　　三、优化货币政策操作……………………………………… 191
　第三节　金融发展规划引领………………………………………… 197
　第四节　优化金融生态环境………………………………………… 201
　第五节　引进金融机构和活跃金融市场…………………………… 202
　　　一、政府机构主导招商……………………………………… 203
　　　二、引进金融机构的主要作为……………………………… 204
　第六节　创新金融机构和争取金融牌照…………………………… 206
　　　一、利用政策机遇创设金融机构…………………………… 206
　　　二、促进金融市场准入的均等化发展……………………… 208
　　　三、创设区域性金融机构…………………………………… 208
　　　四、探索区域性金融国资管理体制………………………… 209
　　　五、促进金融机构整合发展………………………………… 210
　　　六、农村金融领域的改革发展……………………………… 211
　第七节　推进企业上市和加强资本运营…………………………… 213
　第八节　优化配置金融资源的用心和用情………………………… 215

第七章　金融资源优化配置的机制：金融资源的制度组织……… 218
　第一节　激励相容的制度体系……………………………………… 218
　　　一、机制设计理论及其意义………………………………… 219
　　　二、金融制度中的激励机制………………………………… 220
　　　三、金融制度设计中的激励相容理念……………………… 221
　第二节　健全金融法律体系………………………………………… 221
　第三节　金融运行制度……………………………………………… 222
　　　一、完善金融市场体系的机制……………………………… 222
　　　二、完善信贷市场体系的机制……………………………… 224
　　　三、完善金融机构运行的机制……………………………… 225
　第四节　金融市场制度……………………………………………… 227
　　　一、完善产权制度…………………………………………… 227
　　　二、发展合作制金融机构…………………………………… 228

三、鼓励创业投资的机制……………………………………228
四、优化金融市场环境的机制………………………………230
五、金融资源与文化传统的相互促进………………………231
第五节 金融管理制度…………………………………………232
一、完善金融监管制度………………………………………232
二、通过金融政策推动金融业发展…………………………233
三、建立金融机构定位监管制度……………………………234
四、完善市场鉴证体系………………………………………235
第六节 金融资源优化配置的机制……………………………235
一、促进金融资源优化配置的四项机制……………………235
二、发展融资合作的社会组织………………………………237
三、促进金融资源优化配置的机构设置……………………238
第七节 金融资源配置效率……………………………………239
一、金融体系有效性…………………………………………239
二、金融资源配置效率………………………………………241
三、社会融资规模及其结构…………………………………242

参考文献……………………………………………………………244

第一章

艰难的融资：
金融资源需要优化配置

人们创业和生活，总会有烦恼。贫穷带来的烦恼，总是比贫穷带来的快乐要多。当我们看到南非人、南美人在世界杯期间的狂欢情景，当我们看到悠闲的牛队在印度城市里与难民首尾相继，当我们看到太平洋岛国原住民豪放歌舞时，发现贫穷并不全然意味着痛苦，质朴的生活还伴有些微的轻松和愉悦。毕竟世界上许多人的生活节奏没有达到令人窒息的程度，不需要因为激烈竞争而备受煎熬，虽然没有创造出更多的财富，没有更深的见地和长远的谋划，但是也没有了奔向"成功"的重重苦恼。

在某种程度上，那样的生命状态，可以用"幸福"来概括——虽然"幸福"这个词被赋予了无穷尽的内涵和独特的主观感受——会引起许多人对那种生命状态的追寻。这是因为现代社会中的人们，有着数不尽的"愉快的烦恼"。看似富贵的人们、本应当拥有很丰富的"幸福感"的人们，却有着巨大的生存压力和无尽的经营困境，反映了现代经济中的"高处不胜寒"，高端经济却难得高端的"成就感"、富有却并不"幸福"的冷峻事实，让人们苦苦思索经济体系的运行、人类的终极命运问题。人类全部努力的目标就是为了幸福，但是"幸福悖论"（happiness paradox）揭示了"财富并不等于幸福"，英国一家基金通过综合评分发现，美国国民的幸福指数在世界上排到了100位开外，而且华尔街的跳楼者如此之众。[1]

贫穷得不到改善，富贵得不到幸福感，其中都反映着融资问题，反映着金融体系的功能问题。"融资难、难融资"问题，不仅是特定经济体制、特定国家、特定发展阶段、特定时期、特定金融机构、特定企业、特定社会群体、特定投资者的特殊现象，而且已经成为经济社会发展中的共性问题。穷也艰难、富也艰难，谁都为难、左右为难，反映的就是金融问题，反映的是融资的便利性程度。

---

[1] 张慧芳、牛芳：《中国发展的终极目标是什么？——一个基于幸福悖论的视域》，载于《人文杂志》2013年第7期；曹咏：《大萧条2.0时代：1929年噩梦重演？》，载于《21世纪经济报道》2011年8月23日（016）。

在这些问题中，市场经济中的信息不对称是主要根源，再有就是金融市场高风险性所带来的影响。信息充分和市场稳定皆可看作公共物品，消除信息不对称的影响不力、规避金融风险不力，造成了金融资源配置不优的局面。

第一节　一般情况下的融资困境

融资是发展的需要。[①] 发展需要的融资无法得到有效满足，不仅是新兴经济体，不单是中国，不光是经济起飞阶段，不唯在危机时，不局限某个产业，不单是落后地区，不光是中小微企业和民营经济，不只是农村经济，不唯是哪个金融机构和投资者所面临的特殊现象。融资难问题，从来就是一个广泛的社会性问题。

按照一般的理解，社会福利水平是恒定的，一定时期内"社会福利总量"在不同国家、不同阶层的分布是均衡的，但是社会现实真切地告诉所有人：人们都极为艰难地在社会运行框架之中挣扎，似乎都难以触及社会运行的本质，似乎都无法进入经济体系的核心，似乎总在背离自身追求的目标——要发展的人难以得到融资支持，有资本的人找不到好的投资项目，社会体系中缺乏将需求和供给进行有效沟通的机制，金融体系中问题尤甚。于是，所有的人都感觉艰难，社会要发展但企业创业缺乏信贷支持，人们需要温饱但社会缺少就业融资支持体系，文化需要传承但高等教育费用只能家庭负担，创业人才得到培养但其自身的未来价值无从折现，银行也抱怨企业和个人的信用信息难得。林林总总的保险产品似乎给人们提供了更多选择，但储蓄仍然让人感觉是最稳定的资金投放渠道，证券市场上投资品种在增加，其复杂性却让人们望而却步，尤其是金融危机冲击过后，金融大潮将"金融新产品"的浮沫都冲掉，当时人们甚至都说不清楚次级债、按揭贷款支持债券（MBS）、担保债务凭证（CDO）、信用违约互换（CDS）等令人眼花缭乱的金融衍生产品市场的总体规模有多大、由何种类型的投资者持有、主要分布于哪些国家和地区，危机突然爆发后，全球市场流动性急剧紧缩，到现在令人感觉是隔年往事了。

人们都感到艰难，"幸福指数"在下降，意味着社会福利水平的下降。随着社会财富的增长，社会福利都跑到哪里去了？经济学是对社会现实的反映，是对

[①] 从本质上说，金融是通过货币并借助于各种形式的金融工具，降低社会交易成本和促进经济活动的社会发展过程，金融发展的终极目标是促进经济的平稳发展，这便是金融的功能，是研究金融问题的立足点。

第一章 艰难的融资：金融资源需要优化配置

经济矛盾的解决之道，面对集中于融资困境的此类局面，经济学的社会意义如何体现？其有用性蕴含在哪里？其"经世致用"功能怎样发扬？人们可能抱怨经济全球化和经济金融化令金融体系动荡，经济全球化中的资本流动真的无从把握吗？金融经济注定要剥夺所有人的幸福感觉吗？我们暂时还寻找不到通向经济稳定发展、缩小贫富差距、经济社会和谐发展的路径，但是细致分析还是看出融资难题在其中所起的关键作用。

一、中小微企业融资困境

中小微企业是数量众多的群体，是吸纳就业的主力，是经济的原发动力。中小微企业融资的难易，集中体现了金融体系有效性的状况。中小微企业融资难以及中小微企业通过创新发展、技术改造、转型升级、经营社会化等途径实现发展的必然选择，都遇到了无所不在的融资困境。

中国的中小微企业发展与经济体制转轨相互促进，对地方经济社会加快发展的贡献度不断增加。中国中小微企业总数1 200多万户，占企业总数的99.9%，主要采取以控制成本、价格竞争、薄利多销为核心竞争力的经营模式发展，[1] 为国家提供了60%的GDP、50%的税收、70%的企业发明专利、80%的城镇就业。[2]

即使达到这样重要的程度，银行机构对中小企业的授信，也一直处于低水平状态。中国人民银行统计报告显示，全国金融机构小微企业贷款余额在2013年年末为13.21万亿元，占比29.4%。全国小微企业贷款增速较高，但市场化程度较高的浙江省的制造业中小企业能从正规金融机构获得贷款的仅占10%，80%以上依靠自筹资金或民间借贷，对于融资难，银行的反应和企业的感受相去甚远。[3] 某省特定时期的例子也可以说明一些问题。多年以来，中国银行体系的改革力度不断加大，银行业务发展很快，国有商业银行股份制改造和区域性银行发展壮大，使中小企业信贷融资格局明显变化，但中小企业融资难仍无根本性改变。一是银行对中小企业授信数量不但没有大幅增加，反而呈现减少势头，主要授信银行结构发生重要变化。2005年年初，某省银行业机构对中小企业授信户数为37.7万户。到全球金融危机爆发时的2008年9月末，授信户数为29.5万户，减少8.2万户，减幅21.2%。其中，国有商业银行由36.7万户减到2.77万

---

[1] 黄桂田、齐伟、尹志锋、徐肇涵、张悦：《成本上升中的产业组织创新——我国中小企业的发展路径转型》，载于《中国经济》2011年第2期。

[2] 姚刚：《中国资本市场的改革与发展》，收录于祁斌主编：《未来十年：中国经济的转型与突破》，中信出版社2013年版，第25~39页。

[3] 王春梅：《数据回暖下的融资寒流》，载于《财经国家周刊》2014年第3期。

户，减少33.9万户，减幅为92.4%，表明国有商业银行基本退出了中小企业信贷市场；股份制银行由470户减到259户，减少175户，减幅为37%，减幅明显；城商行却由0.41万户增加到24.1万户，增加23.7万户，增幅为5780%，增幅列各类银行之首。国有银行授信企业数量大幅下降和区域性银行授信大幅上升，一方面是工、农、中、建等国有商业银行剥离大量不良资产的结果；另一方面是区域性银行业加快发展，明确中小企业为其主要市场定位并大力开拓的结果。这一局面也意味着国有大银行收缩业务领域、退回城市市场，紧盯重点客户、大系统和企业集团的策略得到延续，表明全国信贷市场出现了重要的结构性变化。二是中小企业信贷余额发生变化。2005年年末，某省中小企业信贷余额为898亿元。到2008年9月末，中小企业贷款余额为310亿元，减少588亿元，减幅为65.4%。其中，国有商业银行由309亿元减为128亿元，减少181亿元，减幅为58.6%；股份制银行由19.2亿元减为3.5亿元，减少15.7亿元，减幅为82%；城商行由123亿元减为93.6亿元，减少29.4亿元，减幅为24%。中小企业信贷余额大幅减少仍有股改因素，虽然客观上有利于重点银行资产质量提升、存续企业大规模减负和经济结构、产业结构的调整完善，是有积极意义的，但是造成了银行机构对中小企业的服务覆盖面缩小、融资效能下降，反映了金融体系有效性没有得到提升。三是区域性银行上升为支持中小企业的重要力量。从授信企业数量看，区域性银行已达26.7万户，占全部中小企业授信数的90.4%，其余国有商业银行、政策性银行和股份制银行仅占9.6%；从中小企业贷款余额看，在全部310亿元中小企业贷款余额中，区域性银行为176亿元，占比为56.8%，其余各银行之和占比43.2%。全国的情况类似，国有银行2013年9月末对小微企业贷款余额占比为28.05%，仍不到三成，其余贷款是股份制银行和城商行（占比30.54%）、农村金融机构（占比26.38%）完成的。① 金融行业是集约经营特点非常突出的系统，大型金融机构本来具有集约经营能力强和经营实力强的优势，却没能在融资能力方面实现同步提升，在金融改革不断深化的过程中，是个值得深思的问题。

无须回避，中小微企业融资难是全球性问题，在中国金融体系尚不健全的情况下，特别是一些欠发达地区和一般性产业，贷款难问题表现就更为突出。② 中

---

① 颜剑、孙忠：《多部委联合督查14省市小微金融》，载于《上海证券报》2013年11月21日（封三）。
② "中小微企业融资难是个世界性难题"及类似说法，严格地讲需细加斟酌，这涉及企业、政府机构、社会组织、金融机构、金融监管者等各方不同立场，以及信息不对称对判断和结论的影响，有人愿意宣扬这一说法，有人试图回避，有人觉得无奈，有人觉得这是个"伪命题"，其实大多数人都难以形成公正看法。本书只是采取其一般意义。参见葛兆强：《理性认识中小企业及其融资难问题》，载于《上海证券报》2009年8月21日（B7）。

小微企业贷款难，银行的贷款门槛高、服务效率低是重要原因。一方面，大银行贷款更多向重点行业、重点企业、重点地区投放，曾经一味地"减员增效"、"收缩业务"、"市场营销"，而不是从产品开发和管理技术上进行创新，使得大银行客户定位偏差、开拓中小微企业金融服务市场激励不足问题，以及大银行间经营同质化、同构竞争的"垒大户"问题一直非常严重，各大银行都不能将定位"下沉"到广大的中小微企业。另一方面，由于中小微企业天生的特点，企业资质低，担保跟不上，难以找到有效担保和抵押，不可能在短期内达到银行要求的经营业绩，处于金融资源配置的低端环节。

中国的金融体系经过这几年的改革完善，对于解决中小微企业融资难问题有了积极进展，但融资难的困境仍然没有得到完全改善。中国的中小微企业普遍分布于区县以下，具有规模小、机制活、转型快、生存力强、促进就业的优点。随着中国市场经济的日益成熟，中小微企业的生命周期应当是延长的，但部分城市中小企业平均生命周期仅为4.32年，这一水平与市场经济体制国家存在很大差距，其中美国全部中小企业中，存活5年以内的虽然占到68%，仍有19%的企业可存活6~10年，13%的企业寿命超过10年。中小微企业普遍存在的管理、融资、技术、人才四大难题，在陆续有所缓解的情况下，融资问题没有得到突破性的解决，中小微企业创新发展、技术改造、转型升级、经营社会化都遇到了融资困境，特别是在市场剧烈波动的大背景下，"融资难"显得尤为突出。就是在2008年至2010年采取适度宽松的货币政策、银行信贷投放大幅增长的情况下，基础设施和大中型企业得到大量融资支持，而较少有贷款投放到小企业、个体户和农户，有人认为"中小企业融资难"，实际上是"小企业融资难"。[①]

中小微企业数量众多，从资源角度看，存在着金融资源零散、信用支撑不足的问题。这些零散的金融资源没有得到有效地组合、组织，没有成为更具融资价值的资源，是制约小企业融资的内在因素。即使国家也明确认识到了这一局面，国务院在2009年发布的《关于进一步促进中小企业发展的若干意见》中，提出了落实支持中小企业发展的金融政策、银行建立中小企业金融服务专营机构、拓宽中小企业融资渠道、完善中小企业信用担保体系等措施。2012年年初召开的第四次全国金融工作会议将尽快解决小微企业融资难作为重要内容，2013年国务院在发布《关于金融支持经济结构调整和转型升级的指导意见》、《关于金融支持小微企业发展的实施意见》中仍在强调整合金融资源、支持小微企业发展。要将这些措施落实到位，需要广大中小企业自身和金融机构同时付出努力，形成机制性的措施。既需要中小企业在金融资源自我组织过程中提升融资能力，又需

---

① 刘克崮：《草根金融的逻辑》，载于《新理财（政府理财）》2010年第4期。

要金融机构优化内部权责划分，对基层行实施激励，落实独立高效的信贷审批机制、独立的激励约束机制、独立的风险定价机制等方面的政策，也需要各类社会组织的积极作为，尤其需要政府机构优化信用环境。

二、创业艰难

一个经济体要想实现创新发展，必须具有良好的创业环境，整个社会具有创新精神，经济主体具有创业意愿，社会政策支持创业，金融支持创业发展。从经验看，风险投资机制是促进创业发展的重要制度安排。风险投资被人们称为"经济增长的发动机"，美国在20世纪90年代保持100多个月的持续经济增长，其重要推动力就是风险投资，同时使美国至今仍然保持强大的创新发展能力。由于长期以来中国的风险投资发展不充分，金融支持创业投资的机制没有健全，特别是在体制转轨、社会转型过程中，必须破除创业发展的瓶颈制约，其中金融制度创新起着关键的作用。

按照传统的银行信贷标准，经济主体在创业发展时，企业和个人很难拿出有效的资产进行抵押和担保，缺乏稳定可靠的现金流以支撑还款。而众多企业和个人的创业发展能力，包括经营智慧、独特技能、家族传统、专利发明、秘方诀窍、渠道优势、独特创意、勤劳耐苦等许多因素，难以进行"资本化"，难以为金融机构从更客观的角度加以衡量和评估，使得创业者这一群体的"柠檬市场"特征更为明显。

支持创业发展，商业信贷是失灵的；政策性小额贷款、公益性融资只能起到导向性作用，无法解决全部问题；中国的创业资本，仍然徘徊在金融体系边缘。创业投入主要依靠自我积累和民间融资，并因为自我积累的单薄和民间融资的不确定性、供求不对称、高利所造成的不规范性，成为创业的主要制约因素。所以，创业融资问题的根源是金融体制。

创业的积极意义与其高风险性并存，在与金融体系衔接过程中，关键点在于信用风险管理，而信用风险管理的核心就是高风险带来高收益，因此应当建立起创业融资可以取得高收益（价值增值）并能够有效应对高风险（高坏账损失）的融资体制。这一融资体制不能完全依靠信贷市场解决，而是需要从信贷市场以外的直接融资体系中寻求解决途径。只是近些年来，中国的产业投资基金、风险投资基金（venture capital，VC）、创业投资基金、私募股权投资基金（private equity，PE）的日益发展，同时形成了二级市场上市的退出机制，才使得创业发展的金融支持出现了新的局面。

在以直接融资为重点的金融体系中，各类股权投资的价值增值只依靠上市退出，渠道仍然单一，无法解决全部问题，应当形成产权交易、并购重组、场外交易、资产证券化等多种价值增值和初始资本退出机制，完善价值重估的金融体系，才能在更大的程度上解决创业融资难题。

三、成长烦恼

作为世界性的企业成长趋势，个人创业成功组建家族企业，而家族企业要进一步成长为公众公司，必然要经历艰难困苦的过程。中国的民营家族企业在市场竞争发展中，也始终面临着阿尔钦（Armen A. Alchian）称之为"生存检验"（survival test）的市场优胜劣汰机制的考验，在经济社会转型过程中探索出了"泛家族"企业模式、家族上市公司模式、新型企业集团模式等具有新型企业组织特征的现代家族治理模式，并积极进行资本运作，开展品牌营销，组建"网络企业"（network-firm）。[①] 国美电器的创始者黄光裕由平民创业开始，成为"中国首富"，在成长为公众公司之后，也凸显了现代公司治理对传统的家族管理理念的挑战。国美电器所产生的问题，除了治理机制、家族管理等突出事项之外，有许多事情都反映在融资问题上，国美成功起家于其资本运作，后来被发现涉嫌骗贷、诈骗、套汇、操纵股票、侵占股东利益、虚假文件、偷税漏税及扰乱金融市场等多项犯罪，也大多与金融市场相关[②]。可见，家族企业成长的融资环境，对于一个经济体的创业发展极为重要，而我们远未解决这个问题。尤其是在经济社会转型过程中，以及社会信用秩序不健全的情况下，家族企业由于不能有效组织金融资源实现顺畅融资，便滋生出大量不规范运作和违规问题，是制约社会经济良性发展的严重弊端。

创业经由家族企业开始，并逐步发展，是各国的普遍现象。即使成长为较大规模的企业，甚至成为卓越品牌、一国支柱企业、国际领先者之后，仍有不少企业处于家族控制之下。美国最大的500家公司中，家族所拥有的真正影响力在35%~45%；即使在缺乏家族经济传统的英国，也有大约2/3的合伙公司、公众公司和私人公司将其自身定位为家族所有。[③] 在美国的大公司中，存在着一定的股权集中现象，东亚更是如此，这些控股家族不仅直接参与公司的经营管理，而

[①] 余立智：《家族企业的成长机理与变迁路径：一个分析框架及其对中国民营企业家族化问题的解释》，中国财政经济出版社2004年版，第203~212页。

[②] 李德林、尹锋：《黄光裕真相——欲望驱逐下的首富困境》，经济日报出版社2009年版，第49页。

[③] The Economist, Passing on the crown——How a family firm can avoid a succession crisis, London: The Economist, 2004-11-6: 69-71.

且通过金字塔控股结构、交叉持股和超额投票权等方式强化了控股股东的终极控制权。① 研究也发现，要经由家族企业脱胎为现代产权制度下的有限责任公司或股份有限公司，必然要有金融系统的有力配合。虽然家族企业成长的核心是治理问题，当然也包括规模扩张、产业转型、技术改造、创新发展的内容，以上这些都需要融资支持、并购重组、财富管理、改制辅导、财务顾问、上市发展这些金融资本运作。有效进行金融资源优化配置，是解决家族企业成长问题的关键。

四、创新需求

金融系统进行客户信用状况评估的技术制约，使其更多地借助历史记录以说明现实状况，并凭借历史记录判断未来是否具有失信风险；同时，更多地借助财富积累情况以说明现实，并经由财富多寡以判断未来是否守信。这样的思维方式所支撑的金融系统，其功能趋向于并不支持创新。现行的金融体系尚无有效措施以解决自身的创新发展问题。传统的银行融资仅靠信用信息搜集、分析而决定是否融资，将信贷放置在企业成熟期之后，对于创新的支持明显积极性不够、力度不足。

创新为发展提供不竭动力。正是在这种发展中，金融系统通过与经济的有机融合而实现自身发展。按照传统的银行贷款审批模式，银行是经由借款人的历史记录以判断其将来是否守信，经由借款人的经济实力以判断其是否存在违约动机。其实，这两种思维方式都是靠不住的，"用历史说明未来"和"有钱人更守信"的分析模式，两个"假定"完全都是"假说"，完全暴露了银行"嫌贫爱富"的本质和"只是锦上添花，从不雪中送炭"的行事特征，从而表现出充满不信任和扭曲社会信用关系的经营文化。② 银行真正关注的企业还款能力和诚信水平，都无法用历史来说明，也无法靠假定来实现；特别是决定企业未来发展的创新理念、拓展业务、加强管理、诚信经营，也恰恰是无法通过观察借款人以前年度的财务报告能全面发现的。基于传统的理念，银行不会将主要注意力投入到适应经济市场化、全球化趋势，也无法跟上金融产品创新的潮流。传统银行融资方式不能适应不断发展的客观现实，造成传统银行业务的发展悖论：银行既受到业务发展的挑战，但又无法摆脱自身行为模式的弊端，从而限制自身的业务发展。整个银行系统无可挽回地从金融体系的核心逐步外移和淡出。可以借用一个

---

① 冯旭南、李心愉、陈工孟：《家族控制、治理环境和公司价值》，载于《金融研究》2011 年第 3 期。

② [孟加拉国] 穆罕默德·尤努斯：《微型金融可持续发展的秘诀》，载于《上海证券报》2013 年 11 月 1 日（A1）。

说法：与不断创新的"新金融"[①]形成鲜明对照的是，银行体系日益成为"老金融"的代表（就像人们评论"新欧洲"与"老欧洲"、"世界旧秩序"与"世界新秩序"所引起的严重分歧一样）；即使原来由大型银行一统天下的信贷市场，其主体地位也有丧失的可能，因为各类新型贷款机构已日益成为新生力量。到那时，人们就应当深刻反思银行那个行业的发展方向了。

好在资本市场的发展提供了有效的融资方式，使创新融资的难题得以部分解决。资本市场的企业价值发现功能，使企业可以在各方参与者尤其是机构投资者的不断博弈中形成相对公允的价格。[②] 再精明的银行家，也比不过全民参与的资本市场更能推动价值型企业的成长；再想支持企业发展的银行，也无法对企业的未来价值给予极为充分的肯定，无法像资本市场那样提供充分估值和有效融资，也不能像资本市场那样提供高效的生产要素交易渠道和促进金融资源的优化配置。资本市场的融资额，会远远超过银行可能施予的授信额度。这就形成了弥补银行体系缺陷和支持创新的机制——只是这一机制是经由直接融资方式实现的，而不是经由信贷市场自发解决的。这一机制就是资本市场经由企业价值发现而实现对创新经营的支撑。

五、基础设施建设

基础设施具有投资额大、建设周期长、收益率低这几个主要特点，是金融机构不愿进入的领域。从公共物品的角度看，基础设施属于政府公共财政提供的范畴，但是由于财政状况所限，各级政府长期以来难以拿出更多资金进行基础设施建设，使得基础设施历史欠账很多。市场经济快速发展后，一些地方政府试图通过市场化方式提供公共物品，主要是基于"新公共管理"的理念，组织和引导各类经济主体参与到公共物品提供中来：要么由市场主体在提供竞争性物品的过程中，搭配提供本应由政府机构提供的公共物品，如小区道路、公共绿地、市政管网建设、健身器材、社区服务设施，而由政府机构给予其周边土地开发优惠的政策扶持；要么按照"经营城市"的模式，通过逐步抬高地价，将超收的土地出让金财政化并转化为公共物品支出。

近年来为提供基础设施出现的另一现象是政府投融资平台公司。这是上述运作模式的具体体现。政府机构将市政项目交由政府投融资平台公司运作，划拨相

[①] 刘士余就认为互联网这种新的业态是"新金融"。参见王春梅等：《新金融战》，载于《财经国家周刊》2013年第16期。

[②] 中国证监会：《中国资本市场发展报告》，中国金融出版社2008年版，第37页。

应的土地、市政设施、国有资产，由其承贷资金或发债，进行更大规模的基础设施建设。由于支撑基础设施效益来源的是地方财政，这些效益往往难以体现为直接收益和现金流入，使地方政府成为投融资平台公司的支柱，而注入的土地、资产的变现能力很弱，这样的运作毕竟会带来政府投融资平台公司的过度负债和风险积聚，有可能引起金融机构的资产不良化，形成潜在金融风险乃至财政风险，使得地方政府过度负债问题备受公众瞩目。由此看出，掌握各类资源的政府机构也是艰难的，在融资面前"谁都为难"，融资难是一个共性问题。其实，地方政府在建设基础设施时形成了大量有效资产，其筹资来源包括信贷（平台贷款）、城投债、地方债、政信合作、保险资金基础设施债权投资、BT代建债务融资等多种渠道，负债总量水平远未到不可持续的地步。[①] 如何有效组织地方公共财政的金融资源并形成融资优势，完善基础设施融资模式，成为"市场化政府"模式下的融资难题之一。

六、风险防范需求

研究金融问题，任何时候都不能忽视弱势群体的融资需求，这是"普惠金融"理念的要求。在发挥市场机制促进资金集聚的同时，还要设计适当的机制，在市场机制无法发挥作用的那些领域，通过各类社会组织的融资促进功能、政府"有形的手"、优良的金融市场环境的综合作用，使弱势群体具备稳定运行、自主成长的能力。经济社会运行的不确定性是所有经济主体极为关注，也无法回避的，如果缺乏金融系统的有效支撑，这种不确定性风险防范就会缺乏保障，所有经济主体都会无能为力，而社会自身又难以提供有效的补偿功能，难以提供社会稳定器的机制，只有金融体系充分发挥功能、金融资源有效配置，才能形成补偿机制和社会稳定器作用。社会现实所形成的反差印证了金融体系发展状况的制约，中国金融业以"风险防范"为代价而缺乏创新、滞后发展的局面，已经引起学界的深刻反思，权威研究认为，中国金融现实的最大特征是"金融滞后"和"金融弱国"，金融资源优化配置功能明显不足。[②]

现代经济体系中存在一种自动稳定机制，即现有的经济体系有利于消除其自身的运行风险。而经济体系中系统性风险的存在，则形成了金融要素的生长空间。这与人们常常感觉金融机构总是风险回避者的理解有很大不同。既然风险存在，人们便有着通过特定融资方式以实现风险规避的需求；当这种风险成为系统

[①] 曾刚：《不宜"妖魔化"地方政府债务》，载于《中国证券报》2013年8月7日（A04）。
[②] 夏斌、陈道富：《中国金融战略2020》，人民出版社2011年版，第143~152页。

性风险，也就意味着人们的这种金融需求成为整体性需求，而使其具有金融资源的特性，就出现了借此开发金融产品的必要性和可行性。从这个意义上说，金融体系一味地回避风险，只想做锦上添花的事情，是大可不必的。最现实的例子，便是中国20年来在国力尚不雄厚的情况下，面对经济转轨和社会转型的挑战，陆续实施了医疗、养老、住房、失业、工伤的社会统筹，并建立了城乡居民最低生活保障制度，成为"政府之手"组织零散金融资源的有力说明，而社会统筹是具有金融功能特征的。这也反映了特定时期商业性金融的创新不足、金融供给缺乏、金融服务不佳的滞后发展局面，是一个值得反思的历史过程。后来，在政策性保险的基础上，商业性金融机构陆续开发出年金保险产品、健康医疗保险产品、重大疾病保险产品、人身养老保险产品、投资连接保险产品、投资理财产品，成为政策性保险业务的补充，也具有了一些金融资产管理业务的特征，但是金融体系本应具有的创新发展、超前推动、政策协同、细致服务的功能，却遗憾地没有得到体现，反映出特定历史条件下金融资源没有有效开发和优化配置的局面。面对系统性风险，社会对于具有风险管理功能的期货、期权、互换产品也有很大需求，可是中国的金融市场远未充分开发。

除了系统性风险的存在，个人也易发生各类变故，这些风险和事故来自于自然灾害、意外事故、疫病流行、经营失利、家庭变故，可能使其无法解决养老、医疗、教育、恢复经营和最低生活保障问题。个人这种零碎的、分散的、投资与风险规避相连接的金融需求，经过有效组合、风险精算和产品设计、系统营销，便会形成有效的金融产品供给。

健全的金融体制有利于为社会提供稳定的基石。消除经济社会运行中的不确定性风险，可以发挥金融体系的"稳定器"作用。金融体系提供风险分担机制，主要体现为风险分担和转移、套期保值、救济性小额融资、养老保险和安全责任保险、扶贫基金借款、创业贷款贴息等，有利于为经济个体提供"稳定器"的机制，消除系统性风险和意外事件对企业经营和个人生活造成的影响，使持续经营成为可能。在建立金融体系的整个运行机制过程中，主要是积极开展金融创新，放松对金融衍生品市场的过严管制，建立风险防范保险的强制性制度，完善补充保险制度，形成公共财政的引导机制，借助商业性金融体系的运行，发展具有风险转移功能的创新金融产品，实现系统性风险和各类变故风险的有效转移。

七、紧缩时期的艰难

经济不景气、通货紧缩的影响会直接反映到金融体系中来，同时造成大量融资困境。经济紧缩时期会使产业界业务萎缩，不良资产增加，影响到其信用评级和在金融机构的融资能力，银行会紧缩对企业的信贷投放。经济不景气时的向下调整和现行金融体系的反应机制会产生累积效应，进一步加剧经济的不景气，这类似于"马太效应"。在紧缩时期，资金是珍贵难得的，拥有金融资源就意味着拥有社会财富支配权，意味着对企业命运的主宰。

并不是所有企业都那样幸运。现代市场经济的结构不均衡问题日益突出。所谓结构不均衡，指任何一个现代经济体系，都无法实现发展不断创新、经济快速增长、失业率下降、物价保持稳定、财政状况好转、进出口平衡等各项宏观经济指标的良好状态；即使各主要宏观经济指标向好，也可能随时出现股市房市动荡、物质部门生产不稳定、居民投资率起伏、消费结构变化、外贸逆差扩大、经济周期制约、经济预期低落等结构不均衡问题，并且各种社会问题交织其中，令经济稳定如同"刀刃上的增长"① 一样难以追求得到，经济运行的风险极为突出。

面对经济结构不均衡问题，即使规模巨大的跨国企业，也无法独善其身，就更不用说众多中小微企业了。市场动荡是与"你"、"我"紧密相连的，金融危机距离我们并不遥远，中国经济从未像现在这样与世界经济联系紧密。越来越多的人高度关注着国家政策变化、存款准备金率和利率调整、国民经济统计信息发布，以及晨昏错置的另外一个半球随时发生的军事冲突、党派争斗、议案审议、工会运动、油价涨跌、飓风海啸。国际上很多个别事件甚至都与中国经济主体的融资行为直接相关，这便是中国经济日益国际化的体现。

经济的不景气常常发生连锁反应，经济的全球化又令这种连锁反应出现巨大的扩散效应，从而形成恶性循环。这便是实体经济与虚拟经济的背离现象，一个经济体的基本面可能保持良好，但是强大的市场情绪所代表的预期因素，可能引发一连串反应，直至对实体经济产生冲击，由此形成了整个金融体系的"流动性风险"问题，即使不是金融风险的真正发生和金融体系的不良化，而仅仅是流动性问题，一样会造成金融风险，并给实体经济带来巨大的创伤。货币市场流动性可以在存量和流量之间相互转化，一个经济体一旦受到外部冲击，导致预期高度一致或信心改变，流动性将瞬时逆转。② 在此轮全球金融危机中，美国雷曼兄弟（Lehman Brothers）、贝尔斯登（Bear Stearns）等几大投资银行的垮掉，130多家中小银行的倒闭、金融巨头花旗银行（City Bank）的被托管，其实尚未危及美国实体经济。现代金融体系的脆弱性和金融风险的传染性扩散，导致了系统

---

① 这一说法最初来源于经济学家索洛（Robert Merton Solow）评价哈罗德—多马模型（Harrod-Domar Model）所存在的内在增长轨迹不稳定问题，后来人们将难以持续的经济增长形象地概括为"刀刃上的增长"，尤其是在分析经济结构不均衡问题时如此比喻。

② 李海辉：《流动性问题或成金融机构头号风险》，载于《上海证券报》2014年2月13日（A3）。

性金融危机，经由流动性风险而最终形成了实际金融危机和实体经济运行风险。

在现代经济体系中沉浮的企业群体，对市场走向没有实质性影响能力，在被动适应中不可避免地受此类风险冲击。而且，事实似乎总是这样——经济的景气总是短暂而难得，经济的低迷和困境却是普遍而沉重。金融机构对企业融资规模紧缩，既可能来自于大银行收缩业务规模、规避高风险业务，也可能来自于一些中小型银行只顾自身流动性要求，无法顾及企业资金链运转，从而出现金融机构经营状况恶化与企业经营状况恶化的彼此推动。紧缩时期的融资艰难，困扰着无数企业和创业群体。

以上七个方面大体概括了一般情况下的融资困境。即使没有大的外部冲击，也存在着难以实现顺畅融资的局面，让人们无法离开的这个金融体系备受指责。

第二节 流动性过剩中的融资困境

面临流动性过剩，人们感到意外。经济的扩张时期与流动性过剩并非完全同步，经济有可能处在正常运行过程中，但已处于流动性过剩的境地。这是由于货币体系与经济系统运行不协调所致，主要表现为货币超额发行，是引发通货膨胀和抬高股市、房价的主要推手。[①] 在现代经济条件下，宏观经济走势极易发生逆转，而且经济扩张与经济紧缩的过渡非常迅速，经济经常处于结构不均衡之中。而经济紧缩同样伴以流动性过剩，但又存在融资艰难，更加体现了金融体系的不健全。

值得注意的是，通货膨胀的隐忧时刻存在，"货币运行之谜"愈演愈烈。货币发行量长期高于经济增速，经济系统中势必积存大量的超发货币。这些超发货币的正常反应是要推高物价，形成通货膨胀，但事实上通货膨胀在2008年下半年到2009年、再到2010年之间，并未真正到来，2012年、2013年，中国居民消费价格指数基本保持在2.6%的较低水平，现今的经济系统更像是吸附力极强、弹性极大的一个体系，中国货币市场出现了货币乘数运行异常、货币流通速度下降、生产过剩与货币流动性过剩并存、货币存量巨大等问题。中国的货币流通速度已经长期保持下降趋势，降至令经济学无法有效解释的低点。统计显示，改革开放以来中国货币供应量（M_2）与GDP的比值呈明显上升趋势，这一比例

[①] 贺俊：《央行副行长吴晓灵指出中国存在流动性过剩风险》，载于《证券日报》2006年12月24日（A05）；齐红倩、李民强：《流动性过剩、CPI变化机制与通货膨胀度量》，载于《财经问题研究》2013年第2期。

自1996年起超过1，除有个别年份稍有下调外，近些年一直呈快速上升局面，到2010年时达到1.78，[①] 2012年达到1.87，2013年达到1.95，即使2013年年中时银行间市场发生"钱荒"，以及2014年春节前银行流动性紧缺，业界也普遍认为中国银行业整体上流动性充足。[②] 金融市场上流动性泛滥，社会资金有余而难以找到合适的投资机会。更多的融资工具、融资形式不断涌现，以适配经济体系的融资需求，由全球金融危机所引发的经济萎缩似乎并未带来金融体系的收缩。

经济和金融系统的逆向运行，成为中国的流动性过剩发生和发展的重要特征。金融市场出现了严重的资金供给大于融资需求的状态。似乎在一夜之间，各个领域都充斥着流动性，多余的资金努力寻找投资方向，但产业领域似乎缺乏作为，直到创业板的推出，才使资金过剩的局面有所缓解。2009年创业板推出后，形成了创业企业加速上市、风险投资可以在企业上市后退出的机制，使产业界与有余的资金市场形成了较好的互动。但在资金过剩过程中，整体利率水平并未发生严重下挫，是令人无法有效解释的，利率水平在2011年资金形势趋紧的情况下还在进一步上升。

更为严峻的局面是，流动性过剩在全球范围内发生着。流动性过剩并不是中国一个经济体特定阶段的特殊现象，其在国际金融市场的传播，改变着人们对于世界经济运行走势的基本判断。时间转到2011年和2012年，经历过全球金融危机冲击的世界经济，再度陷入停滞风险之中，而且与水平不低的通货膨胀相伴生，"滞胀"再次回到人们的视野中来；只有中国以及几个新兴市场经济国家成为例外，仍然是世界经济增长的强劲引擎。

经济扩张离危机发生只有一步之遥，更多的时候是偶发性事件触发了经济形势逆转的大潮。全球金融危机孕育于20世纪90年代以来美国的经济繁荣。经济全球化和金融全球化发展，使美国通过工资套利、金融套利、知识套利、技术套利和监管套利实现了经济繁荣，但也不断积聚了金融资源的失衡，形成了一个长达20年的全球性信用无序扩张过程。"新经济"催生了美国长达106个月的经济持续增长奇迹，但是"新经济"泡沫破裂、"9.11"事件影响，美国经济开始走下坡路，从景气周期步入收缩周期，至此开始形成货币政策与"金融创新"的相互推波助澜。美联储为应对经济衰退，货币政策由从紧转向宽松和扩张，连

---

① 通过数理模型分析可以发现，中国的M_2/GDP比值不断上升，由于货币政策乘数效应不断下降引起。参见陈仲常、谢小丽：《体制转型时期中国的货币政策乘数与M_2/GDP关系——基于变参数IS-LM模型分析》，载于《经济科学》2011年第5期。

② 曾刚：《适应金融创新 完善银行流动性管理体制》，载于《中国证券报》2013年7月15日（A06）。

第一章 艰难的融资：金融资源需要优化配置

续下调联邦基金利率。由于金融体系运行的"内在顺周期性"（inherently procyclical）影响，形成了降低融资成本、刺激消费和投资、信用快速扩张，从而使国际金融市场流动性泛滥。全球流动性的测量虽然极为复杂，但理论界一直试图进行量化。美国的 M_2/GDP 由 1997 年的 56.37% 提高到 2007 年全球金融危机前的 71.74%，巨大的流动性从信贷市场流出；由外国投资者持有的美元债权从 2000 年的 3.56 万亿美元迅速上升到 2006 年的 7.77 万亿美元。据估计，在这段时间，美国向国际金融市场至少输入了近 4.21 万亿美元的流动性，是国际金融市场最直接的流动性来源。[①] 在全球流动性扩张中，西方主要发达国家的货币流动性过剩的影响是主要方面。实证分析显示，2005 年以后，全球货币总量增长保持着强劲的态势，直至美国次贷危机的发生。其中 2000 年以后，亚洲新兴市场经济体基于预防性动机进行大规模储备货币积累，而此时主要发达国家推行的宽松货币政策，助推了全球流动性呈现出急剧上升的态势。[②]

国际金融市场流动性的泛滥还与近些年来金融体系层出不穷的"金融创新"有关，尤其是以住房按揭贷款证券化（MBS）为代表的资产证券化产品。这类所谓结构性信用金融产品数量巨大，为了追求更高的利润，贷款机构通过降低信用标准的方式把按揭贷款贷给次级信用的借款人，并把这些贷款转让给投资银行；投资银行将买来的分散的次级贷款通过复杂的金融工具转化为形式众多的次贷证券化产品，之后将其转让给特殊目的机构（Special Purpose Entity，SPV）。SPV 通过发行或投资次贷债券等评级较高、收益较好的产品盈利。通过这一系列令人眼花缭乱的操作和"创新"，将金融市场上多余的流动性由房地产业来吸收，也令众多信用不高、现金流不稳定的社会群体进入了房地产市场。这其实是通过降低金融市场进入标准的方式，实现资金供求的均衡，解决流动性过剩中的金融资源配置不均衡，达到提高金融杠杆率的目的，但是，这种表面的均衡看似是为了分散风险，实际上是制造了更大的风险，这些金融衍生品的基础资产就是次级贷款资产，由于多次"衍生"，其高风险反而被逐步掩盖了，"金融翻花绳变得密集而不透明"。[③] 在房地产市场泡沫破裂之后，必然造成金融体系的混乱。

流动性过剩导致有效金融需求不足，形成资金供给大于需求的结构性不均衡局面，多余的资金游走在房地产市场、股市、贵金属和实业投资之间，连收藏品市场的各个狭窄领域也被反复挖掘，而且大量资金在国境线上徘徊，试图进行套

[①] 易宪容、王国刚：《美国次贷危机的流动性传导机制的金融分析》，载于《金融研究》2010 年第 5 期。

[②] 李洁、张天顶：《全球流动性扩张及其对资本市场的影响》，载于《金融研究》2010 年第 10 期。

[③] ［英］安德鲁·霍尔丹（Andrew Haldane）：《反思金融网络》（徐卫宇译），中信出版社 2009 年版，第 8 页。

汇和套利，给经济正常运行以巨大冲击。特别是在缺乏有效的风险投资机制设计的情况下，人们从未看到资金有余者——也就是那些有钱人——如此艰难地寻求出路的境况。资金不足时，人们深切地体会着融资的艰难，如同遭受贫困一样有切肤之痛；但当资金充沛时，人们仍然颇受融资艰难的困扰，并没有找到解决融资难题的良策，富人们同样面临着"快乐的烦恼"，资本逐利性让富人们针芒在背似地受到煎熬。在金融问题上，人们似乎总处在左右为难的境地，似乎从未享受到竞争充分、供求均衡的那份从容。

流动性过剩时期的融资体系不健全状态，有如下四种表现方式。

一、供求不均衡

金融市场总是难以达到供求均衡的状态，总有难以满足的金融需求，或总有难以落实的资金供给，资金的供求比商品的供求更难达到均衡。这一局面的形成，是因为金融资源的流动性是最高的，金融资源的可变现性是最强的。其他资产或资源，其流动性都要依赖金融市场，金融市场的发达程度决定着其他资产的变现能力，从某种程度上说，金融体系有效性决定着其他资源的可变现性和顺畅参与经济运行的程度，也决定着其他资源的价值高低，金融市场为各种资源充分估值提供了市场条件和交易基础。华尔街在历史上形成了稳定的证券市场环境，资本市场成为美国主要的金融资源配置渠道，客观上为工业化提供了稳定的融资渠道，使美国成为世界上规模最大、实力最强的经济体，使20世纪成为"美国世纪"，使美国坐享最有效率的证券市场所带来的巨大经济利益。[①] 但是，金融市场自身却面临这样的困境：金融资源的供给和需求存在着难以自我调节到均衡状态的局面，也就是说，金融体系供求不均衡问题只能依赖金融市场以外的市场体系加以纾解，金融市场缺乏有效的自我复原功能。这是金融资源供求不均衡更具有扩散性和传染性的主要症结所在。

由于货币是财富的代表，在一般情况下融资艰难，人们容易理解；然而对于流动性过剩情况下的融资难题，人们往往不易理解。资金供大于求情况下出现的融资困境，其实质是金融需求难以承载相对过多的资金供给，以及金融需求与资金供给的结构不对称、不能有效匹配。尤其是在流动性过剩条件下，实体经济如果不能保持健康顺畅的运行，就会恶化金融需求的有效性，使大量金融需求成为无法承载资金供给的无效需求。金融市场上的供求缺口不能弥合，凸显了优化金

[①] [美]约翰·戈登（John Steele Gordon）：《伟大的博弈——华尔街金融帝国的崛起》（祁斌译），中信出版社2005年版，第362页。

融资源的必要性。怎样组织起分散、低端、零碎、独立的金融资源，以使其承载起富余的资金供给，是各类主体——政府机构、各类社会组织、金融机构、金融监管者、企业和个人——所有这些市场参与者的共同任务。

从整个金融市场看，其不均衡会造成通货膨胀或通货紧缩，这已经成为金融市场自我修复的重要杠杆和机制。但这一机制并非是健康有效的，因为通货状况及利率水平高低是金融市场的价格信号，意味着资金供求不均衡突破了金融市场的限制，成为整个社会的市场体系供求失衡的集中体现，意味着更严重的结构失衡。

现代经济中，流动性过剩与通货膨胀这两者同时存在，反映着经济结构的不均衡，是不均衡的经济体系各组成部分之间综合作用的结果。从金融资源配置的角度看，有效的金融体系和金融资源的组织化措施，会平抑金融市场失衡。因为针对有效金融需求不足问题，可以经由金融资源的优化配置而使过剩资金供给被吸纳到实体经济中，这在流动性过剩时期是极有价值的；在流动性不足时期，金融资源的优化配置同样有利于融资规模的扩大，促进实体经济加快发展，达到潜在生产水平。

国家之间也存在着金融资源优化配置对于经济结构均衡的调整作用。传统的经济学认为一国的外部财富是贸易调整的结果，随着各国持有外部资产负债的上升，汇率和资产价格波动所产生的估值效应对外部财富的作用越来越显著。[①] 与一国国内经济结构普遍存在的不均衡类似，国家之间也存在着严重的经济结构不均衡，这集中体现在国际贸易失衡、世界资源失衡、储蓄—消费失衡、国际分工失衡、国际货币失衡、世界发展失衡等各个领域，[②] 其中无不体现着金融资源的作用。由于金融资源在国际的流动，也带来了这些不均衡因素的调整，对于这样的调整是否有效以及是否可持续，理论界存在不同认识。从金融资源的角度分析，一国经济社会的健康发展，离不开金融资源的优化和提升；防止国际金融风险的冲击，规避对外开放的不确定性影响，形成本国金融与经济的和谐发展，是金融资源优化配置的目标所在。

二、期限不对称

资金供求期限的有效匹配，是金融市场均衡的重要体现。在流动性过剩条件

[①] 范小云、肖立晟、方斯琦：《从贸易调整渠道到金融调整渠道——国际金融外部调整理论的新发展》，载于《金融研究》2011年第2期。

[②] 杨正位：《多角度透视国际经济失衡》，载于《中国经济》2011年第3期。

下，资金往往是长期积聚的，如果将这些资金在短期内使用，就无法适应期限结构的要求。短期资金来源的长期使用，或者长期资金来源的短期使用，都难以达到资金供求结构的均衡，要么会形成流动性风险，要么会导致利率水平的畸高畸低。

在全球金融危机的影响逐步消退之后，中国金融市场的不均衡，主要是由于过多民间资金无法进入或不愿意进入正规金融渠道。资金供求的期限不对称，反映的仍是金融体系不健全问题。现代经济中的专业化分工，使投资专业化成为趋势，大量资金不甘成为官定利率的银行储蓄资金，而是试图形成自身的融资体系，但是金融体系创新不够和金融行业管制制约了新型金融机构的出现，小额贷款公司等新型金融机构尚不能成为解决资金出口的有效途径。资本市场的创新和中小板、创业板、"新三板"的推出，企业上市发行的重启，使得富余资金具备了参与PE、VC（私募股权投资基金和风险投资基金）项目和盈利、高收益退出的一个机制，但是直接投资市场仍积聚着大量剩余资本，而银行信贷市场由于吸收存款不足，导致银行资金来源紧张。

资金供求的期限不对称，反映了融资体系不健全问题。短期资金来源使用于长期方向上，无法实现融资的可持续，资金运行必然出现很大程度的波动，期限较短的零碎、独立的资金来源，应当经过金融体系的整理和整合，成为稳定的资金来源。市场体系中短期资金在投资过程中避短求长，就是由于法定存款利率水平过低导致的，使民间资本采取直接投资的方式进入社会资本运行体系，但是导致资金链运行不稳健。与此同时，长期资金的短期使用，无法保证正常的投资收益，表明金融市场不够健全，金融产品开发不够，反映了上市发行、发债融资、股权投资等直接融资方式对银行贷款融资的替代作用仍然有限，过剩的社会资金存在着逐步积聚的势头，金融市场供求状况无法得以改善，在银行间市场拆借利率高企、金融机构同质化的严重期限错配问题暴露的同时，又出现债券市场利率高企和"债荒"，表明金融市场利率上升的压力由短期向长期传导，中国货币错配、期限错配、资本错配问题突出，微观主体杠杆率不断提高，[①] "难融资"问题仍然困扰着资本所有者。

三、利率不合理

利率是金融市场的价格，利率水平反映着金融市场供求状况。在信息非对称

---

① 张平：《扭转错配与失衡》，载于《上海证券报》2014年1月22日（A1）。

的市场中，价格具有双重作用，它既能使市场出清（clearing），同时可以传递信息。① 结构不合理的金融市场使利率不能完全反映金融市场供求状况，通过价格配置金融资源的机制无法有效发挥作用。按照戈德史密斯（Raymond W. Goldsmith）的金融结构理论，中国金融市场处于银行信贷市场、证券市场、保险市场、担保市场、小额贷款市场、民间借贷市场等完全分割的多重市场体系之中，以上各个金融专业市场无法实现金融资源的顺畅流转，从而造成市场分割和多重利率出现。现实地看，民间高利融资愈演愈烈、银行信贷市场利率不断高企、担保市场不良化没有改观、小额信贷市场定位仍不清晰等问题，集中体现了利率信号失灵问题，也不能准确反映全社会融资成本高低状况，更割裂了金融市场运行与实体经济状况的正常衔接。中国的利率市场化改革滞后，造成利率决定、利率传导、利率结构和利率管理等多方面问题，无法有效发挥市场对金融资源的有效配置。美国的利率市场化过程，是自下而上的由金融创新推进过程，它还具有一个成效，就是减轻了"金融脱媒"给银行体系带来的压力，使金融市场配置资源的效率大为提高。利率的市场决定，有利于使中央银行发挥货币政策工具的效力。在金融危机背景下，货币政策成为各国调控经济的主要手段，例如，日本再次祭出了"零利率"政策，以应对持续二十年之久的经济低迷和严重的通货紧缩，其后货币政策更为激进，甚至实施"量化兼质化宽松"（QQE）；美国于2008年年末也开始实施超低利率政策，美联储将隔夜拆借利率降到了史无前例的零利率水平，以使其量化宽松货币政策效果达到极致，实施到第三轮量化宽松（QE3）走向终止的2014年，美国的零利率政策仍将持续，全球性的"零利率时代"已经到来，欧洲央行甚至于2014年6月实施了负利率政策。②

全球的流动性泛滥并没有使中国的资金供求市场出现同步变化，利率并未大幅下降，反而逐步演变为利率攀升的局面，与实体经济仍然遭受影响的局面没有保持同向变化，利率也无法起到有效调节金融市场运行的作用。2010年下半年和2011年以来多次出现的利率水平激升，与资金总体供给大于需求的状况不相适应。据中国人民银行金融市场运行情况分析显示，2010年中国金融市场总体运行平稳，货币市场利率呈上行趋势。③ 临近年底时，货币市场利率持续攀升，

---

① 王一鸣：《数理金融经济学》，北京大学出版社2000年版，第297页。
② 郑学勤：《美联储零利率政策不会改变》，载于《中国证券报》2014年1月20日（A04）；邵宇：《欧洲负利率的正负能量》，载于《上海证券报》2014年6月10日（A1）。
③ 任悠：《2010年金融运行分析》，载于《中国金融》2011年第3期；金术：《2010年金融市场述评》，载于《中国金融》2011年第3期；任悠：《2012年金融运行分析》，载于《中国金融》2013年第3期。

年末时隔夜拆借利率收于4.52%，较年初大幅上升340个基点；7天质押式回购加权平均利率收于5.17%，上升377个基点；全年来看，12月份同业拆借加权平均利率为2.92%，比上月和2009年同期分别高116个和167个基点，7天质押式回购利率在2011年春节前一度达到7%~8%的高位。市场利率的异常波动还与金融市场结构演变和银行业快速扩张有关，2013年6月份甚至在广义货币存量（M_2）极高的情况下（超过100万亿元），出现了市场利率畸高与流动性极其紧张的"钱荒"，上海银行间同业市场隔夜和7天的拆放利率（SHIBOR）已双双突破10%，2013年年末及2014年春节前仍然出现市场利率飙升，是金融资源基于扭曲的风险收益配置造成的。[①] 这就形成了市场信号不能如实反映金融市场运行状况的问题，即作为金融市场价格的利率水平，不能充分反映金融市场供求状况，出现了金融体系与实体经济的背离现象。这一局面除了表明资金供求结构、期限都不均衡之外，更深层次的含义仍是金融体系不能适应经济体系的问题。

四、信用环境不优良

在资金有余的市场中，许多资金需求难以提升为有效需求，是金融市场信用环境不优良的体现。一方面是资金过剩，另一方面的需求又不能令人信服，社会缺乏信任机制，现有需求无法承载资金的充沛供给。信用的缺失，对金融市场的扰乱是致命的。评级机构是金融体系的重要组成部分，在其中起着重要的财务顾问、融资中介、鉴证、评估作用，是市场有效运行的基础和前提。世界主要评级机构经过早期市场竞争和经济周期考验，积累了一定的"声誉资本"，形成了穆迪（Mood's Investorts Service）、标准普尔（Standard & Poors）、惠誉国际（Fitch IBCA）等几家主要的评级机构，这些机构主导了评级行业，还被批准为"国家认可的统计评级组织"（NRSROs）。[②] 这种业务格局虽然形成了其评级业务的一定的权威性，但也造成了诸多不良影响，其中的一个影响是：金融监管部门在制定投资范围、风险资本管理等法律或政策时，大量援引世界主要评级机构的评级结果，使少数几家评级机构获得了过高的话语权，导致整个金融市场的运作过度依赖这几家评级机构，造成了信用供求的失衡。这些评级机构是依靠向发行人收费来取得利益的，这会使评级缺乏独立性，而评级机构参与金融产品设计、提供有偿咨询服务等做法，会造成严重的利益冲突，社会公众最为需要的评级的公正

[①] 陈道富：《重审流动性》，载于《上海证券报》2013年10月11日（A1）。
[②] 阎波：《信用评级机构改革及美国债券市场发展》，载于《中国金融》2010年第23期。

性、准确性却无法得到保证。而且世界主要评级机构在实施评级过程中，其评级模型、评级指标不透明，无法使社会公众和监管部门对其执业水平的公正进行有效监督。再有就是世界评级行业形成了垄断程度过高的业务格局，几家主要评级机构垄断了市场话语权，人们曾经设想这几大机构之间会存在一定程度的竞争关系，从而形成公正、客观、准确的评级结果，并被整个社会所监督，但事实上，评级机构之间的策略行为模式，远大于它们之间本应存在的竞争关系，当各主要评级机构的策略互动发展到一定程度，便形成策略共谋的局面，受损害的注定是使用这些评级产品的社会公众。

世界金融体系形成了由著名评级机构鉴证信用水平的局面，这些信用评级机构不但没有借助执业能力缓和金融体系的不稳定，反而因其诚信危机和道德风险行为，成为金融危机的推手，备受业界和公众的指责。2001年，美国安然公司倒闭，信用评级行业的道德风险问题浮出水面，美国政府虽然公布了信用评级机构改革法案，对评级机构信息透明、行业竞争、强化责任做出强调，但并没有彻底改变信用评级机构的业务模式和市场格局。美国次贷危机过程中，世界著名的中介机构不但起不到鉴证作用，反而成为风险的推波助澜者，进一步加剧了金融市场动荡，甚至有人认为，欧债危机就是世界主要评级机构引发的，[①] 中介机构反而成为信用环境的扰乱者，使人们对社会信用机制产生怀疑。因此，金融危机的产生，其实质反映了信用体系中存在的问题。在资金有余的市场上，融资需求无法通过信用增进而成为有效需求，表明金融资源的低效运行状态，而著名评级机构差强人意的表现和职业操守，令金融市场的不良化问题更为严峻。

相对于信用评级机构风险突出这一局面，企业的诚信问题更为严峻。企业诚信度不高，可能造成金融机构融资损失，会使金融机构行为更谨慎，致使金融市场不良化发展。如财富效应最为突出的股票发行市场，虽然多年来不断强化保荐制度、加强券商、律师和会计师等中介机构责任，但是一些企业为上市"圈钱"不遗余力，包括财务造假、过度包装、粉饰业绩、盲目扩张等。自2004年实行保荐制度以来，10年来就有245单IPO（initial public offerings，首次公开发行）项目被否决，涉及62家券商和400多名保荐人，其中还出现了万福生科公司造假上市这样的典型案件，许多中介机构甚至与企业共谋欺诈。[②] 在资本市场"依

[①] 世界主要信用评级机构（CRAs）在金融危机中起着推波助澜的作用，这一认识不仅是学者、金融业界的看法，也是政府部门的普遍看法。参见［美］小约翰·科菲（John C. Coffee）：《评级改革：好的、坏的和丑恶的》（颜超凡译），收录于《比较》（第57辑），中信出版社2011年版，228～266页；付碧莲：《欧盟发文严斥三大评级机构》，载于《国际金融报》2013年3月20日（5）。

[②] 张欣然：《10年否决245单IPO项目 低成本造假渐成过去式》，载于《证券时报》2013年4月25日（A5）。

法治市"的政策环境下开展的 IPO 企业财务核查,有三成企业主动申请终止审查的情况下,仍有企业弄虚作假试图"冒险闯关"而被立案调查。即使流动性过剩过程中 PE、VC（私募股权投资基金和风险投资基金）这类融资形式逐步发展,可以容忍较高程度的投资损失,但是也有一个合理的限度,否则将使这一成长中的投资市场不良化,并对金融市场造成不良影响。在资金有余的情况下,企业仍不能获得有效的融资,是因为金融机构无法准确掌握企业的经济实力和还款意愿。这就提出了企业的诚信问题和对企业的增信问题。企业诚信问题主要依靠征信体系来解决,并要建立起有效的激励和约束机制,增加企业的失信成本和违约后受到惩罚的程度,使其自觉地诚信作为,然而作为公共物品的社会信用体系很不健全。增信措施主要包括提供担保、创新担保形式、组织有效抵押和质押、创新融资品种和融资模式、政府机构组织增信。对缺乏融资资质的企业进行增信,是促进金融资源优化配置的重要内容。

第三节 融资困境的根源

金融体系的复杂性决定了金融资源的分散性与融资行为的集约性之间存在矛盾,社会经济运行中的信息不对称性与融资透明性之间存在矛盾,顺畅融资的美好愿景总是难以实现,融资困境无所不在。一方面,在经济紧缩和危机过程中,经济主体陷入了痛苦的"找钱"奔波中,有多少机构不是因为风险问题而倒闭,恰恰是因为流动性问题而在黎明前的黑夜中陨落;另一方面,当世界充斥着货币,时光转换到流动性过剩,却仍然存在融资难题,投资者的焦躁程度,远远大于贫困所带来的苦恼,面对众多无法确定的融资需求,难以放心做出投资决定,资金供求仍处于不对称状态之中。

一、信息不对称的制约

信息在现代社会中的地位越来越重要。信息这种稀缺资源在现实社会系统中生成、发送、传递、接收和反馈的过程,并不能保证所有社会主体均能获得充分的信息,也不能保证一宗经济交易的相关当事人均有同等充分的信息,更不能保证所有经济主体都有意愿将自身的私人信息充分地公之于其他人。在社会经济系统中,信息的这种不对称性或不完全性具有普遍性,这种信息不对称性和不完全性造成了大量不良交易。

第一章　艰难的融资：金融资源需要优化配置

（一）信息不对称的两个模型

信息不对称的影响可能来自于两个方面，即逆向选择和道德风险。逆向选择问题来自于商品市场中的买者和卖者关于商品质量的信息不对称。以二手车交易市场为例，旧车的卖者知道车的真实状况，而买者并不知道很多信息，次数有限的查看无法发现旧车的真实质量。尽管买者不能确切判断某辆车的质量，但他知道所出售的二手车的平均质量，只愿意出中等价格来参与市场交易，而不可能给很高的出价。这样一来，高质量的车就会退出市场。由于高质量的旧车退出市场，买者会继续降低估价，次等车继续退出市场，最终的结果是市场上质量低劣的旧车充斥。既然旧车的质量如此，其成交量会大大小于应当出现的均衡交易数量。这个过程称为"逆向选择"（adverse selection）。

要解决逆向选择问题，就需要通过合适的市场机制，将高质量的商品和质量低劣的商品有效地区分开。在此，可以引证迈克尔·斯宾塞（Michael Spence）、乔治·阿克洛夫（George Akerlof）、约瑟夫·斯蒂格利茨（Joseph E. Stiglitz）等研究日益深入的分离均衡理论。斯蒂格利茨（1976，1981）把信息不对称引入了保险市场和信贷市场，对于建立筛选信息的机制从而实现市场效率进行分析。当保险金处于一般均衡价格时，低风险类型的消费者预期投保后所得到的效用小于他不参加保险时的效用，按照理性选择的结果，他会毫不迟疑地退出市场，只剩下高风险类型的消费者愿意投保，因为高风险类型的消费者预期到他投保后所得到的期望效用会大于他不参加投保时的效用。当低风险消费者退出后，会造成保险公司的赔率上升，若保险公司所收取的保费和赔金不变，保险公司就面临收入减少、成本增加的局面而很可能亏损，所以保险公司不得不提高保费。这样的恶性循环，会使高风险的投保人把低风险的投保人逐步赶出保险市场，因此不能用提高保费的方法去消除保险市场的逆向选择。[①] 为解决这一问题，保险公司可以通过提供不同类型的合同，将不同风险的投保人分开，让买保险者在高自赔率加低保费和低自赔率加高保费之间做出选择。即不是使保险处于混同均衡，而是出现分离的均衡（separating equilibrium）。

事后信息不对称将导致"道德风险"（moral hazard）问题的发生。保险公司既面临着与投保人签订合约时无法知道投保人真实情况的被动局面，还面临着无法预知投保人行为的被动局面。投保人向保险公司投保并签订保险合同这一经济行为，会在很大程度上改变投保人的行为方式。一旦投保人参加保险后，他们往往不像以往那样仔细看管家中的财产了，也不会在预防火灾方面进行过大的投

[①] 张维迎：《博弈论与信息经济学》，上海三联书店、上海人民出版社1996年版，第555～569页。

入。正是因为保险公司无法观察到人们投保后的防灾行为而产生"隐蔽行为",面临着人们松懈责任甚至可能采取"不道德"行为而引致损失。

(二) 信息不对称如何导致市场失灵

信息不对称导致的市场失灵(market failures)问题,可以从多个方面加以描述,其中交易费用经济学的解释很有代表性。按照传统的新古典经济学的假设,人是"完全理性的经济人",但是这一假设与现实有很大反差,受到后来经济学者的指摘。威廉姆森(Oliver Eaton Williamson)开创性地提出了"交易、契约与治理相匹配"的分析框架,[①] 认为人实际上是"契约人",他们的行为特征表现为"有限理性"和"机会主义倾向",这是"契约人"的两个主要特点。"有限理性"指人的理性受到信息传播效率和接受信息能力等诸多因素的限制;"机会主义倾向"指人为了能够利己,他不会顾忌可能对别人所造成的损害,人的机会主义给市场交易增加了复杂性,市场交易中的各方不但要保护自己的利益,还要随时提防交易对方的欺诈动机。市场经济中"契约人"的有限理性和机会主义特点,会造成相当程度的市场失灵,其中信息不对称起了非常重要的作用。

为解决信息不对称的困扰,人们想出了很多办法,提出了一些解决措施,其中比较有效的一条措施是建设征信体系,通过建立专业化的征信机构,依法采集、调查、保存、整理、提供企业和个人的信用信息并对其资信状况进行评价。二手车市场中的鉴定评估师和保险市场中的保险公估人,都是担负鉴证责任和负责有效信息提供的。而中国的现实却是征信体系仍不完善,现有征信信息不能满足解决信息不对称问题的需要。征信事业的发展是一个国家、经济体的社会事业和共同财富,而不仅仅是一个商业化的行业或企业。征信业不够发达,是金融资源不充足的一个体现——征信体系不健全,使金融机构无法有效识别并区分开优良的经济主体和不良的经济主体。

信息不对称对整个经济社会体系造成的影响,并不能由单个经济主体承担成本或承担责任,整个经济社会体系运行不顺畅形成的对单个经济主体的影响,无法为单个经济主体所切实认识到,他没有动力、没有能力、没有条件,或者是不需要由其个体予以承担。所以,单个经济主体既希望更多地获得公共信息(public information)以谋取最大化利益,又缺乏动力去主动公开自身的私人信息(private information),因为也存在着"杯水车薪"的效果,仅靠一个人的努力,确实无法改变整个社会公共信息供给不足的现实。这就带来了全社会都没有形成

[①] 张睿:《交易费用产业组织理论述评》,载于《财经问题研究》2009年第6期。

公开信息的认同感，对解决信息不对称问题形成了巨大制约。

让全社会深刻认识并积极行动以解决信息不对称问题，在此可以提供一个反证，就是如果经济主体不公开其私人信息，会制约自身发展，而公开信息会促进自身发展，这就会形成引导信息公开的有利因素。一般认为，信息透明度的提高，可以给公司带来收益，表现在公司声誉的增加、股票流动性的提高、机构投资者的关注度上升以及融资成本的下降。提高信息透明度也会给公司带来额外成本，包括信息的搜集、整理、报告成本，以及因信息披露带来的间接成本，如竞争优势遭到削弱而产生的损失、利益集团利用本公司公开的私人信息进行政治干涉等。有人运用深圳证券交易所上市公司信息披露数据研究发现，当公司信息透明度水平相对较高时，公司市场绩效与信息透明度呈现显著正相关；但当公司信息透明水平相对较低时，透明度特别差的公司反而获得较好的市场表现。这意味着对于绝大多数正常披露信息的公司，提高信息透明度可以提升上市公司的市场价值。[①] 这样，就让绝大多数企业看到了提高信息透明度既可以对自身财务状况产生良好影响，也看到了提高信息披露水平对于健全整个市场运行机制的意义，也使部分不愿主动披露信息的企业看到了弊端所在。作为一个机制性的措施，还是应当促进信息披露制度的完善，推进征信体系建设步伐。

（三）信息不对称对融资的制约

融资问题对企业、投资者、金融机构的困扰，在很大程度上都表现为信息不对称的结果。信息是一种公共物品，"政府失灵"（government failures）造成的有效信息供给不足，对于金融资源配置会产生重要影响。"市场失灵"与"政府失灵"同步存在，是市场经济体制国家的普遍困境，中国金融资源配置不均衡，就是这一问题的体现。中国目前的金融资源配置模式，既不是严格意义上的市场经济配置，也不是传统的计划管理配置，政府机构确实在其中发挥了关键作用。虽然政府机构的机会主义动机少些，但作为有限理性的主体，其在配置金融资源时，必然也存在"政府失灵"现象。卢颖、白钦先（2009）通过对1999~2007年不同权力层面（国家和省、市、县）的时间序列数据分析发现，权力越高的地区层面，金融资源的产出率越低，而实际占有的金融资源却越多，金融资源地区分布在事实上呈现出"既不体现公平原则，也不体现效率原则，而是符合了权力原则"[②]。

---

① 张兵、范致镇、潘军昌：《信息透明度与公司绩效——基于内生性视角的研究》，载于《金融研究》2009年第2期。

② 卢颖、白钦先：《中国金融资源地区分布中政府权力影响》，载于《广东金融学院学报》2009年第7期。

在信息不对称普遍存在的情况下，人们试图借助高收益来弥补可能存在的风险是不切实际的。经济主体在市场交易中要耗费大量的搜寻成本；即使遇到潜在交易对手之后，也面临如何相信对方的问题，要建立信用机制须耗费大量社会成本，需要经过很长的历史时期，才能形成社会化、市场化的信用鉴证体系、信用商品经营模式。资金供求者往往要经过艰难的讨价还价过程，在合作协议的每个细节上进行争吵，总是难以达成一致，这表明对交易对方的不信任程度；即使达成协议，订立的价格可能远高于或远低于均衡价格，表明市场交易是不良交易，交易成本极为高昂，交易价格偏离均衡价格的程度越远，表明市场交易秩序不良的程度越深，俄罗斯的融资利率极高，就表明在那个市场化程度仍然不高的国家中，交易双方需要依靠收益升值来弥补可能出现的高额风险损失。但是，在信贷市场上依靠提高利率，并不会使银行的预期收益提高，相反可能使银行放款的平均风险上升，即使有高利率项目存在，银行也宁愿选择在相对低的利率水平上拒绝一部分贷款需求，这就产生了"信贷配给"（credit rationing）现象，这一现象包含如下两种情况：一是在所有贷款申请人中，只有一部分人得到贷款，另一部分人被拒绝，被拒绝的申请人愿意支付更高的利息也不能得到贷款；二是一个给定申请人的贷款需求只能部分地被满足。

由此可见，信息不对称造成了信贷市场失灵，也降低了金融资源价值。逆向选择和道德风险问题的存在，使金融机构无法确知借款人的真实状况，也无法准确预知其未来行为模式。面对各种不确定性，金融机构本来需要的是风险管理，强调的是风险和收益的均衡，而不是一味地风险规避。但是金融机构因为在衡量借款人的风险状况时无法做出准确评估，只好将所有企业都看作是"可能"有问题的借款人，以这种"莫须有"的行为方式提防被欺诈，从而导致融资困境。

二、金融资源初始配置不均衡的制约

中国从计划经济逐步转轨至市场经济体制，而且经济发展基础一度极为薄弱，中国后发展路径本身就意味着金融资源在初始时期的匮乏，同时意味着其配置不均衡。主要表现在金融资源总量小、状态分散，金融市场不完善，缺乏系统性融资工具，金融机构体系、金融业务体系、金融制度体系不健全。

金融资源总量小，无法有效支撑实体经济的发展，无法弥合经济社会发展对金融的有效需求。金融资源从某种程度上可以看作是财富的代表，这其中就包含着"马太效应"现象。马太效应的存在，使得原本并不丰富的金融资源处在畸形发展轨道之上。金融因素要么制约经济运行，要么促使经济过热发展，都难以与实体经济形成顺畅和谐运行的局面。各类经济主体所能掌握的经济资源，要么数量少、层次低、分散而零碎，要么因为产权不清晰、生产要素流转不便而难于资本化，无法形成融资优势。

在金融资源总量小的同时，是融资方式单一，融资渠道狭窄。以国民经济中的弱势产业——农业为例，金融资源配置现状非常不能令人满意。虽然当前农业领域形成了政策性金融、商业性金融和合作性金融分工协作的农村金融格局，但是农村金融资源配置难以适应农业经济深刻变革的新形势，农业发展需要配置大量的金融资源，从发达国家或地区用于农业的资金投入来看，一般占当年农业净产值的40%以上，而中国远远低于这一比例，仅为18%左右，金融资源配置明显不足。①

现行金融体制也成为制约金融资源优化配置的重要因素。中国金融制度构建不合理，金融服务体系呈现出城乡二元化结构，严重影响农村金融资源的市场配置，农村金融体系缺乏层次性，农业金融服务供给不足，金融市场不够活跃，农村资金的主要提供者是农村信用社，农村资本市场尚不健全，直接融资困难重重。直接融资与间接融资比例失调，导致金融风险过度集中于银行业，一度影响了金融机构对农业产业化的信贷支持。农村金融服务层次偏低，突出表现在农村金融机构少、服务网点少、服务品种少，只能提供开户、结算、贷款等常规服务，无法提供更多的金融服务产品。除了传统上的农业种植、养殖、农业多种经营、农业产业化领域外，各类农村经济组织的资金需求总量很大且千差万别，新型城镇化和农村新型生产经营中的许多领域缺乏融资途径，没有金融机构参与或很少有金融机构研究新型涉农金融业务，使大量农村生产经营行为缺少融资手段，农村金融资源的配置无法优化，现行农村金融体制难以适应农业产业化的需要。

三、金融资源配置效率的制约

金融资源的配置具有其内在规律性，中国金融资源配置无法沿着均衡有效的路径发展，形成了不均衡的金融资源配置格局。近些年来，国内学术界对于区域金融资源分布差异的研究逐步兴起，主要集中在区域金融资源配置状况、金融资源分布差异度量、金融资源发展动态、金融资源配置区域差异的原因、金融资源集聚及金融协调发展策略等方面。中国金融资源配置区域差异可以归结为三类原因：一是外生性的体制和政策因素，这与地区的竞争发展态势有关；二是内生性因素，包括经济增长差异、市场化程度差异等，这与地区经济体制转换、市场要素作用程度有关；三是内生性与外生性因素综合作用的结果。针对外生性因素，

---

① 朱建华：《农业产业化进程中金融资源的有效配置》，载于《科技和产业》2010年第6期。

是因为东部、中部、西部经济发展基础就不相同，金融资源初始配置存在差异，而国家实行高度一体化的货币政策，自然要素只能居于次要位置，国家以东南沿海为重点的发展策略，是造成金融资源非均衡配置的重要原因。针对内生性因素，由于特定区域的社会经济环境对金融运行有深远影响，所以形成各地区金融资源配置差异和金融发展结构的不同，而经济发展水平高低不同、社会资本充沛程度不同、资源和资金流动方向不同，都是造成金融资源发展与区域经济发展之间难以协同的重要原因；不同地区的经济发展水平差异、市场化改革程度、金融制度和政策倾斜、法律环境和信用环境以及政府机构的金融供给行为，都影响到各个地区的金融资源配置状况。

其实，金融资源配置不均衡、金融资源发展水平差异，是内部因素和外部因素共同作用的结果。金融资源的非均衡配置受到金融资源配置效率的制约，集中体现在金融市场结构差异、金融机构分布差异、金融发展效率差异、财政金融政策差异、信用体系建设差异等各个方面。需要在宏观和微观、区域和整体、政策与金融机构等各个方面采取积极措施，才是促进金融资源集聚发展、促进金融资源配置均衡的主要方略。

四、外部条件的制约

金融资源的优化组合需要特定的外部环境，这是金融业发展的外部条件，也即"金融生态环境"。金融生态是个仿生概念，经由周小川将生态学概念系统地引申到金融领域[①]后，李扬、王国刚等（2007）进行了实务操作，提出了评价地区金融生态环境的指标体系。金融生态可以从自然生态的概念中加以引申。生态系统（Eco-system）指的是由生物群落及其赖以生存的物理环境共同组成的动态平衡系统。生物群落和物理环境是依存和相互影响的，通过复杂的营养关系，它们结合为统一的大系统。在一个健康、成熟的生态系统中，生产者、消费者和还原者相互生成，它们共同构成生物群落；作为生物群落，它们又同其赖以生存的物理环境之间进行着永不止息的物质循环和能量流动。这种循环和流动保持着动态平衡，生态系统便得以存在和发展。与此类似，金融生态系统是由各类主体及其赖以存在和发展的外部环境即金融生态环境共同构成的彼此依存、相互影响、不断发展的动态平衡系统。

金融生态系统的各类主体包括金融产品和金融服务的生产者，它既包括金融机构和金融市场这些直接提供金融产品和金融服务的主体，也包括以制定政策、

---

① 周小川：《完善法律制度 改进金融生态》，载于《金融时报》2004年12月7日（1）。

第一章 艰难的融资：金融资源需要优化配置

确定规范、进行调控和实施监管职能，从而直接影响金融制度、金融机构和金融市场运行，同时也直接影响金融产品和金融服务供应的种类、规模、价格、质量、范围的金融决策机构、金融监管机构和政府机构。金融生态环境是指金融发展紧密依赖的金融运行环境，包括经济状况、企业制度、诚信观念、法律制度、政府行为、司法效率等在内的环境因素，金融系统的发展演化是与环境和谐共存、逻辑地自然演进和可持续发展的过程。① 金融生态环境是一个"生态系统"，指由居民、企业、政府机构和国外等部门构成的金融产品和金融服务的消费群体，以及各类主体在其中生成、运行和发展的经济、社会、法治、文化、习俗等体制、制度环境。与自然生态系统一样，在金融生态系统中，各类主体和金融生态环境是相互依存和彼此影响的——金融生态环境构成各类主体的服务对象和活动空间，它决定着各类主体的生存条件、健康状况、运行方式和发展方向；各类主体则以其生产并传递信息、引导资源配置、提供风险管理手段的强大功能，对金融生态环境的发展发挥着积极的反作用。金融生态环境的改善、演变和发展，不仅会通过改变金融业内部各种力量的对比状况而推动并决定着金融业发展规律，而且对金融业的发展具有基础性、根本性和长远性的意义。李扬等（2007）认为，通过完善金融生态环境来提高金融效率和管理金融风险，可能具有更为根本的意义。②

在金融生态系统中，金融生态环境对于金融和谐发展发挥着基础性约束作用。这可以从两个方面得到充分体现。一是供给作用。金融产业的生存和发展依赖于众多要素的投入，也即对金融产业的供给包括资本、技术、管理、信息、制度、准入、人力资源、市场环境、交易条件等，这些都依靠金融生态环境来提供，一个经济社会对金融产业的供给能力及其结构，决定着金融产业的发展能力、发展空间和发展结构。从总体上看，经济总量、经济发展状况决定着金融产业的发展能力、发展方向、发展空间。金融由经济所决定，金融因金融生态环境而生，金融只能适应金融生态环境。二是导向作用。金融产业发展、金融资源集聚需要良好的政治、经济、文化、法制、信用环境，这些环境的优化有利于金融产业内各个行业的结构优化和功能提升，提高金融生产力。反之，这些环境如不断恶化，会造成金融产业内各个行业的结构变化，并形成弱化金融功能、削弱融资能力的力量，甚至破坏金融生态平衡，导致金融业不能良性发展，会反过来影响金融对经济的支撑能力，形成经济与金融发展的恶性循环。金融生态环境对金

---

① 高连和：《论和谐发展中的金融生态、科学金融与循环金融》，载于《西华大学学报（哲学社会科学版）》2010年第5期。

② 李扬、张涛、王国刚等：《中国地区金融生态环境评价（2006~2007）》，中国金融出版社2007年版，第281~285页。

融产业发展的作用是决定性的，金融生态环境决定金融资源的流向，决定金融产业的发展空间，金融生态环境建设对金融资源优化配置、促进金融生态系统演进至关重要。

成熟的市场经济体制，意味着健全的金融制度和良好的金融生态环境，能够形成以市场机制为主导配置金融资源的市场型金融体系。中国的金融体制来源于对原有计划经济体制的改革，金融主体不丰富，金融市场不活跃，金融制度不完善，金融发展环境不优良。发达的市场经济国家拥有成熟的资本市场，经常发生大规模的跨国并购，这是由于以债券市场为基础的金融体系为跨国并购提供了良好的融资平台，为优化经济结构提供了良好的金融市场环境。但是，正是金融结构和融资环境的差异，使得处于金融深化不同阶段的经济体也存在一些大规模的跨国并购，以此可以作为解释中国等亚洲新兴市场经济国家吸收 FDI 持续增长的一个切入点。[①] 这也表明，金融生态环境分析可以作为金融体系有效性分析的一个切入点。

五、金融准入条件的制约

金融结构是金融产业内各行业共同发展、合作共生、有机结合、相互促进的结构关系。某类金融机构、某种金融业务虽有市场需求，但要真正实现融资，要受到金融监管的严格限制，只有金融机构和金融业务经过监管部门批准，才有可能将原有金融资源转化为融资能力。因此，一个经济社会的发展状况和资本积聚、技术进步、管理提升、信息流动、制度演进、准入放开、人力资源充沛、市场环境优化、交易条件优良等因素，都要经过积极有效的组织推进措施，才能成为推动金融结构优化的重要因素。

金融资源集聚而形成金融产业，金融产业的发展需要以金融机构和金融业务来实现。中国金融资源的特点在于，金融资源不优，金融机构种类有限，金融机构准入严格受限，金融业务创新不够，金融资源与实体经济融合程度不高。分析融资艰难的症结，需要专门分析金融机构和金融业务准入问题。金融市场作为国家严格管制的市场，市场准入成为重要的稀缺资源，拥有金融机构和金融业务的市场准入机会，便视同拥有了极为珍贵的金融资源。这可以新型金融机构试点为例。货币经纪公司、汽车金融公司、消费金融公司这三类金融机构是中国银监会推出的试点，其中消费金融公司属于非银行金融机构，不吸收公众存款，以小

---

① 李运达、马草原：《金融深化与 FDI：理论、证据和中国实效》，载于《经济科学》2010 年第 2 期。

第一章 艰难的融资：金融资源需要优化配置

额、分散的原则为居民个人提供以消费为目的的贷款。发放的贷款可以用于耐用消费品（包括家用电器、电子产品，但不包含房屋和汽车）和家庭旅游、婚庆、教育、装修等消费事项。消费金融公司成为一类新兴金融机构，使其具有了金融资源的优势，便于将居民个人的消费需求优化为金融资源，从而形成融资优势，促进经济社会发展。

怎样组织金融机构资源，即怎样找到市场准入的通道成为促进金融资源优化配置的一项重点。在中国这个渐进式改革的国度里，尤其是面对经济全球化中的不断创新，"先行先试"、"试点"、"大胆地试"这样的主导思想，成为金融机构和金融业务创新发展的一个途径。消费金融公司制度就是首先选择在北京、上海、天津、成都四个城市进行试点，虽然其对经济和消费的拉动作用不可能极为明显，但是其导向作用非常突出。应通过积极争取"先行先试"的改革政策，创新金融机构设置，创新金融产品种类，实现金融资源的优化。

在分析金融资源集聚而形成金融机构发展的同时，还应简述一下融资"脱媒"现象。"脱媒"（disintermediation）在一般的市场交易中是指越过中间人而由交易双方直接进行交易行为。在金融领域，"脱媒"指的是"金融非中介化"，是在金融创新的背景下，不同于传统融资方式的新型融资方式，并且脱离于金融机构的常规业务范围，更多地采取直接融资方式，而且可能是游离于金融监管之外的融资。实证分析表明，中国出现了明显的金融脱媒现象。[①] 金融"脱媒"的出现，其实是金融资源自我组织为融资能力的过程，提高了金融市场化水平。这一局面的形成，通常是在新的政策环境下产生的，尤其是直接融资领域的金融创新，往往带来非同凡响的发展机遇。

在传统的意义上，融资行为都是依托金融机构、通过受监管的金融产品，在资金有余者和资金需求者之间进行的资金调剂，这被称为金融中介化（financial intermediation）。金融"脱媒"使资金绕过了金融这一"中介机构"，而在资金有余者和资金需求者之间直接融通并产生资产负债关系。全球金融危机之后，大多数人突破了将金融着眼于"特定机构"（如银行）的局限，从金融体系和金融市场的角度观察，将正规银行之外的融资形象地比喻为"影子银行"，这可以被视为多种非银行信用中介的总称，其出现显著改变了非银行信用中介的规模和风险程度。[②] 从具体做法看，一些类金融机构由于不直接吸收存款、也不直接发放贷款，处于金融监管范围之外，对冲基金（hedge fund）、投资银行（investment

---

① 宋旺、钟正声：《中国金融脱媒度量及国际比较》，载于《当代经济科学》2010年第2期。
② ［英］阿代尔·特纳（Adair Turner）：《杠杆率、期限转换和金融稳定——超越巴塞尔协议Ⅲ的挑战》（王邦胜译），收录于《比较》（第55辑），中信出版社2011年版，第106~131页。

banking）和证券化发行机构、特殊目的机构（SPVs）、金钱管道（conduits）、结构化投资工具（structured investment vehicles）等，主要通过非存款市场开展无担保负债或担保借款、发行长短期债券、逆向回购、买卖资产抵押商业票据、接收贷款资产包、资产证券化、出售信用违约互换产品（CDS）等，其实完全都是进行融资的行为，发挥着信用转换、期限转换、流动性转换、风险分担等功能，但也因为其高杠杆运作、期限错配等固有特性而存在不容忽视的风险。[1]"脱媒"现象的出现，表明在各类金融资源组织主体之中，金融市场成为金融资源优化配置的重要机制。应当在有效规避金融风险的同时，促进金融市场自我组织的水平，提高金融资源的运用效率。

六、融资技术手段的制约

在经济主体间进行的融资行为都要经过中介的作用，这包括市场运行机制、金融机构、金融产品、融资条件等各个方面，使融资过程更多地体现出求全责备、毫无瑕疵的特征。单就技术手段来说，就对融资造成许多制约，这包括产品、管理、手段等方面。

（一）业务种类的制约

金融机构不断开发出各种融资工具，以适应客户多种需求。其实许多融资工具是具有替代性的，即可以通过多种不同融资工具的转换，对优良客户实现顺畅融资。金融系统总体上的产品开发不足、业务创新不够，成为业务种类的制约。

（二）审批流程的制约

效率是成功的重要决定力量。银行贷款审批权的上收、贷款审批效率的下降，使许多中小客户被排除在服务之外。这种排除可能不是有意为之，中小微企业资金周转迅速、经营灵活的特点，要求融资效率很高。与银行信贷体系相伴形成的融资性担保行业，就是为弥补银行信贷体系的失灵。对于担保行业的生存，有人存在很大担心，其一是担心担保公司接触到的都是"柠檬市场"（the Market for Lemons）中的劣质客户；其二是担心担保公司在将中小微企业的融资能力、财务状况、经营效益培养成熟之后，那些中小微企业会成为银行直接服务的客户，他们向银行直接融资之后，免去了担保公司的环节，还可节约担保费成本。其实调查中发现，这些中小微企业仍然留在担保公司办理业务，或者又

---

[1] 史立君：《影子银行应纳入审慎监管框架》，载于《中国证券报》2013年3月25日（A04）。

"回到"担保公司,他们普遍反映银行的准入标准、审批周期、服务效率、慢怠客户等情形总是无法令中小微企业满意。从中可以看出银行优化服务的重点所在,也可看出各类金融机构、准金融机构之间开展合作以促进融资的必要性。

(三) 操作手段的制约

纯粹的技术手段对融资行为的明显影响需要金融机构认真反思。一是计算机系统的广泛应用,客户要想融资,在技术上必须满足金融机构的融资条件,顺利进入金融机构的操作系统。金融机构逐步从"企业信息化"走向"信息化企业",其一切经营活动都是基于各种业务系统开展的。最简单的一点,银行的存款类业务基本可以实现一周七天开放,这是银行为了"延揽客户"的需要,但其信贷系统在周六、周日是不开放的,而没有这套系统的操作,资金无法实现全天候运营。二是总行、总公司的系统管理要求全行、全公司按照统一的模式、标准输入业务管理信息系统,如 ERP 系统(Enterprise Resource Planning)等现代化管理平台进行运作。虽然这些管理系统能够帮助企业集成信息、优化配置资源、提高企业效能,也出现了银行与企业进行 ERP 系统对接以掌握企业资金流动情况和促进融资的案例,[①] 但计算机是冰冷的,无法结合实际灵活处理业务,也不接受任何"变通"、"通融",对于某项条件不符合金融机构融资要求的客户,无法直接录入其操作系统。三是融资方式与操作系统的矛盾有时难以协调。如银行业务要求客户盈利水平达到一定标准,但如果有的客户恰恰该项指标不满足要求,虽然其成长性好、创新能力强,仍可能受到融资限制,显示出传统金融机构对创新型企业的排斥。

第四节 各类主体都应促进金融资源优化配置

掌握金融资源支配权的各类主体,其目的并不限于拥有这一资源,而在于通过对金融资源的整理、整合、优化,将这一资源与其他资源有机结合以实现融资发展目标。但是,金融资源分散、零碎的特点,以及金融市场、金融机构、融资主体、融资环境所存在的问题,造成金融资源配置不优。与金融资源相关的各类主体,包括政府机构、企业和个人、金融监管者、金融机构、各类社会组织,都应当

---

① 中国企业在大张旗鼓地进行 ERP 项目建设过程中,并未使该系统完全发挥出应有作用,应不断进行本地化和功能整合。参见孙玥璠、张真昊:《怎样的企业实施 ERP 后财务绩效表现更好?——基于沪深两市 A 股制造业上市公司的数据分析》,载于《经济科学》2011 年第 3 期。

成为促进金融资源优化配置的推动者。各类主体在这一过程中也会获得其应得的利益。各类主体促进金融资源优化配置的责任各有侧重,工作方式不同,得益各不相同,只是都为着同样的目标,而各方的定位和角度、力度、方式也有不同。

金融资源配置问题具有丰富的内涵,它涉及金融资源的配置客体、配置主体、配置渠道和配置机制以及配置效率等问题。在金融资源配置过程中,配置主体对配置客体发生作用,发生作用的物质载体是配置渠道,发生作用的内在原理是配置机制,而对整个过程的评价就是配置效率。① 就像其他资源配置一样,作为金融资源配置主体的人是金融资源配置全过程唯一的能动性要素和触发性要素。通过配置主体可以控制金融资源配置的全过程,通过提高配置主体的能力和素质,可以改善金融资源的配置效率。既然是唯一的触发性要素,就可以通过配置主体来控制配置过程,并可以通过对配置主体的细致研究以充分发挥配置主体的能动作用,从而提高金融资源配置效率。

第五节　金融资源优化配置的前景

金融市场融资所呈现的悲观局面,以及造成这一局面的各种根源,并不能阻碍金融市场向着日益优化的方向发展。金融市场完善程度和社会融资总量是经济增长的决定因素,这是整个社会的资本形成过程的决定性因素。人们更关注的是金融市场会沿着什么样的路径发展,走向什么方向,中国的金融体系就面临着金融组织体系不断演变、金融市场体系亟待完善等方面的严峻挑战。② 中国金融业的未来将发生重要的结构性变化,并已呈现新的势头。按照戈德史密斯(Raymond W. Goldsmith)的金融结构理论,金融市场中的各个专业市场、各个种类的金融机构、各种形式的金融业务和金融产品,均将呈现不同的发展路径。美国微软公司时任首席执行官比尔·盖茨(Bill Gates)在20世纪末就曾预言,"如果传统商业银行不能对电子化革命做出迅速反应,那么它们将是在21世纪灭绝的一群恐龙",其背后的逻辑是传统间接金融业务模式的没落。③ 传统金融机构的故步自封、裹足不前、漠视挑战、错失机遇,并不会构成整个金融体系的主流发展方向,银行信贷市场与资本市场在功能上将走向动态平衡发展。④

---

① 谭庆华:《金融资源配置主体探索》,载于《上海金融》2002年第5期。
② 阎庆民:《中国金融业的未来》,载于《上海证券报》2013年9月25日(A1)。
③ 何崇阳:《P to P融资模式及其对银行业的冲击——以Zopa和Prosper互助借贷平台为例》,载于《银行家》2007年第7期。
④ 陈雨露:《中国金融体系的发展趋势》,载于《中国金融》2011年第22期。

第一章 艰难的融资：金融资源需要优化配置

经济市场化中日益多元化的金融需求，必定会有相应的金融服务供给予以满足，当然还包括各国实施"金融强国"战略过程中对金融供给的促进。为了支撑市场经济的日益完善和快速发展，美国建立起了全功能、立体化、多层次的金融体系，银行虽然数量众多，但资产规模不同、客户对象不同，分别面向全球、面向多个州、面向州内、面向社区。[①] 中国传统金融机构无法适应创新发展的需要，其中金融制度演进缓慢是原因之一，这突出表现为银行总是强调自身的"准入门槛"，无论面临多么强烈的呼吁，这一"准入门槛"的设立和调整从未令各类经济主体满意过。虽然制度经济学（Regulatory Economics）对制度的供给和需求的分析为人们推动制度演进提供了可预期的前景，但是这一演进过程毕竟是漫长的，金融市场的发展和金融制度的演进也是如此。

中国金融体系将会稳健运行，适应经济发展，逐步创新制度体系，并呈现多元化、市场化、组织化、泛金融化的趋势。这应当作为中国金融改革与发展的战略定位与战略方向。金融体系是为经济体系服务的，经济与金融之间存在积极的互动关系，金融体系除了自身稳健运行之外，还必须发挥促进经济发展的功能。其中多元化意味着金融机构主体将远远超出现有几类金融机构，融资结构、融资方式、金融工具、金融业务品种将有很大的扩展，民间资本有机会积极参与其中；[②] 市场化意味着金融体系以金融市场和要素市场运行为核心，金融资源的供给和需求以市场配置为基础力量；组织化意味着金融资源以其他各类资源为基础，金融与经济有更深程度的融合。在这些发展趋势之外，金融产业和业态将有很大程度的转变，传统上以银行、证券公司、保险公司为金融业绝对主体的局面将会改变，各类准金融机构将会快速发展，[③] 以及"金融脱媒"现象大量存在，这即是金融产业发展的"泛金融化"，[④] 也将带来金融业主体力量的转移。

从更广的意义上讲，资金的使用权从有余者转向需求者的各种形式都是金融

[①] 邹力行：《金融帝国——美国的发展与启示》，湖南大学出版社2009年版，第84~92页。
[②] 张云：《急需建立市场化多元化融资机制》，载于《亚布力观点》2011年第10期。
[③] 金融业态反映着金融业经营的具体形态。金融市场化令新金融机构类型、准金融机构、新型金融市场、新型融资工具、融资模式、经营方式不断涌现，如新型金融机构中的消费金融公司、汽车金融公司、货币经纪公司、小额贷款公司、融资性担保公司、村镇银行、社区银行，新型金融市场包括金融衍生品市场、黄金市场、外汇市场、银行间同业市场以及各类金融要素市场，金融创新发展所形成的资金交易中心、票据中心、银行卡中心、私人银行、航运金融、小企业专营机构、贵金属经营部等新型经营业态，还有PE、VC、城市发展基金等各类投资方式，再有就是日新月异、创新发展的电子商务和网上银行交易系统、第三方交易平台。
[④] "泛金融化"被一些企业用来明确自身参与各类相关金融产业的发展定位，一些企业发展转型后涉及金融产业和开展资本运作，含有"脱实向虚"的倾向；也指一些商品及其期货如石油、房地产、艺术品因被众多资本炒作从而具有一定的"金融属性"；也被一些金融机构用来明确自身开展多元化、多行业、多实业发展的定位。本书用于描述整个金融体系和金融市场的发展方向与发展定位。

行为，直接融资的日益发展，令正规金融机构居间协调的作用逐渐下降。举三个例子说明这一趋势。一是小额贷款公司这一新生事物的发展，使大量社会资本开展了资金融通业务，实现了社会融资过程。这项试点开展较好的省就提出，要将小额贷款公司发展为当地金融业的"主体"力量，意味着建立多层次信贷市场的组织主体已由正规金融机构转向准金融机构。二是天津市在"先行先试"政策的引领下，集聚了1 000多家股权投资基金及基金管理企业，已成为以私募方式募集股权投资基金、物权投资基金、对冲基金和并购基金构成的基金中心城市，并发展出数量众多的金融租赁公司，天津股权交易所（TJS）的发展也形成了相当活跃的市场化融资势头，挂牌企业已有400多家，对天津市重新焕发出传统金融中心的功能优势，起到了很好的推动作用。北京海淀区依托中关村自主创新示范区，建设"科技金融创新中心"的重点也放在发展天使投资、创业投资、风险投资方面，600家股权投资机构管理着2 000亿元资本，这个创新资本集聚的中心区域被形象地称为"天使投资大道"。[①] 三是与上一内容类似，是中国风险投资行业的快速发展。风险投资已经发展为成熟、活跃而独特的支持创业和创新活动的投资形式，是创业企业的一条重要融资渠道，在中国资本市场中的地位日益显著。2010年中国风险投资机构共新募集158只基金，募集总量116.69亿美元，较上年分别提高68.1%和90.7%。全国创业投资企业注册资本接近1 500亿元，为战略性新兴产业发展和现代服务业发展提供了新的支撑力量。[②] 以上所列举的小额贷款公司、私募股权投资基金和风险投资基金，均不是传统意义上的"重要"金融机构，但是在引领创新、促进发展、完善金融体系方面却发挥了重要的推动作用。多方面的案例考察也发现，[③] 在传统的"正规金融体系"之外，地方政府在扶持和鼓励非正规金融（民间金融，informal finance）、着力改善区域金融竞争结构过程中，营造了区域金融充分竞争的局面，既有利于非正规金融的健康成长，也有利于传统金融体系的存量改革，达到了地方政府改善区域金融生态的目的。

金融资源的优化配置呈现出良好前景，人们可以预见，在未来金融体系中，金融主体不断多元化、准金融机构迅速成长、金融产品日益丰富、金融市场高度发展、直接融资比重大为提升、金融制度逐步完善、金融环境日益优化、金融资源高度组织化发展的局面。通过有主体、有目标、有措施的系统性实施，优化配置金融资源可以成为提升金融体系有效性的重要推动力量。

---

① 薛枫、朱丽：《中关村西区将建"天使投资大道"》，载于《参考消息（北京参考）》2013年7月30日（1）。

② 王晓晴：《全国人大常委会副委员长、民建中央主席陈昌智：尽快建立全国性风投行业协会》，载于《深圳商报》2011年6月11日（A3）。

③ 王曙光：《金融发展理论》，中国发展出版社2010年版，第468页。

第二章

金融资源概说：
金融资源学与金融资源优化配置

人们常说银行"嫌贫爱富"，这的确是一种现象，但并非事情的本质；事情的本质问题在于，借款者是否拥有"金融资源"，而不在于自身是否富有；金融机构拒绝借款者，也在于发现其缺乏"金融资源"，而不在于其贫穷。通过对金融资源的分析，借款者会发现自己所拥有的"资源"并不限于财富，还包括能力、渠道、优势、行为和未来，即使一些人拿不出可供抵押的财产，如果掌握着独特的商业渠道、在社区中坚守信用、受到了良好教育和有志于创业，也会找到提升融资能力的途径，通过现有资源的组织通向财富和成功；金融机构在备受指责之后，将审核的重点转向借款者是否拥有各类金融资源，既能消除客户的对立情绪，又能让金融机构自身不断创新发展；从宏观上审视金融资源，会将更多的自然要素和社会要素考虑进来，从总体上完善金融体系，消除融资困境，实现顺畅的融资。

金融资源作为现代经济发展中的核心要素，其重要意义早已为邓小平同志"金融是现代经济的核心"的精辟论述和现代经济增长的实践所证实。一般认为，金融问题一直位于实务领域，处在操作的层面上，其研究对象具有具体的物质存在形态，属于应用经济学科，缺乏理论深度。事实上，经济的金融化发展，带来了经济理论的许多变迁，需要从新的视角观察经济运行模式、资源配置机制和经济社会发展路径，金融资源理论既能梳理金融资源的理论特性，又能拓宽观察的视域，将事实认识和价值认识予以有机结合，有助于实现理性认识的升华。

国际经验表明，现代经济受金融制约的情形比以往任何一个时代都明显，现代经济是金融经济的时代，金融体系的发达程度是决定经济增长水平的最重要变量。麦金农和肖（Ronald Mckinnon & Edwards Shaw）早已系统地论证了金融发展与经济增长的辩证关系，肯定了金融发展对经济增长的推动作用，其后的大多数经济学家从理论和实证的角度支持了金融发展与经济增长之间的正相关关系。① 在金融经济时代，经济行为、资产组合、专营牌照、信用优势、行业地位、营销渠道、发展趋势、人际关系、社会事件都可能作为促进融资的因素而成为金融资源。因此，金融资源包括所有自然要素和社会要素。

第一节 经济资源与资源经济学

一、资源及其特点

（一）资源的内涵

早在公元前400年，资源这一说法已在古希腊雅典流传，当时所说的资源不仅指有形的事物，也指无形的事物，学者们将土地、气温、银矿、地理、旅游、风向、运输、商品、国家、民族、政策、贸易、计划与和平等要素都作为资源来看待。资源通常被认为是社会财富的本源，也可以说成是自然界及人类社会中一切能为人类形成资财的要素。其中社会财富包括物质财富和精神财富。也有人解释资源为构成自然界的物质，是供给人类生活的本源。按照经济学的理解，生产产品所需要的土地、劳动力、原料、能源、资金都是资源。联合国环境规划署（UNEP）1972年描述了资源（resources）的内涵，成为目前广为接受的定义："所谓资源，特别是自然资源，是指在一定时间、地点的条件下能够产生经济价值，以提高人类当前和未来福利的自然环境因素和条件的总称。"UNEP的解释强调了资源的自然特性，并且将其与环境联系在一起，将资源视为环境的组成部分，并将可利用性及可以产生经济价值作为前提条件。类似的解释常见于经济学文献，如阿兰·兰德尔（Alan Randall）的《资源经济学》给资源所下的定义为："资源是由人发现的有用途和有价值的物质。资源有量、质、时间和空间等多种属性。"②

资源决定着人类的生存、财富的增长，决定着人类的生存质量、文明进步。人们日常生活的每个细节都与资源相关。资源的重要意义是毋庸置疑的，对资源的开发、利用、保护，决定着资源优化配置程度。

---

① 胡宗义、刘亦文：《金融非均衡发展与城乡收入差距的库兹涅茨效应研究——基于中国县域截面数据的实证分析》，载于《统计研究》2010年第5期。

② ［美］阿兰·兰德尔（Alan Randall）：《资源经济学——从经济角度对自然资源和环境政策的探讨》（施以正译），商务印书馆1989年版，第12~15页。

第二章 金融资源概说：金融资源学与金融资源优化配置

由于人们理解不一，理论界常用广义和狭义两个概念对资源加以解释：狭义的资源常指自然资源，是指在一定的社会经济技术条件下，人们所发现的有用且稀缺的物质、能量及其功能过程的总和；广义的资源将所有能够对财富的形成起作用的要素——这些要素既包括物也包括人——统称为资源，包括自然资源、社会资源。因此，资源是人们可以用来创造社会财富的各类自然要素和社会要素。

（二）资源的主要特点

从以下四个方面可以界定资源所具有的主要特点。一是资源具有相对稀缺性特征。几乎所有的自然资源和社会资源都是相对稀缺的。当前，水已经成为稀缺资源，海水淡化并生产"淡水"这种商品已经有其价值，并成为国家"十二五"规划的发展领域，制造海水淡化设备的一些上市公司形成了新的"题材"；氧气也不再是无限存在的，"氧吧"成为出售高质量"空气商品"的场所，一些景区利用生态优势推出"氧吧经济"，便会形成旅游经济资源；除了少数哲学家，人们还没有发现阳光的危机，北方地区通过暖棚部分替代光照以反季节种植蔬菜，还是形成了新的财富增长点，人们也备感城市中林立高楼挡光的苦恼。与人类的需要相比，资源总是处在稀缺地位。资源的充沛和永续利用，成为人类孜孜追求的永恒问题。二是资源具有可利用性特征。对资源的利用，都能够产生效用和财富。凡是能够被人类利用而形成社会财富的事物都可称为资源，反之，不能被人类所利用，则不被视为资源。资源既包括现实能够利用的资源，也包括潜在可利用的一切资源；资源不仅包括生产性利用的资源，也包括消费性利用等各种对人类有益的使用方式；资源不仅包括可以用于生产产品的土地、劳动力、原材料，而且这些生产出的产品也是资源。三是资源具有社会性特征。最初人们理解资源只包括能够被人们直接利用的自然资源，后来随着人们对资源的理解的逐步加深，也包括了能够利用的社会资源。资源不仅包括各类自然要素，而且包括众多社会要素，如劳动力、科学技术、人的智力、管理手段、社会制度、文化传统、信息优势、营销渠道等，这些社会要素皆可在一定条件下转化为社会财富，从而使其具有资源的特征。四是资源具有认知性特征。人类认识的发展和深化，使资源的外延不断扩展。在人们还不具备许多科技知识之前，一些资源不被人类所知。资源相对于社会需要而形成，随着人们认识的深化，资源与非资源之间可能转化，如气候是资源，但灾害性天气在很大程度上则不是资源；废物不是资源，但发展循环经济又使垃圾成为可再生资源；"温室效应"的产生以及强制减排制度的形成，又在金融市场形成了清洁发展机制（CDM机制）。

(三) 资源的分类[①]

准确划分资源类型有利于有针对性地优化资源配置。

第一，按照资源的存在形态，可以划分为土地资源、气候资源、水资源、矿产资源、生物资源、环境资源、经济资源、社会资源。

第二，按照资源是否可更新，可以划分为非再生资源和可再生资源。非再生资源（depletable resources，直译为可耗竭资源）指存量一定、随着人们对其资源的开发利用，其存量不断减少，最终会耗尽，尤其是一些自然资源，一经利用其本身便不复存在，而其现有存量是有限的。可再生资源（renewable resources）是在自然过程中或在人类参与下可以更新产生或持续地补充。可再生资源又可分为两类：一类是其再生不受人类行为影响的资源，如太阳能、风能、雨量、潮汐等资源，它们可以循环、流动，又可称为恒量资源或长流资源；另一类是其资源可以再生产自己，但受人类行为影响，其再生或恢复存在着临界点，这类资源主要是生物资源和社会资源。

第三，按照形成资源的因素类型，资源可以划分为自然资源和社会资源。自然资源皆属于自然要素，包括土地、阳光、水、森林、温度、矿产、生物等。自然资源是自然界的产物，是人类赖以生存和创造社会财富的物质基础，人们进行生产生活，都要将其他社会要素与以上自然要素相结合，才能创造出所需要的社会财富。与自然资源相对应，社会资源皆属于社会要素，包括劳动力、科学技术、工具设备、资金、信息、管理、社会制度、文化传统等。这些要素是人类社会生产的产物，也是人类创造社会财富和生存发展的重要基础。

第四，按照对资源的控制方式，可以划分为专有资源和共享资源。专有资源（owned resources）是指具有明确的所有者，能通过法律或所有权的形式，对资源使用加以控制、限制或调节的资源。这些资源的所有权明确，能对资源利用方式和强度进行调节，会得到充分、合理的利用和恰当的保护。是否属于专有资源，在与金融要素相结合过程中会有截然不同的命运。如中国农民的土地承包经营权虽然是排他的，但土地性质是集体所有制，这一资源能否转化为融资优势，有很大的不确定性，取决于法律制度、金融机构的定位和判断、金融资源的优化方式。共享资源（common property resources）也可称为公共资源，是指没有明确的所有者或虽有法律上的所有者而不能行使所有者权利、任何集团或个人都可以享用的资源。

[①] 汪安佑等：《资源环境经济学》，地质出版社2005年版，第1~32页。

（四）资源学的学科属性

资源学属于应用科学。由于人类开发利用的自然资源，绝大部分存在于地球外层空间，所以资源学最重要的学科理论基础是地球科学——地质学、地理学、气象学、水文学、海洋学、大气科学。为了研究各类生物资源，还需要以生物学作为其学科理论基础之一。20世纪下半叶以来，航天技术和航天产业迅速发展，太空成为有重要利用价值的新的空间资源，太空资源产权问题和太空环境问题提上了国际社会的议事日程。由此可见，资源学的学科理论基础包括地球科学、生物学、天文学三门基础理学。[①] 通过以上学科划分，使我们认识到自然资源的构成要素。资源学研究的是人与自然的关系；与自然资源有关的社会科学，研究的是在自然资源开发利用中发生的人与人之间的关系。与自然资源有关的社会科学，包括四个学科群：资源经济学、资源法学、资源管理学和资源产业经济学。

二、经济资源

人们研究资源，看重的是其"有用性"。资源的可利用，决定了"资源"是经济学范畴的概念。因此，经济资源（economical resources）是指能够在经济活动中创造效益的自然要素和社会要素。经济资源体现了一个国家、地区、经济体系在一定时期所能提供出的商品和服务的能力，是这个国家、地区或经济体系在某个时期内所能达到的潜在生产能力的支撑要素，体现了其所拥有资源的规模、质量、种类。国外有不少理论研究也发现，许多自然资源丰裕型发展中国家的经济增长速度却慢于资源缺乏型发展中国家，经济学家用"资源诅咒"（resource curse）来描述这一经济增长中的悖论。通过定性分析与定量研究结合，人们发现资源本身并不产生"诅咒"，而是由于存在某种传导机制，使得一些国家的丰富资源反而阻碍了经济增长，经济资源仍是人们极力追求的致富源泉。[②]

人们在社会经济生活中，为了达到某种直接的或间接的、现实的或潜在的目的，利用各种自然要素和社会要素并形成社会物质财富的过程，都是经济资源产生效用的过程。经济资源可以参与到国民经济活动中去，可以被利用并调动其他生产要素。经济资源包括人们可以获得并用以投入经济活动的自然资源（包括地理区位）、人力资源、实物资本资源、组织制度资源（包括管理和体制）、知

[①] 张文驹：《资源学的学科属性及定位问题讨论》，载于《中国国土资源经济》2004年第3期。
[②] 孙永平：《自然资源与经济增长关系的历史考察——三次"中心—外围"格局的形成及其转换》，载于《经济评论》2011年第2期；王成：《自然资源与经济增长关系研究文献综述》，载于《经济学动态》2010年第6期。

识资源（包括科技和教育产业）等多个方面。

三、资源经济学

资源经济学（Resources Economics）研究的是如何将资源予以充分利用的问题，研究经济发展与资源开发、利用、保护、分配和管理之间的关系，研究资源的合理配置及与人口和环境的协调与可持续发展（sustainable development），以将自然资源与社会资源、资金资源相统筹，实现潜在经济增长。

资源经济学是一门综合性、应用性学科。在经济学学科体系内，它是应用经济学的一个分支，侧重研究稀缺自然资源利用和配置及其经济效应与规律，研究自然资源开发利用的经济问题及其与生态环境的关系，研究解决这些问题的方案、政策和措施。资源经济学的学科体系尚未定型，大体上围绕各类自然资源展开研究，包括矿物经济学、森林经济学、海洋经济学、土地经济学、能源经济学、水资源经济学、农业经济学等。[①]

资源经济学来源于1931年哈罗德·霍特林（Harold Hotelling）发表的《可耗尽资源的经济学》（The Economics of Exhaustible Resources），提出了资源保护和稀缺资源分配问题，这被认为是资源经济学产生的标志。近些年来，由于地球环境的破坏，许多学者认识到人类可持续发展存在的问题，更加重视资源与人口、环境的相互关系，世界环境与发展委员会（WCED）20世纪80年代在其报告《我们共同的未来》中提出了"既满足当代人需要而又不对后代人满足他们自身需要的能力构成危害"这一可持续发展理念。围绕可持续发展的一系列资源经济问题，成为资源经济学的最重要研究方向。资源经济学研究的内容主要包括资源经济学基本理论、资源经济分析方法和部门资源经济研究等内容，并且资源经济学常与环境问题结合起来。

现实中的资源经济问题不像上文叙述的这样枯燥。人们已经认识到了气候变化和温室效应的严重影响，直接和间接的人类活动改变了大气的组成，造成气候变化，打破了地球变迁的周期，地球正以空前的速度变暖。联合国环境规划署及世界气象组织的研究表明，21世纪地球表面温度大约以每10年0.3℃的速度上升，预计到2100年地球平均气温将升高3℃，大大超过以往一万年的速度。当人们认识到这一严峻局面，想使"气候"重新变成"资源"而不是危害，并将

[①] 《中国大百科全书》（第二版）（第30卷），"资源经济学"词条，中国大百科全书出版社2009年版，第61页；[美]巴里·菲尔德（Barry C. Field）、玛莎·菲尔德（Martha K. Field）：《环境经济学》（第三版）（原毅军、陈艳莹译），中国财政经济出版社2001年版，第21~22页。

第二章　金融资源概说：金融资源学与金融资源优化配置

注意力放在限制"温室效应气体"排放的时候，"碳减排"便成为一种"稀缺资源"。[①] 世界气候大会本来是"技术性"更强的国际会议，却成为各个国家合纵连横的舞台，讨价还价的"市场"，经历了哥本哈根的黯然、坎昆的迷局、德班的曲折、多哈的停滞、华沙的有限共识等过程，各个国家、各种团体代表了不同的利益群体，致使会议进程极不顺利，多种减排模型、减排方案都成了经济问题、外交问题，影响着各方面的利益分配和资源配置。然而，由气候问题带来的系列"碳金融"产品，却成为金融资源的一个新兴组成部分。

资源经济学运用经济学的理论和方法，研究资源的供给、需求、配置、利用、分配和保护等问题，是经济学的一门分支学科。资源经济学研究的主要对象是资源供求的规律、资源供求及其均衡的确定，目的是为了促进资源的优化配置。资源（包括自然资源、自然环境的容量、资本、劳动力、技术水平等）总是有限的、稀缺的，这些稀缺资源在环境保护和经济发展之间存在着配置问题。资源经济学的主要任务是采用经济学的理论和方法来设计经济机制，以减缓乃至消除资源与环境问题，使环境保护和经济发展相协调。

第二节　金融资源与金融资源学

金融资源学要回答的主要问题包括：金融资源的内涵；金融资源与自然资源的不同之处，金融资源与经济资源的不同之处；金融资源学的学科特点、研究对象；金融资源的构成要素；金融资源的组织化发展特点，以及对金融资源进行整理、整合、优化和提高其利用效率的措施。

一、金融资源的内涵

（一）金融资源的内涵

"金融资源"（financial resources）的概念最早由戈德史密斯提出。虽然金融资源问题已经纳入了学者们的研究领域，但遗憾的是，理论界对于金融资源的定性、构成要素等问题仍然缺乏清晰明确的认知。这一局面制约了人们从金融市场全局看待金融资源，不利于经济与金融的和谐发展和相互促进。国内学者往往认

---

① 郎铁柱等：《环境保护与可持续发展》，天津大学出版社2005年版，第78~89页。地球上的"温室效应气体"包括许多种，造成温室效应作用更明显的是二氧化碳，占到了60%的比重。地球上二氧化碳浓度升高，发达国家负主要责任，由此形成世界气候大会上发达国家与发展中国家的立场对立。

为，金融资源包括银行、非银行金融机构以及储蓄、信贷、结算等金融工具和手段，包括流通中现金、金融机构存款贷款、保费收入、股票融资额、债券、基金、政府投资、利用外资等。其实，这只是从金融机构、金融工具、金融业务种类出发所做的概括，而没有从金融功能的角度把握其实质，远未揭示金融资源的内涵、外延和本质特征，应当采取超越金融领域看待金融资源问题、从资源角度审视金融体系、"跳出金融看金融"的立场，才能形成全面的认识。

金融资源是"金融"与"资源"两个概念的有机组合，应当从金融的特征和功能这一基本问题出发来把握金融资源，但并不是从资源角度对金融加以理解便是金融资源，那毕竟是"金融资源"这一概念的部分内涵，因为金融与金融资源毕竟不是完全等同的。随着对现代经济运行特征的深刻把握，人们发现金融的主要功能在于配置资源，金融学便是研究跨期配置稀缺资源的学科，金融体系便可以定义为"金融市场以及其他金融机构的集合"，从功能角度研究金融资源系统，才能够更好地认清金融的本质特征，才能发现其所存在的稳定功能，这包括为经济交易提供支付结算、为企业提供融资机制、提供资源跨期转移途径、提供风险管理手段、提供金融价格信息、提供激励机制等功能。[①]

在这些理论深化的基础上，越来越多的人认为，金融是一种资源，但金融资源并不仅仅指金融或资金，金融资源是与其他资源相比具有显著不同特征的、有更广含义的一种资源，而且是一种社会资源。金融资源以经济资源为基础，也强调各类自然要素和社会要素能够创造价值、形成融资优势并体现金融功能。因此，以自然要素和社会要素所形成的各类经济资源为基础，能够形成融资优势即能够将其与经济行为相结合而促进融资行为的各类资源都是金融资源。对于金融资源的这一内涵，不能狭义地、僵化地加以理解，而是应根据需要，建立几个层次的广、狭含义不同的金融资源概念。

(二) 金融资源的分层理解

理解金融资源，应立足于金融的基本功能和本质特征。根据金融与经济相互关系的影响程度，可以将金融资源概括为以下三个层次：

第一个层次：金融机构与资金融通。包括银行、证券、保险、基金、信托、担保等各类正规金融机构和准金融机构，采取直接融资和间接融资的方式为实体经济提供融资。

[①] [美] 兹维·博迪 (Zvi Bodie)、罗伯特·默顿 (Robert C. Merton)、戴维·克利顿 (David L. Cleeton):《金融学》(第二版) (刘澄、曹辉、曹音译校)，中国人民大学出版社2010年版，第3~4页，第28~34页。

第二个层次：金融体系。包括金融机构体系、金融业务体系、金融监管体系、金融政策体系、金融市场体系。金融市场化的发展，促进了金融机构创新、金融产品创新，在这个过程中金融监督管理、金融政策导向等各类社会要素综合作用，可以形成更为全面的金融体系，更充分地发挥配置资源的功能。

第三个层次：各类自然要素和社会要素。除了金融体系之外，还包括组织要素、文化传统、社会环境、市场秩序、信用基础、经济制度。这些要素也是金融资源的构成要素。通过这些要素的综合作用，使金融资源系统与经济系统相互协同，促进范围更大的社会系统走向有序和稳定状态。

对金融资源进行这样的分层理解，可以清晰地看出金融行为与经济资源的互动关系，可以看出各类经济资源转化为融资优势和金融资源的路径，也可以看出金融资源系统与经济系统、社会系统彼此间存在的动态影响关系。从这个角度分析，就给出了金融与经济的互动关系，是从更大的范围、更高的视角、更广的领域分析金融问题的思路。

（三）金融资源的特征

了解金融资源的特点，对于分析金融资源的数量、质量、结构、功能，对于研究其形成、开发、分配、使用以及金融资源优化措施，都是非常必要的。

第一，金融资源具有自然属性与社会属性这双重属性。一方面，经济行为都要依托自然资源，基于自然资源开发利用所形成的金融资源便具有自然属性。另一方面，金融资源还具有社会属性，因为构成金融资源的还有各类社会要素，人的社会活动所涉及的人力资源、资金、社会组织、金融机构、金融制度都是人类社会活动的结果。金融资源处于一定的社会范围内，其形成要依赖社会，其配置要通过社会，其使用要处于社会经济体系之中。

第二，金融资源具有再生性特征。金融资源是一种可再生资源。金融资源是流动的，金融资源在与其他要素进行组合、相互产生协同作用的过程中，可能改变其原有形态，使得金融资源的各类要素经常转化存在形态，并使金融资源系统的各类要素之间保持特定的技术结构。对金融资源进行整理、整合、优化的具体措施也是促进金融资源优化配置的动态过程，使其向日益优化配置的目标状态演进。金融资源作为资源的一种，在一定程度上也具有相对稀缺性特征，在金融资源系统中具有相对稳定的数量，然而由于金融资源具有社会属性，其被开发和利用的空间更为广阔。金融资源在被开发、使用之后，只要保持必要的条件，是可以恢复、保持原有总体的。金融资源系统内的各组成要素在与系统内外进行不间断的物质、能量和信息交换过程中，其自组织功能会使金融资源得以恢复和保持原有总体。

第三，金融资源具有时效性特征。金融资源的形成、开发、使用都具有时间方面的限制。融资行为伴随经济行为，经济行为具有连续性、周期性特征，使金融资源的形成都要受到经济行为的制约，要具备一定的时间、地点、对象、环境等条件，并要使金融行为与经济行为互相协同。金融资源各类要素与各类经济要素相互作用，促进金融资源供给和需求的变动，并在地域空间上形成特定格局的金融资源配置状态。尤其是作为金融资源核心要素的资金，经过合理运用一段时间后，会产生时间价值，使金融资源受到时间因素的严格约束。所有经济主体的金融决策都取决于比较不同时期的资金数量的价值，而货币时间价值（TVM）的存在所带来的预期未来现金流、作为资金使用者成本的利息（单利和复利）、货币购买力和通货膨胀、金融市场运行的不确定性等因素，直接影响着经济主体的投资、储蓄、消费活动，影响着货币政策走向，从而形成货币资金的不同分布状态，同时对其他资源产生跨期配置作用。

第四，金融资源是社会经济中的核心资源。金融资源系统与经济系统是相互影响、相互促进、彼此融合、并行不悖的两大系统，金融资源同样以能够创造财富的自然资源、社会资源为基础，尤其重要的是，金融资源是最宝贵的资源，一切经济活动都伴随着资金运动过程，并且成为重要的生产要素。只有金融与经济的和谐互动，各类经济资源的经济性、效益性才能得以体现。

第五，金融资源具有创新性特征。金融资源系统中的各类要素是变化不定的，金融市场、金融机构、金融制度、金融环境、经济主体等的不断变化，都会带来金融资源的创新，使得金融创新居于各个领域创新的高端位置。同时金融体系优化所形成的市场运行机制，会促进其他领域各类创新，这些创新反过来又会推动金融创新步伐。然而创新性的金融资源归结到金融功能上时，金融功能的种类、作用、方式、效率却是相对稳定的。

第六，金融资源具有能动性特征。金融行为具有社会属性，是各类主体的自觉行为，使得金融资源具有组织化发展的特点，不但作为金融资源主要需求方的企业和个人会极力促进自身各类资源转化为融资优势，而且政府机构和监管者、社会组织也有动力促进金融资源的优化配置，金融机构也在逐利动机之下，按照激励与约束并重的金融管理制度要求，去追求组织化的金融资源，以实现集约经营目标，客观上能够达到优化金融功能的效果。

（四）金融资源的意义

由于市场环境、金融制度、分析范式的差异，中国和西方国家关于金融理论研究的视角存在很大差异；就是在中国国内，由于近些年来金融领域内市场化程度、制度创新和哲学理念的演变，人们对金融理论框架也有很大争议。金融资源

第二章 金融资源概说：金融资源学与金融资源优化配置

概念的提出和金融资源观的形成，将传统的金融理论进行了提升和综合。传统金融理论主要从金融机构观和金融功能观这两个视角研究金融问题，其中金融机构观强调对已有金融工具和金融机构进行改革调整，就机构论机构；金融功能观从金融的功能出发，强调应根据经济发展需要的金融功能去设定相应的金融机构和创新金融工具。金融可持续发展理念的形成，提出了金融资源观，形成了新的研究视角，是对金融机构观和金融功能观的综合，从更高的层次对整个金融体系及其运行效率进行研究，实现具体研究对象和抽象理论的结合。

在各类资源中，金融资源是非常重要的方面，金融资源与各类资源相互融合的过程，就是融资有效性的提升过程。然而，金融资源的流动和配置具有很多特殊性，哈佛大学政治经济学教授、曾任亚洲研究中心主任的德怀特·珀金斯（Dwight H. Perkins）注意到了中国生产要素在区域之间的流动问题，发现中国的劳动和资本都在向沿海地区转移，他断言这种模式不可能是有效的市场力量的反映。他认为劳动力转移到沿海地区是合情合理的，因为那里工资比较高，他同时反问："资本不是应该转移到工资较低的地区吗？"[①] 中国现有的经济和金融理论还不能有效回答这个问题，只有从金融资源的角度，才能做出恰当的解释。金融资源如果处于自发状态就无法实现最优化的配置，就会制约经济发展质量，从金融资源的角度把握金融发展，便形成了全新理念，即我们需要强劲的经济增长，需要优化经济结构，同时还要保持金融生态系统的均衡，特别是要保持社会和环境的可持续性；要通过金融功能优化，持续不断地追求经济增长和社会进步，促进经济发展达到潜在增长水平，但又不能对金融生态环境造成破坏。这便是金融资源理论下的金融可持续发展理念。

二、金融学科的发展

梳理金融学科的发展脉络有利于进一步加深对金融资源的理解。人们对金融学科的认识有很大差异。20世纪末，中国把改革开放后所形成的货币银行学、国际金融学、保险学、投资学四个专业合并为"金融学"。随着经济体制改革的深入、金融市场的发展、资本市场的日益规范、大学教育形势的变化，各类大学开设了许多金融学课程，各种因素共同推动着人们对于什么是"金融学"的追问。

中国的金融学与西方的金融学在内涵上有很大差异。中国的学者和金融界一

[①] [美] 德怀特·珀金斯（Dwight H. Perkins）：《中国经济对中国经济学家提出的挑战》（张文良译），收录于《比较》（第56辑），中信出版社2011年版，第40～47页。

般认为，金融就是"资金的融通"，人们经常从金融机构、金融业务、金融工具出发，或者再加上金融市场、金融监管这些内容出发，去理解金融学，于是货币、信用、金融机构成为"金融学"的基本内涵；在西方主要市场经济国家，市场经济经过几百年的演化，金融主要以资本市场为主体，因此其"金融学"以资本市场的营运、资本资产的供给与定价作为中心，其"金融"的基本内容是有效率的市场、风险与收益、替代与套利和期权、公司金融。中国和西方主要市场经济国家的这种巨大分歧，使得许多人对"金融学"这个称谓有恍如隔世之感，不知其内涵所在，也不知其所囊括的东西到底有什么，更说不清对于不同体制和发展阶段的国家，什么是"金融"的未来走向。

随着金融市场化和金融学科的发展，在金融经济条件下，现代金融学的范畴已从传统的货币、银行、金融市场和保险等理论，发展到以市场为中心的融合发展的学科；是以国内外金融市场为中心，以各种金融活动、金融关系、金融体系、金融制度、金融运行及其相关经济关系的规律、特点、作用和实际运行为研究对象的科学，是金融理论与运用规律的概括，[①] 金融资源的理念和视角贯穿于现代金融学的全部体系之中。

任何理论研究都不能脱离价值判断，金融学也是这样。金融要以依托经济发展并发挥促进经济发展的功能为基本定位。因此，金融学科的发展演变是以经济与金融之间建立和谐关系的哲学理念为基础，以金融可持续发展为主线。这就需要着眼于金融资源这一复杂系统，认真分析金融资源系统内各类自然要素、社会要素的相互作用和金融与经济的相互依赖、相互影响、相互制约、协同运行的复杂关系。促进金融发展的目标，就是要促进金融结构演进（质性与量性发展相统一）及金融功能演进（扩展与提升）相结合的金融发展，[②] 最终是为提高金融体系有效性。这就需要在金融学科建设过程中强化人文价值观的认同，在方法论上注重理论实证与经验实证的有机结合，并突出金融学的社会科学属性。

经济金融化发展是金融学科体系日益丰富的根本动因。"金融学是一门应用性很强的理论经济学，也是一门理论性较强的应用经济学"[③]，还是一门具有向自然科学渗透趋势的社会科学，体现了将金融与其他社会要素紧密结合而不断向

---

① 孔祥毅：《中国金融学科建设在曲折中发展——纪念〈中国金融〉创刊60周年》，载于《中国金融》2010年Z1期。

② 周丹、郭万山：《金融资源意识、金融功能提升与金融可持续发展——从金融学科建设看金融发展理论的演进》，载于《当代经济管理》2011年第2期。

③ 中国货币理论研究的开拓者黄达先生也认为，"金融最具理论色彩，但在现实中又最具实用性"。参见魏革军：《金融学科建设应坚持包容四海与中国化的统一——访中国金融学会名誉会长黄达》，载于《中国金融》2011年第10期。

外扩张的惯性,使大量交叉学科纷纷出现。学科总体一般称为"科学"(如经济科学),有时也简称为"学"或"学科",金融学作为一个学科总体领域,集合了宏观、中观、微观各个层次的重要命题,专家们积极呼吁将金融经济学列入国家一级学科。在金融学的学科体系中,已经形成成熟学科的有货币银行学、国际金融学、外汇学、中央银行学、金融监管学、公司金融、投资银行学、商业银行学、金融风险管理以及行为金融学、金融工程学、金融法学、金融心理学、数理金融经济学、金融学说史、金融哲学等。金融学科之中汇集着众多学科,在金融学学科体系中,金融资源无疑是极为重要的内容,金融资源学主属于金融学,从属于资源学。虽然金融资源学作为研究金融学的新颖视角和新的框架体系学界尚未形成一致意见,但是由于金融资源学理论着眼宏观、涉猎广泛,具有日益完备的框架体系,丰富金融资源学的内容,有利于人们对金融学的理解和深化认识。

三、金融资源学的研究对象

(一)金融资源学的研究对象

任何活动的范畴均由主体、客体和中介所组成,是主体有目的地通过中介对客体实施并根据反馈对自身进行调整的高级运动。主体与客体的关系是统一的,而且在这个关系中主体始终处于主导地位,是主体向客体施加作用的主动过程,其本质属性表现为社会性和意识性。[①] 在经济活动中,人们是客体的"对象性存在物",各类经济主体对于活动对象所施加的影响,是通过相应的媒介来实现的,经济系统中的这种影响,应结合对各类要素的分析而深入到机制性描述的层次。社会科学的这一理论研究思路为分析金融资源系统及其金融资源优化配置提供了基本框架。

人们在经济活动中形成各种社会关系,有限资源的充分利用和优化配置,是人们研究经济学和金融学问题的逻辑起点,"经济学研究的是用稀缺手段达到既定目的所引发的行为"[②]。与此一致,针对金融资源优化配置这一核心命题,金融资源学将金融资源构成要素及其各项内容之间相互影响、相互促进的关系作为自身的研究对象,探求金融资源运动及金融资源系统与其他经济社会系统协同运行过程中客观存在的经济规律。金融资源学的研究对象贯穿了经济活动的生产、交换、分配、消费等各个环节,既是一种研究角度,又是一种研究方法,同时构

---

① 黄河:《经济科学学》,中国财政经济出版社1994年版,第23~24页。
② [英] 莱昂内尔·罗宾斯(Lionel Robbins):《经济科学的性质和意义》(朱泱译),商务印书馆2000年版,第26页。

成理论体系。在这一理论体系中，金融资源学围绕金融资源优化配置这一社会实践和认识活动，重点研究金融资源系统的运行机制，建立起金融资源配置主体与客体之间的辩证统一关系，这是社会科学既要研究事物的确定性和规律性，也要研究事物的不确定性的内在要求，从而将着眼点放在金融资源系统的要素、结构、属性和功能这几个基本范畴。由于金融资源的构成要素包括各类自然要素和社会要素，这些要素在相互作用过程中，会形成对金融的承载能力，从而形成现实的金融资源，这就提出了如何促进金融资源组织化发展的问题。

（二）金融资源学的学科性质

在现代金融学的学科体系中，金融资源学属于应用经济学类，同时带有理论经济学的特点，运用许多理论经济学的研究方法。金融资源学的学科性质可以根据研究内容和领域分三个层次来界定：一是作为狭义意义上的金融资源学，研究的是金融机构、金融产品、资金融通、金融管理，是应用经济学的一个分支；二是研究金融机构体系、金融业务体系、金融市场体系以及金融管理体制、金融政策问题，进而研究整个金融体系的金融资源学，在很大程度上是理论经济学与应用经济学相结合的学科；三是研究基于构成金融资源系统的各类自然要素、社会要素所组成的金融资源学，研究金融资源的供给与需求、金融资源的组织化发展趋势、经济与金融的融合关系、金融资源配置效率即金融体系有效性，从更大的视野、更宽的领域，从生产力经济学高度研究金融资源系统的运行及规律。

金融资源学是将自然要素与社会要素相结合而研究金融问题的学科，其理论基础既包括自然科学的内容，又包括社会科学的内容。作为金融资源学的自然科学理论基础，除了狭义上的主要研究自然资源的资源经济学之外，还包括金融资源理论（资源经济学的交叉学科）、自组织理论、金融生态理论[1]（与生态经济学的交叉学科），更主要的是与社会要素相关所产生的金融理论，包括资金供求及金融市场定价理论、资本资产定价理论、金融结构理论、货币政策理论、利率理论、汇率理论、通货膨胀理论、金融要素集聚理论、公共管理理论、制度经济学理论等。由于中国的金融市场结构与西方主要发达国家的金融市场结构有很大不同，研究金融资源问题时，应更多地着眼中国金融市场现实。

金融资源学是一个新兴的领域，是一个跨度大、综合性强、应用范围广的交叉学科，应当运用多层次、多种类的方法体系来进行研究。这个方法体系大体分为三个层次：第一个层次是金融资源学的哲学基础。这是从哲学意义上所讲的方

---

[1] 周炯、韩占兵：《金融生态理论的演进与展望：国内外研究综述》，载于《宁夏大学学报（人文社会科学版）》2010年第3期。

法论,是奠定金融资源学科基本定位的思想方法。这首先需要确立金融活动的范畴、要素及其关系的基本框架,要在价值认识的基础上开展分析。由于经济和金融关系的紧密性,金融资源学的哲学方法更多地与经济哲学相关,这包括政府与市场关系("守夜人政府"还是"大政府")、和谐发展观(可持续发展观及伦理学)、价值理论、创新理论、复杂性科学等。这些理论和思想体系,为金融资源学提供价值判断、方法论等总体框架,对金融资源学而言是带有根本意义的基础方法。第二个层次是金融资源学的思维原理和方法,提供金融资源学分析客观世界和社会现实、从事理论研究、构建理论体系的诸多方法,通过各种分类,这些研究方法包括归纳法和演绎法、分析法和综合法、总量分析法和结构分析法、规范分析法和实证分析法、动态分析法和静态分析法、定性分析法和定量分析法、均衡分析法和非均衡分析法、存量分析法和流量分析法、经济模型和历史分析、制度分析等。第三个层次是理论研究的技术性方法,即科学抽象、逻辑推理、数学方法等自然科学和社会科学所共同采用的研究方法,这些方法可以使金融资源学理论更趋完善和精确,对特定研究对象或理论所采用的技术性质的具体方法包括边际分析法、均衡分析法、数学方法、统计方法、心理分析法、投入—产出分析法、成本—收益分析法、时间路径分析法、逻辑框图分析法等。

(三) 金融资源学与经济发展

经济增长和发展问题受到广泛关注,学者们一直致力于研究经济增长的源泉问题,自然资源、物质资本、技术进步等要素都被置于突出的地位,尤其是自然资源作为经济社会活动的必要投入品,已经成为经济赖以发展的物质基础。通过对自然资源与经济增长关系的研究,人们除了充分肯定富饶的自然资源会为经济增长带来正效应、构成一个国家或地区的比较优势之外,也发现总量受到约束的自然资源与经济增长的矛盾日益突出,尤其是中国这样加速工业化和城市化步伐的国家,过度使用和浪费资源,使资源的稀缺性问题更加严峻。在产权明确界定时,资源的市场分配是可以有效率的,但是因为市场失灵和政府失灵,造成成本和收益、稀缺和价格、权利和义务、行为和结果的背离,造成资源环境恶化。从较长时期来看,环境与发展之间并不一定是矛盾的,以可持续发展理念妥善处理资源开发利用与环境保护的关系,可能有助于经济发展。[①] 金融资源的构成要素既有自然要素,也有社会要素,而且金融资源属于可再生资源,金融资源的开发

---

① 张帆、李东:《环境与自然资源经济学》(第二版),格致出版社、上海人民出版社2009年版,第4~6页。

利用和有效配置，会为经济增长与发展带来正效应，但是也要防止金融风险的冲击，规避经济虚拟化的不利影响。金融资源学研究的目的，就在于促进金融资源的开发利用，促进金融功能优化和金融效率提高，促进金融与经济和谐发展。金融资源学表明，组织金融资源是为了经济社会更好地将自然资源、社会资源与金融要素相结合，形成更为丰富的金融资源，通过金融资源的有效配置，实现更有效率的融资，促进经济社会的健康发展。关于金融发展和经济增长的关系，国内外许多学者都进行过研究，普遍认为金融发展具有促进经济增长的作用。一个国家或地区的金融资源情况，从某种程度上反映了这个国家或地区的金融发展情况，金融发展对经济增长有促进作用，金融发展的不平衡会加剧经济发展的不平衡。如何合理、有效地配置金融资源从而促进各地区协调发展，是中国目前面临的主要问题。[①]

四、金融资源学与金融效率

金融资源学与金融发展理论紧密相关。金融发展理论逐步成熟以后，人们对金融资源配置和金融体系有效性的研究逐步深入。金融发展理论经过30多年的演进，出现了三种代表性理论：一是1973年的麦金农—肖（Ronald Mckinnon & Edward S. Shaw）的金融深化论；二是20世纪90年代赫尔曼（T. K. Hellman, Murdock & Joseph E. Stiglitz）等人提出的金融约束论（及内生金融发展理论）；三是20世纪90年代末由白钦先等中国学者提出的金融可持续发展理论，提出了"金融是一种资源，是一种稀缺资源，是一国最基本的战略资源"的观点。

虽然金融深化理论未能将金融资源及其配置效率列入深入研究的范畴，但是却将金融资源和金融效率引入了新的领域，新古典经济模式下得出的政策建议——金融自由化与经济发展无法协调。到了金融约束理论时期，因其核心思想即"适度的金融压制是必要的"，所以其蕴含的金融效率观相形之下较为成熟。一是由于金融约束理论考察了金融深化论假定不变的"外部条件"，其假设条件更加接近现实；二是金融约束理论的模型因考虑了更多因素而更加全面，政策主张因广泛采用实证研究而更具有实践性。只是到了金融可持续发展理论时期，金融的资源属性得以确立，才使金融资源配置、金融体系有效性问题变得更为清晰。以金融资源学说为基础的金融可持续发展理论被赋予了全新的金融效率观，为在金融发展理论的框架下研究金融效率、在金融功能演进（扩展与提升）的

---

① 王晓莉、韩立岩：《基于DEA的中国各地区金融资源分布有效性评价》，载于《北京航空航天大学学报（社会科学版）》2008年第12期。

基础上分析金融发展，奠定了坚实的理论基础。[①]

金融可持续发展理论以金融资源学说为基础，率先揭示出金融的资源属性，即金融资源是区别于自然资源的一种特殊资源，其特殊性主要体现在金融既是资源配置的对象，又是配置其他资源的方式或手段。金融资源学说有三个假设前提：第一，金融是资源；第二，社会、经济、金融是一个复杂的复合巨系统；第三，社会、经济、金融系统的正常运行建立在相关资源要素协调运行基础之上。金融经济既然是一个复杂的复合巨系统，其可持续发展不仅从动态的时序上强调各系统的发展能够协调、连续、不间断，而且注重各关联子系统之间的协调，是时间和空间的统一。没有良好的协调，系统就难以长久地持续发展。因此，金融与经济的协调是金融资源学说的关键，其协调的成功与否关系到金融与经济的可持续发展。

以金融资源理论为基础的金融可持续发展理论，就为金融理论赋予了崭新的金融效率观，为金融效率研究提供了坚实的理论框架。经济效率（economic efficiency）是指人们在运用和配置资源上的效率，它要求在不同的生产目的之间合理地分配与使用资源，以最大限度地满足人们的各种需要。为了提高资源配置效率，需要人们将各种资源在各种不同的使用方向之间分出轻重缓急，决定生产的最佳种类和数量并予以最佳分配，使社会福利达到最大化。与此相适应，金融效率（finance efficiency）其实就是金融资源的配置效率，体现了金融资源组织化发展的高低程度。金融效率高低的评价标准是金融发展与经济发展的适应与协调程度，在复杂的经济系统、金融资源系统及其各自的内部子系统之间协同、适配的良性状况。

第三节　金融资源系统

系统科学是研究系统的结构、功能、演化、协同与控制的一般规律的科学，其研究对象涵盖了系统的结构、功能、效率。按照系统论的观点，"系统"是由若干个处于一定环境之中、既有区别又有联系、相互作用和相互依存的组成部分结合而成的、具有特定功能的有机集合体，根据不同目标可以确定总系统与子系统、开放系统与封闭系统、自然系统与人为系统、确定型系统与随机型系统、简单系统与复杂系统等不同范畴。系统是由许多相互联系、相互依赖、相互作用的

[①] 白钦先：《金融结构、金融功能演进与金融发展理论的研究历程》，载于《经济评论》2005年第3期。

要素集合而成的，这些要素存在着有机联系，在相互作用的过程中使整个系统表现出动态性特征，通过系统的有序组织，使系统具备特定的结构和功能。① 就一个事物的内部与外部关系来看，必须划定系统的范围，以区分系统内部与外部的边界，更好地分析影响系统变化的内生变量和外生变量，准确地确定系统的功能。金融资源也是一个系统。与此类似的，如国民经济中的农业系统、工业系统、商业系统，企业中的技术系统、管理系统，人体中的消化系统、呼吸系统、循环系统，卫星的动力系统、导航系统。

一个系统包括一些要素即系统的组成部分。这些组成部分可以不同的标准划分为不同类型，可能是一些小的系统即子系统，也可能是一些个体要素、单位。小的系统可以由几个要素组成，而一个大的系统由若干个子系统组成，且每个子系统又由若干部分组成，整个系统的要素可能成千上万，整个系统的要素可能涵盖经济社会生活的各个领域，包括各类主体和客体的各种行为及其运行机制，系统的组成成分会不断地进化以适应复杂系统的发展。金融资源系统就是一个意义非凡、规模较大而又非常复杂的系统，金融资源的优化配置行为就涉及金融资源配置主体、配置客体、中介及其运行机制等各类组成要素。金融资源所包括的子系统非常多。金融资源系统既包括来自于自然资源而形成的融资优势，这为金融资源的供给和需求创造了必要条件；也包括各类主体及其经济活动、货币制度及资金流动、信用制度、社会环境、监管法律这些社会要素，操作手段、技术支撑、交易网络、风险控制这些技术手段；再有就是作为金融活动核心要素的资金、作为金融活动关键主体的金融机构以及金融资源集聚效应具体体现的金融功能区。

一个系统的各个要素是相互联系的。金融资源系统内各个子系统是一个有机整体，系统内众多要素是普遍联系和相互作用的，任何一种要素的变化都会引起其他要素变化。作为一个复杂系统，金融资源系统内众多组成要素相互作用，使金融除了发挥信用中介和资金融通这一基本功能之外，还发挥着储蓄向投资转化、配置资源、资产重组、激励创新、市场运行、宏观调控、风险分散、制度演进等诸多功能。融资活动以经济活动为基础，以宏观政策为依据，并集中体现在资金运动之中；资金的融通依托金融机构进行，金融机构的牌照发放是监管制度的核心，这使金融牌照成为重要的金融资源；融资活动经常依托不同类型的金融机构，在金融市场体系中进行，并借助日益完备的技术条件实现；监管是为了金融机构的稳健运行，这依赖于信用制度、社会环境；各类经济主体及其经济活动

---

① 关于"系统"的这一概念来自于系统工程学家钱学森，他借鉴恩格斯的论述，认为系统就是一个"集合体"。参见王进：《现代经济哲学》，中国青年出版社1993年版，第108~109页。

都是金融发展外部环境的构成要素，各类经济主体围绕融资进行原有资源的优化、组合，能促进实体经济与金融运行的良性互动。金融资源系统各要素之间的相互作用远不止所列举的这些方面。金融资源系统各个组成部分之间的相互联系、相互作用，形成了一个有机整体，构成复杂的金融生态系统。

一个系统内的各要素是有机组合的，各个要素的相互作用形成了一个系统的系统结构。系统具有相对稳定性，系统内各种组成要素和比例结构基本保持稳定，由于系统内部机制的作用，环境有自我调节和控制能力，能够有效调节环境系统内的各种要素，保持系统相对稳定。金融资源系统也具有这一特征，尤其是金融业发展会受到金融生态环境的明显影响。金融资源系统的各个组成要素之间相互作用的方式是特定和有机配合的。特定的信用制度、社会环境、文化传统、商业习惯，会形成不同的金融业发展路径；特定的金融业发展路径会在货币制度、宏观政策、金融监管的引导下，形成特定的金融机构体系；金融机构体系基于其内部激励约束机制和技术手段，在与实体经济的互动中，会形成不同的融资模式和融资品种；金融机构、金融产品和资金会在政策引导、经济社会发展和文化传统等因素共同作用下，产生集聚效应而形成金融中心；金融中心会在更高的层次上、更宽的领域内、更深的程度上影响实体经济和社会发展，从而实现金融资源系统与其他经济社会系统的融合发展。

一个系统具有特定的容量，系统环境的变化具有不可逆特征。[①] 系统的容量是指在一定时期内资源所允许的人口规模和经济规模的大小，也即自然界和社会能够为人类需求所提供的资源供给规模的最大限度。当系统环境变化后，就难以恢复到初始状态。金融与经济的互动关系使金融资源系统更鲜明地体现出这些特征，经济健康发展与金融资源集聚效应同步、金融生态环境恶化与经济结构失衡伴生的经验和教训都说明了这一现象。金融资源系统在各类自然要素和社会要素作用下，基本保持着稳定的结构和特定的容量，金融资源系统内的各个组成部分、各类组成要素也形成了特定的技术结构。金融资源系统是否能够保持稳定，取决于金融资源系统输入与输出的物质和能量是否保持均衡，金融资源系统各要素之间是否协调，以及金融资源系统结构是否稳定。金融资源系统关键要素的变化一旦超过系统自我调节和控制的能力，系统平衡就会被打破。这一局面的明显例子就是在向市场经济转轨过程中一些地区企业信用环境、法制环境恶化所带来的金融功能萎缩，最终会造成经济发展目标受损。全球金融危机之后，中国沿海一些地区出现外贸下滑和订单锐减乃至工厂倒闭、老板"跑路"的现象，其深层次原因是金融业"脱实向虚"发展。一些地方盛行炒房、炒矿、"以钱炒钱"，

---

① 汪安佑等：《资源环境经济学》，地质出版社2005年版，第26页。

而经济结构不均衡、产业层次偏低,在房地产泡沫破裂、股市低迷和外部经济冲击之下,难以避免地造成了资金链断裂,从根本上反映了区域金融资源系统与经济系统结构失衡、功能失调、环境恶化的局面。然而,要恢复金融生态环境,却是艰难而漫长的。

人们对系统的认识和描述难以穷尽系统的所有方面,所以只能也只需要抓住其主要的或有关的方面、属性、特点及规律来进行研究。由于经济社会运行的复杂性,静态地看,一个系统作为独立部分会是一个完整的系统,但在更大的范围、从动态的视角看,它往往是更大系统的组成部分。人们研究经济系统时,最初是将经济社会看做一个独立的系统,基本经济主体只有家庭和居民户,即使引入政府机构,分析框架也不全面,只有将环境看做经济—环境大系统的一部分,使其成为开放系统,与外部世界进行物质和能量交换,按照热力学第一、第二定律,才能确保经济系统由无序或混乱状态走向有序和稳定状态。金融资源系统也不例外。完整的金融资源系统可以看做是独立的系统,但金融资源系统又是范围更大、领域更宽的社会系统的组成部分,是这些范围更大、层次更高的系统的子系统。从动态的角度看,任何系统都是不断发展变化的,一个系统在与外部进行物质和能量交换的过程中,衍化出自身的动态发展。金融资源在与社会经济的融合互动中,形成金融生态环境的改变、金融制度的演变和金融业地位、作用、规模、效益等方面的发展变化,以及金融产业内各个专业间的结构、业态的发展变化,最终形成金融功能的优化。按照系统思维方式,从金融资源系统的角度审视金融问题,可以开阔理论研究思路,扩大金融学研究范围,拓宽金融学研究疆域,也为金融学研究提供了新的视角,同时为本书的研究奠定了分析基础。

第四节 金融资源的构成要素

金融资源系统所进行的金融资源优化配置活动,是由金融资源配置主体通过中介及其运行机制对金融资源配置客体进行的有目的的主动行为。一些学者将金融资源归纳为货币资产(资金)、金融组织和金融资产(工具)、金融体系,但这仍然不够全面,也不够具体。[①] 金融资源由自然要素和社会要素这两类要素构成,全面分析金融资源优化配置所涉及的各类主体、客体和中介及其运行机制,可以将金融资源的构成具体归纳为以下10种要素:(1)各类主体;(2)资金;

---

① 刘闽浙、张娇妮:《金融资源论的再探讨及金融可持续发展》,载于《东方企业文化》2010年第4期。

(3）经济资源；（4）经济活动；（5）信用制度；（6）社会环境；（7）金融牌照及金融机构；（8）金融体系；（9）宏观政策和监管；（10）技术手段。下面详细分析金融资源构成要素的内容。

一、各类主体

金融活动从具有独立经济利益的理性的各类主体开始。不同系统、不同组织规模、不同经济领域中各有主体，同一主体在不同范畴内会表现为不同的主体身份。各类主体从不同角度出发对金融资源优化配置虽有不同理解，但是与金融资源密切相关的经济主体和政府机构、社会组织、金融机构、金融监管者这几类主体都是金融资源的构成要素，成为提升金融资源组织化水平的实施主体，是因为这些主体在金融资源的优化配置中具有组织能力，表现为控制资源和产生影响的潜力，能够产生协同作用，其行为影响着金融资源的有效利用水平，决定着产业经济与金融要素的融合程度，也即金融对产业经济的承载能力。

（一）单个经济主体

单个经济主体是指企业和家庭，是经济体系中具有独立经济利益的个体，简称经济主体。企业是社会资本的主要使用者和配置者，按照公司金融（corporate finance）的理念，企业管理层可能通过确定资本结构（capital structure）的各项决策来增加企业价值，从而扩展可资利用的金融工具集合，从促进金融资源优化配置的意义上讲，企业此时执行了金融中介的功能。[①] 家庭是集生产、消费、投资于一体的微观经济主体，具有多种经济功能，家庭金融（household finance）与公司金融一样具有重要性。单个经济主体会将经营能力、财务状况、未来盈利以及历史诚信记录当做最为有效的金融资源。单个经济主体要顺利融资，会受到区域信用环境和金融生态环境、宏观政策和监管政策的制约，这些内容超出了单个经济主体的控制领域，是为单个经济主体所忽视的，或者说，是单个经济主体所无法决定的。对于单个经济主体而言，这些因素成为其经济行为的外生变量，单个经济主体只能被动适应这些外生变量，所以有"一人感冒，大家吃药"的说法，这也体现出经济系统是一个互相联系的复杂系统的特征。尤其是融资问题，更受到多种外部条件的制约。

---

① ［美］兹维·博迪（Zvi Bodie）、罗伯特·默顿（Robert C. Merton）、戴维·克利顿（David L. Cleeton）:《金融学》（第二版）（刘澄、曹辉、曹音译校），中国人民大学出版社2010年版，第471～478页。

(二) 金融机构

按照中国金融机构行业分类，金融机构主要包括有银行、证券、保险三类，以及资产管理公司、信托投资公司、财务公司、金融租赁公司和设备租赁公司、期货公司、贷款公司和小额贷款公司、货币经纪公司、金融消费公司、汽车金融公司、保险公估公司、保险经纪公司、融资性担保公司、农村资金互助社、基金管理公司、私募股权投资基金和产业投资基金等新型金融机构和融资方式，还包括金融机构所属的私人银行、财富管理中心、中小企业贷款中心、信用卡中心、贵金属经营部等新型经营形式，还包括证券市场（交易所）、黄金市场、银行间同业市场、区域性股权交易市场等各类金融市场和要素市场体系以及各类新型金融服务方式。

(三) 金融监管者

金融业是外部效应和信息不对称性非常突出的高风险行业，按照公共利益监管理论，金融业需要政府管制，以金融监管者为代表的外部监管是确保公共利益不受损害的制度性安排。中国实行的是机构型监管（Institutional Regulation and Supervision）模式，即按照金融机构的类型设立监管机构。其实，社会中介机构、金融行业自律组织、金融机构内部制度、社会信用体系、市场运行规则等这些市场力量，也能形成一定的金融监管能力。金融监管者包括货币政策制定者和执行者、金融机构监管者两类主体。这里需要再做更为详细的划分。[①]

中国货币政策的制定者是国务院，中国人民银行是国务院的组成部门，是制定货币政策的职能部门。货币政策的执行部门又具体到人民银行和银监会、证监会、保监会及相关部委。国家为加强金融监管协调，于2013年8月建立了中国人民银行牵头的部际联席会议制度。

人民银行作为制定货币政策的职能部门和主要的货币政策执行部门，在全国又设立了九个跨区域的分行，在其他省会城市设立了中心支行。外汇管理职能由人民银行下设的国家外汇管理局承担，在各省设有分局，与各省级人民银行（分行或中心支行）合署办公。

银监会、证监会和保监会作为金融机构监管主体，在各省分别设有银监局、证监局、保监局。这"三局"与"一行"，都是"中直单位"。

---

① 中国设立众多政府机构从事金融监管，但仍存在监管架构不合理、监管部门间协调难度大、监管效率低、金融机构与地方政府关系有待理顺等问题。参见何诚颖、赫凤杰、陈薇：《后金融危机时代中国金融监管的演变和发展》，载于《经济学动态》2010年第7期。

第二章 金融资源概说：金融资源学与金融资源优化配置

地方政府为了开展金融工作，进行金融事务的联系、协调和管理，设有地方政府金融管理部门（金融办、金融局），形成了地方政府金融管理部门和"一行三局"共同作为金融监管部门的区域金融管理体制。这些机构都有优化金融资源配置的任务，但由于各个机构的职能定位差异、行政理念不同，形成了金融系统内的金融资源分割局面，要优化金融资源就需要这些机构协同行动、凝聚共识。

在这些金融监管者之外，各金融机构分散在全国各地的分支机构，要受其总行、总公司的严格管理，俗称"三权在上"，而业务活动又要受属地"一行三局"的监管，这就使金融系统完全形成了市场分割、职责分散、各类机构相互制约的局面。在这一局面下，要实现顺畅融资是很难的事，所以需要金融市场参与各方关系协调、促进金融资源优化配置。

（四）政府机构

政府机构是金融市场的重要参与者，因为政府机构既是金融体系构建者、金融市场监管者，又是金融资源优化配置的统筹协调者和重要实施者。

政府机构分为中央政府和地方政府。中央政府和地方政府职能定位不同，促进金融资源优化配置的职能定位也不同。中央政府具有货币政策制定权，对监管机构、中央政府部门、各国有金融机构都有决定性的影响能力，通过依法管理货币运行、通过行政手段领导金融监管者和金融机构，都具有相当大的权威性。在中央政府层面，控制金融资源规模、把握金融业发展方向、决定是否实行新的金融机构准入、决定是否允许依托各级公共资源开展资本运营，都成为影响甚至决定金融资源供给的主导因素。因此，在金融资源优化配置中，中央政府居于关键地位。地方政府机构是促进金融资源优化配置的重要力量，在推动经济资源充分利用、协调各中央直属的金融监管机关工作关系、维护社会信用秩序、加强区域性金融机构改革创新方面起着决定性作用。地方政府又细分为省级政府、市（地）级政府和县（市）级政府，以及各级政府的组成部门。[①]

中央政府制定和实施货币政策，而地方政府没有货币政策制定权，但有落实货币政策的责任。地方政府正是由于缺乏货币政策制定权，所以促进融资发展的迫切性更为突出，需要为促进金融资源优化配置付出更大的努力。

---

① 地方政府层次划分是一个国家的政治分权化程度的反映。中国的政府上下共五级，与国外三级政府居多的格局截然不同，而且在政府职能部门中又划分为"中直部门"（市、县还有上级直属的"省直部门"、"市直部门"）、地方所属部门以及办公部门、组成部门、直属机构、办事机构、部门管理机构、特设机构、参公管理事业单位、议事协调机构等林林总总的门类，这是金融资源组织化工作首先要凝聚共识的体制前提。

（五）各类社会组织（NGO）

各类社会组织依据社会经济运行所逐步形成的惯例、制度、舆论导向、文化传统、道德规范、合作促进、交流平台等各种组织优势，从而具有融资促进的职能，可以在金融资源的优化配置过程中发挥积极作用。

二、资金

金融是将闲置资金转化为对他人立即有用的资金的渠道，金融行为解决了资金使用权让渡和时间间隔问题，资金的使用形成了经济系统中的消费需求和投资需求，与外部需求共同构成总需求。资金是金融资源优化配置过程中最重要的配置客体，一切经济活动的进行都离不开资金，所有金融活动的实现都以资金使用权的让渡为标志。资金既是财富的体现，是重要的生产要素，又是配置资源的手段，更是金融资源的核心要素，是促进金融资源优化配置的主要内容。

由于资金是金融资源的核心要素，其总量、结构、期限、种类、价格（利率）、流动性（可变现性和流通速度）、稳定性、区域分布、币种差异等，都是金融资源优化配置的组成内容，也是各类经济主体在融资时需要考虑的方面。随着金融市场化的发展，由于金融资源拓展了资金的概念，使得具有变现性的各类资产，都具有了资金的特性，人们在考察资金因素时，需要更多地从金融市场的角度、资产的范畴进行考察，从而对金融资源总量、结构及其功能形成准确认识。人们衡量金融资产数量多少，常用戈德史密斯（Raymond W. Goldsmith）所提出的金融相关比率（Financial Interrelations Ratio，FIR）。

三、经济资源

能否提供有效供给和有效需求，是金融市场效率高低的决定因素。金融市场的有效需求，取决于经济资源及其他各类资源能否成为适合融资的金融资源，并由金融体系提供有效供给，形成经济与金融的互动和协调。金融资源的组织化发展可以提高金融市场的供给效率，提升各类资源转化为金融资源的水平，促进金融市场上供给和需求的均衡。

按照资源基础理论的分析，企业被假定为资源集合体，是一系列资源和能力构成的资源组合的有机体，企业的持续竞争优势来自于拥有有价值的、稀缺的、不可完全模仿、不可完全替代的资源，企业战略也应以企业资源、竞争力与能力

第二章　金融资源概说：金融资源学与金融资源优化配置

为基础。[①] 人们在经济资源的基础上进行经济活动，通过经济活动以创造价值和实现自身经济目标，自然资源以及人们通过经济活动所创造的财富，都是金融资源的构成要素，是金融资源优化配置的重要客体。

四、经济活动

经济系统与自然资源一样，都是环境系统的子系统，[②] 而且经济活动（economic activities）与经济资源同时作为金融资源的构成要素，两者是紧密相关的。经济活动在金融资源优化配置过程中，在主客体之间发挥着中介作用，其最基本的消费、生产和投资活动，都与作为客体的资源发生关系，有的活动可能不直接利用自然资源，但其行为中必然包括其他经济资源。经济是金融的决定因素，经济活动的方式、内容、质量和水平，是金融市场方式、内容、质量和水平的决定因素。例如，经济发展规划、发展先导产业都影响金融资源配置方向；经济活动的市场化程度提高，会带来金融市场化程度的提高；合作意识的浓厚，会带来金融服务联盟的形成；特许权经营、渠道优势的产生，会促进融资的进行，相当于金融资源的组织化发展；企业主打新品、创新发展、产业转型、资本运营，也将形成金融资源的优化重组。

五、信用制度

完善社会信用制度是解决信息不对称问题的重要机制。信用制度通过企业和个人信用记录的收集、分析、报告，形成对经济主体行为选择方式的制约，约束非信用行为的产生及其影响，形成有利于守信行为的机制。信用制度的构建是政府机构的职责所在，政府机构组织所属职能部门、司法机构、金融机构归集社会信用信息，并通过完善制度以规范信息收集、信息使用、信息传递、结论形成、报告发布、报告效力，实现信用信息的鉴证作用和对经济主体行为的约束作用。

健全的信用制度对于解决信息不对称问题能够发挥极为有效的作用，是政府机构提供公共物品的具体体现。信息充分性一直是金融资源优化的重要因素。在企业与金融机构的沟通过程中，信用信息充分有效、真实可靠，有利于融资行为的实现。公共物品理论在做出许多详尽分析后发现，融资中的信息不对称严重影

[①]　王亮：《区域创新系统资源配置效率研究》，浙江大学出版社2010年版，第26～28页。
[②]　[英] 康芒（Michael Common）、斯塔格尔（Sigrid Stagl）：《生态经济学引论》（金志农等译），高等教育出版社2012年版，第69～70页。

响金融效率，运行良好的金融体系能够减少信息成本和交易成本，从而优化资源配置，促进经济增长，由此使金融生态环境具有公共物品特征，成为公共政策的重要内容。金融秩序、金融环境、信用制度皆可视为公共物品，是提高金融效率的重要方面。解决金融市场信息不对称问题，健全信用制度，是金融资源优化配置的重点。实现信息的充分供给一直是市场监管者为提高市场透明度和金融市场效率的努力目标，也是金融机构迫切需要的。

六、社会环境

社会环境对金融资源的影响，可以看出文化对经济社会发展的影响力。文化具有决定性的影响，文化与制度之间存在重要的相互作用关系，[1] 文化会影响人们的行为方式，行为方式又影响一个社会的政治、经济和社会发展，自然会对金融市场行为产生作用。

金融体系所需要的社会环境，主要包括商业文化、法制精神、文化传统、合作意识、创业环境、舆论氛围、诚信传统、企业社会责任、公民素质及金融意识等许多方面。营造金融资源集聚的良好社会环境，成为金融资源优化配置的重要内容。在这个过程中，政府机构、所有社会组织、企业和个人，都是责任者和积极参与者。

七、金融牌照及金融机构

金融组织和金融市场是随着经济社会发展而不断演进的。经济发展水平的提高、人均收入和财富增长这些内生因素，使更多的人具备了开发利用金融资源的能力，从而产生日益增加的金融需求，在金融与经济的互动过程中，会促进金融机构和金融供给的不断发展。[2] 由于金融业所具有的高度管制的特点，金融机构、金融牌照成为重要的资源，也成为金融资源优化配置的重要客体和具体体现。金融牌照和金融机构是确立金融主体资格、办理特定金融业务的要件，金融行为更多的

---

[1] ［美］内森·纳恩（Nathan Nunn）：《文化与历史进程》（赖希倩译），收录于《比较》（第62辑），中信出版社2012年版，第68~82页。

[2] 按照内生金融发展理论，金融组织的发展取决于经济社会逐步发展对于金融的需求，但是如果人们收入很低，就没有能力进入具有固定进入费用与固定交易成本的金融市场，只有当经济发展到一定阶段，才会产生对金融的需求，相应地会形成金融机构的供给。但是在中国这样金融机构和金融牌照成为稀缺资源的情况下，还存在着金融机构资源的组织化问题。参见彭建刚等：《中国地方中小金融机构发展研究》，中国金融出版社2010年版，第24~27页。

是通过机构化来实现的。政府机构、各类社会组织为金融资源优化配置所做的许多努力，都是为着组建金融机构、拿到金融牌照、开展特定金融业务而进行的，只有这样才能形成确立金融主体资格的前提，才有可能实现促进融资的目标。

八、金融要素市场体系

金融行为不可能是独立现象，一定伴生其他市场交易过程。单纯的金融交易，包括证券、期货、期权等虚拟资本依托金融市场所进行的各种交易活动，也即脱离于实体经济的"虚拟经济"，并不能成为现代市场经济的主流。现代金融市场是围绕货币资本运行的。在传统的意义上，货币资本由于其便利交易、组织资源的功能，使金融成为促进实体经济发展的基本工具；在现代市场经济条件下，金融的功能远远超越了这一基本层面，特别是随着资本市场的日益发展，金融可以将某一实际形态的资产转化为包含特定权利义务关系的权益凭证，以促进各类资产的流转与合理配置，从而促进各类社会财富再创造出新的资本和财富，金融市场成为现代经济的核心和财富创造的源泉。金融市场以及围绕着资本流动所形成的金融要素市场体系，便发挥着金融资源优化配置的中介作用，具有了更为丰富的组织各类资源的功能。

金融市场发展，要求资金市场、信贷市场、保险市场、资本市场、外汇市场实现同步完善和多层次发展，并要与其他生产要素市场协调发展。资金拆借市场、产权交易市场、外汇交易市场、"店头市场"（非上市公众公司股权场外交易市场、股份转让市场）以及农畜产品交易市场、土地交易市场等金融市场和生产要素市场的发展，是优化金融资源的重要措施。重庆市建设多个要素市场，便是优化金融市场结构的举措。

金融市场发展有一个结构优化的问题，即金融市场中的各个专业市场及其构成要素之间要相互适应、相互配合和相互协调。包括加强金融机构聚集，扩大金融机构的总体规模，吸引银行、证券、保险、投资及中介服务机构，完善金融机构的种类，加快发展新兴金融机构；应完善要素市场，建立多层次的资本市场体系，合理配置金融资源，并要优化金融生态环境，为金融业的持续快速发展创造良好的外部环境和基础条件。

完善金融市场体系的重要目标，是价格机制的形成。在金融市场中，最核心的价格是利率。由于利率拥有金融市场价格的属性，因此包含着全部市场信息在内。利率包括多方面内容，包括基准利率与一般利率、短期利率与长期利率、固定利率与浮动利率、名义利率与实际利率、贷款利率与再贷款利率、贴现率与再贴现率、同业拆借利率与汇率、债券利率与民间利率等极多的名目。中国的利率市场化改革经过了一个长期的过程，在多个方面实现了较为宽松的局面。例如，在贷款利率方面，到2004年下半年，已经基本取消了金融机构人民币贷款利率上限，仅对城乡信用社贷款利率实行在基础利率基础上上浮2.3倍的上限管理，人民币贷款利率过渡到上限放开、实行下限管理的阶段，市场化程度显著提高，并在2013年年中时将贷款利率全面放开；在存款利率方面，主要实施了"管住上限，向下浮动"的市场化步骤。中国目前处于货币市场和债券市场已经实现利率市场化、只有存款利率处于上限管制的状态。[1] 金融市场的发育和完善，就是要形成一个合理的、有弹性的利率水平，形成品种齐全、结构合理的利率体系。目前中国的利率市场化改革仍未完全到位，利率市场化发挥作用的微观机制还不明确。[2] 通过完善金融市场体系、优化金融市场环境和利率市场化改革，提高金融市场供求的自我调节能力，是促进金融资源优化配置的机制性措施。

九、宏观政策和监管

中国金融形势受政策影响很大。宏观政策和产业政策、货币政策、信贷政策，以及环保政策、土地政策、"三农"政策、贸易政策、城市化政策，都与融资的方向和领域紧密相关，金融资源整合、优化的方式必须围绕现行政策进行。

如在国际金融危机期间，主要是围绕重要基础设施、重大产业项目组织金融资源；在转向加强货币政策操作的灵活性和针对性之后，就要更多地向低碳经济和循环经济、战略性新兴产业转移，而不能将组织金融资源的措施局限在基础设施建设和房地产市场领域；在国家货币政策重新转回稳健的背景下，就要围绕农业种植、畜牧业发展、改善民生、第三产业发展等有利于平抑物价、吸收流动性、促进就业、保持可持续发展等领域进行。国务院多次强调，金融机构涉农贷款比重不能低于上年平均水平，说明贷款的增长点在于农村金融领域。政府投融资平台的金融资源优化和重点方向选择自然更要围绕国家政策进行，以起到有效的引领作用。

十、技术手段

金融资源优化配置需要发挥行为、工具、信息等各类中介的功能，特别是

---

[1] 易纲：《中国改革开放三十年的利率市场化进程》，载于《金融研究》2009年第1期；李若愚：《利率市场化如何完成"最后一跳"》，载于《上海证券报》2013年10月11日（A3）。

[2] 梁琪、张孝岩、过新伟：《中国金融市场基准利率的培育——基于构建完整基准收益率曲线的实证分析》，载于《金融研究》2010年第9期。

要发挥经济运行机制的作用。促进融资的技术问题包括信用评级的提升、企业治理的完善、财务指标的优化、信用记录的维护等各个方面，也要注意融资产品种类选择等融资路径，以及互联网与金融市场加深融合带来的操作方式变化，并要满足金融机构融资条件的纯技术性问题。这些是实现顺利融资的前提，是金融资源优化配置的重点。确保顺利融资的技术问题是金融机构需要认真研究的。

第五节 金融资源的供给和需求

金融资源作为一种稀缺资源，存在着资源的供给和需求问题。金融资源的供给和需求问题来源于人们以金融发展理论为基础所做的关于金融发展与经济增长关系的分析。传统上人们认为金融发展是经济增长的结果，金融发展的功能就是满足实物部门需要。经济学家帕特里克（Hugh T. Patrick）经研究后认为，金融发展对经济增长可以起到积极的促进作用，根据人们对金融发展与经济增长因果关系的研究结论，可以将金融发展区分为需求跟随型和供给引导型。所谓需求跟随型，是指经济增长是金融发展的原因，即经济增长带动了金融的发展，相对于经济增长，金融发展处于一种需求跟随的地位。因为实体经济的发展带动了市场规模的扩张和金融资产的膨胀，而资产规模的扩张就要求风险的分散和交易成本的控制，进而推动金融发展水平的提高，所以经济增长带来了金融系统的发展，金融发展被动适应经济发展的需要。与此同时，金融发展具有推动经济增长的作用，这便是供给引导型的金融发展，认为金融发展要先于对金融服务的需求，良好的金融系统和金融体制有利于资本的积累和资源的优化配置，便于资金的融通和储蓄向投资的转化，同时优化了资源配置——这便是金融的核心功能，这一功能会对经济增长起促进作用，因此金融发展是经济增长的一个必要条件。如果区分不同的国家，发达国家的金融发展是需求跟随型的，而发展中国家的金融发展是供给引导型的。[①] 综合以上看法，可以发现金融发展和经济增长互为因果关系，经济的繁荣与发展可以促进金融资源配置效率的提高，同样，金融资源优化配置可以促进经济更加繁荣。至于金融发展如何影响经济增长，金融结构论和金融约束论给出了不同解释。需求跟随型和供给引导型的金融发展在不同经济发展阶段起着不同的作用，其中供给引导型的金融发展在经济增长的初期处于主导地位，一旦经济发展进入成熟阶段，需求跟随型的金融发展将成为主流，两者之间

---

① 杨龙、胡晓珍：《金融发展规模、效率改善与经济增长》，载于《经济科学》2011年第1期。

可能存在一种阈值效应，这也是金融资源产生集聚效应和扩散效应的必要条件。金融供给和金融需求在经济发展不同发展阶段的不同作用，是分析金融资源的供给和需求时需要区别对待的。

金融资源是一个范围很广、领域很宽、组成要素复杂的庞大系统，金融资源的供给和需求，在政府机构、金融监管者、金融机构、社会组织、企业和个人等各类主体之间的互动和协调过程中实现均衡。围绕金融资源的优化配置，各类主体的目标函数、取向各不相同，各类主体可能互为供求方，或者在不同领域和不同事项中互为供求方，各类主体在现实生活中作为金融资源供给方或需求方也往往是合二为一的。由于包括众多的自然要素与社会要素，金融资源市场上的供给与需求，与其他市场上的供给与需求有很大区别，在估计金融资源总供给和金融资源总需求数量的时候，难以对各类自然要素和社会要素进行数量加总，也难以对各类要素赋予权重，更难以界定对各类要素的有效供给和有效需求。金融资源的供给方和需求方的决策模式差异极大，难以统一确定各类要素的供给曲线和需求曲线的类型，也就无法加总得到金融资源的总供给曲线和总需求曲线，而且每种要素所面临的金融市场环境也是各不相同、千差万别的，难以运用经济学的框架进行规范分析。尤其是金融政策、金融准入、监管制度、金融市场、信用环境以及金融法规、金融标准、金融惯例、金融文化、金融意识、金融信息、金融人才等各类社会要素，其供给与需求难以进行广泛的数量化分析，这就要对金融资源构成要素的每一个组成部分，在必要时根据市场环境、金融制度、要素特点、预算约束、效用目标、供求规律等进行具体分析，以求得到金融资源每种构成要素的均衡价格和均衡数量。无论采取什么样的框架来分析金融资源的供给和需求，已有研究皆指向一个问题，即金融资源的供给和需求总是存在极大的差异，也即金融资源配置难以达到理想状态。金融资源供给与需求的巨大差异，可以从金融资源区域配置差异上明显地体现出来，虽然金融资源理论并不侧重于金融空间运动规律的深入研究，但是金融资源开发、利用和流动、配置，表明金融资源具有区际自由流动、扩散、配置的内在特性，表明金融资源具有明显的"空间运动"、"空间组织"的内涵，其中经济市场化程度的排名和中国各省域金融产业集聚度排名具有很高的相似性[1]，说明经济市场化提高了资金利用效率，使得中国区域金融发展呈现非均衡性。金融资源组织化发展特点从另一个方面表明金融资源具有的动态特征。

---

[1] 季伟杰、翟伟峰、郑安安：《基于金融资源论的金融产业集聚研究》，载于《中国城市经济》2011年第3期。

第六节 组织优势本身就是资源

从组织金融资源的要点可以看出,组织金融资源的基础是一种"力量",是一种"能力",可以叫做"组织力",按照制度经济学(Regulatory Economics)的说法,这就是"关键资源"(key resources),它不仅包括财产,还包括策略、创意或技能。① 这种力量来自于资源占有优势、信息传递优势、渠道控制优势、创新能力优势、治理结构优势、新型机制优势、产业结构优势、信用资源优势、市场环境优势等很多方面,但是组织能力优势是极为重要的方面。即使拥有以上许多优势,也要将组织能力优势结合进来,才能实现金融资源优化配置目标。

具备组织优势的主体,包括政府机构、各类社会组织、金融监管者、金融机构、社会公众群体。企业和个人由于具有信息优势,是组织金融资源的基本单位;企业和个人由于拥有独立产权,所以是促进金融资源优化配置的重要主体。政府机构是独具组织优势的公共组织,经过有效运作,其组织能力可以在金融资源优化配置过程中充分发挥优势,使政府机构成为整理、整合、优化金融资源和制定政策、完善制度、建立机制的重要促进力量。中国金融业快速发展,应对金融危机及时有效,取决于各级政府机构促进金融业发展的有效工作。② 由此可见,组织优势是重要的金融资源,组织金融资源能够优化金融资源配置。"组织作为一种要素资源已经被现代社会充分证明。"③

金融资源优化配置所涉及的各类主体所拥有的组织优势各不相同,应相互配合以实现金融资源组织化发展的目标。涉及金融资源优化配置的各类主体已经足够丰富,监督制约机制已经形成,没有任何一类主体的积极有效配合,融资都难以顺利实现,进而形成了各方掣肘、"离开谁都不行"的局面。这体现了金融领域内相互制约、合作共赢的特点,其关键是应强化各类主体促进金融资源优化配置的责任意识,合理划分各类主体的职责。

第一,政府机构。政府机构作为公共利益的代表,通过组织金融资源而实现

---

① [美]拉古拉迈·拉詹(Raghuram G. Rajan)、路易吉·津加莱斯(Luigi Zingales):《金融革命对企业性质的影响》(李淑萍译),收录于《比较》(第22辑),中信出版社2006年版,第45~53页。

② 中国形成的"半统制、半市场"的经济格局,使国有部门(state sector)对经济的控制更加直接有力,有效应对亚洲金融危机和全球金融危机的经验被概括为"中国模式","中国之谜"这一过渡经济学理论课题也越发值得研究,其实质是如何认识一个国家的政治经济制度对其经济社会发展的贡献和阻碍。参见吴敬琏:《经济学和中国经济的崛起》,收录于《比较》(第55辑),中信出版社2011年版,第1~15页。

③ 张要杰:《要素重组与整合:新农村建设的关键》,载于《农村经济》2006年第10期。

金融资源的最优配置,促进经济和金融的有效融合,可以收获更好的经济发展成果,这一成果为全体社会公众所享受,可以提升政府机构在社会公众中的好评度。从职责定位来说,政府机构是金融资源优化配置的主要推动力量,是其他各类主体的协调者。改革开放以来,中国的金融资源配置经历了中央政府集中分配到中央和地方共同配置的过程,即由集权到分权的转变过程。地方政府为获取和支配最大可能的信贷资金,介入金融资源的配置,地方政府利用其政治影响向金融机构施加压力,创设旨在提供融资服务的金融机构而程度不同地获取了支配金融资源的权力,曾一度导致金融资源的不良配置和效率损失。① 因此,应清晰划分中央政府与各级地方政府优化配置金融资源的职责。

政府机构作为货币政策的制定者和实施者、金融稳定的维护者、金融风险的控制者,以及公共政策的制定者和实施者,主要为金融业良好运行提供优化的生态环境,健全金融运行和金融资源优化配置的制度体系。不论是中央政府还是地方政府,都应成为金融资源的重要组织主体,只是两者的分工不同。按照其各自的职能定位,中央政府主要是制定政策和法律,地方政府负责法律实施和政策落实,具有立法权的地方政府也可制定法规和规章;中央政府负责宏观货币政策、信贷政策制定,地方政府负责货币政策、信贷政策落实;中央政府监管主要金融机构,地方政府主要是按照分级监管的分工落实监管责任,同时推动小型金融机构、准金融机构发展;中央政府负责大型金融机构准入审批,一些小型金融机构、准金融机构,由地方政府负责准入审批,形成分级监管的金融管理体制;另外,按照属地原则由地方政府负责金融风险处置。

政府机构的统筹协调作用极为重要。全国各地地方政府之所以在国家没有设立统一的金融工作办公室这个机构的情况下,普遍设立了地方政府金融管理部门(金融办、金融服务办、金融局),发挥着宏观金融政策研究和区域金融政策拟定、金融发展规划、辅助政府决策、协调联络管理众多金融机构、实施金融政策、促进金融改革、监管区域性金融机构、防范金融风险的职能,就是为了推进金融业的改革发展,弥合金融资源优化配置中的不同立场,协调各类主体在融资中的主动意愿,形成推进融资的共同意识。② 如何使各类主体恰当作为,如何实

---

① 何凤隽:《与地方政府的金融资源配置权博弈》,载于《重庆大学学报(社会科学版)》2005年第4期。

② 目前金融业界对金融监管部门之间的协调问题看法颇多,由议论变成了公开批评,如有人认为中国金融改革进程滞后,就是受到"一行三会"之间协调问题的影响,中国债券市场的多头管理、市场分割和低效运行就是明显的例子。国家为加强金融监管协调,终于建立了中国人民银行牵头的部际联席会议制度,地方政府成立金融管理部门,也有对各金融监管机关进行综合协调的初衷。参见夏斌、陈道富:《中国金融战略2020》,人民出版社2011年版,第383~385页,第390~391页,第394~395页。

第二章 金融资源概说：金融资源学与金融资源优化配置

现金融资源的有效组织，并无一定之规，也未形成可以普遍采用的经验模式，而应从宏观层面上设计一种经济机制，促进各类主体在金融资源优化配置中积极有为，最终实现激励相容的效果。各类主体围绕融资有效性或金融体系有效性，应形成一个系统的、客观的评价体系，对各类经济主体、金融监管者、金融机构、社会组织、政府机构进行分类评价，确定各类主体的绩效水平。

第二，金融监管者。按照狭义的职责定位，金融监管者只负责金融机构的稳健运行，而金融资源组织这项"促进发展"的事项，并不是金融监管者的职责所在，现实中也有这样的议论，也是各方分歧的焦点所在。其实，不论是理性的监管者还是"聪明"的监管者，都应当有充足的理由相信，在做好监管——按照监管法规的要求，监督好金融机构运行、防范金融风险的同时，促进其健康发展应当成为监管的重要目标，实现金融监管者与被监管的金融机构之间的和谐共处，提高监管的亲和力、容忍度和激励相容水平。从这个意义上说，金融监管者不应被排除在金融资源优化配置的主体之外，金融监管者自身应当能够认识到这点。金融监管者也是政府组成部门，健康运行的金融体系是全社会所希望的；融资方式的创新、市场准入的开启，会顺应经济社会发展潮流；金融监管和服务效率的提高，会营造良好的金融运行环境，得到社会公众的认可。

金融监管者在金融资源优化配置中的职责定位，在于通过制度的构建和制度的良好实施，使金融机构保持健康运行，提供宏观稳定的金融环境，同时超前研究和适时开启金融准入，推动金融创新发展。金融监管者应时刻把握金融创新的领域和内容，优化监管理念，以严格准入、恰当采取审慎监管与非审慎监管策略为理念，推动金融资源的优化配置。

金融监管者促进金融资源优化配置的目标都要通过金融机构的运行来最终实现。金融机构作为商业性机构，同时是业务营销者和货币政策落实者，两者在监管与被监管合作中的职能分工、角色定位、行为方式，决定着金融资源优化的程度和水平。多年来，中国的金融监管形成了管控金融机构过程中谨慎有余、激励不足的局面，使金融机构缺乏更为明确的金融资源优化配置的责任意识，而且金融机构系统日益庞大，使其从机制上形成创新动力是非常困难的。金融机构在金融资源优化配置中能否主动作为，还要重点关注金融监管者的行为方式。中国的金融监管方式一度出现了简单化倾向，金融监管者为了达到一项具体目标，超越监管职责定位，监管位置过于靠前，滥用监管权力，监管方式简单化，不顾金融市场运行规则，也不懂得市场化监管，命令式的行政方式重新回到现实，融资双方之间经常横着一位"第三者"，其所发表的借款者是不是合格、贷款者可以不可以放贷成为决定性意见，使"审慎性监管"的内涵发生了严重异化。这表明中国的金融监管能力处在非常初始的水平上，必将影响到监管权威，导致监管效率低下,无法形成金融机构内部风险控制系统、金融监管系统、社会监管体系的完善和彼此衔接,市场发挥作用有限导致对金融体系需要增加监管和保护,这反而会限制市场作用的发挥并形成恶性循环,最终可能损害金融体系稳定性。[①] 要达到金融资源优化配置的良好效果,需要坚持金融监管中的监管理念创新、监管手段创新、监管制度创新。

第三,金融机构。金融机构具有更强的动因强化金融资源优化配置。作为金融市场的参与者,金融机构盈利是最大制约,而分散的、零碎的金融资源不利于金融机构获取更多的利润,因为金融行业属于集约经营的行业,更"喜爱"量大额高的"批发业务",除了单个客户的存款或贷款额度较大以外,多个项目集中授信、同类业务批量办理,都可提高融资效率和效益水平。金融机构的内部运行涉及基层机构、分支管理机构、总行(总公司),其目标责任的下放和管理权限的上收与金融资源组织化发展形成了巨大反差,远在异地的总行(总公司)和独立设置的审批中心业务人员,并不关心基层行的业务营销和优化金融资源的现实需要。在金融资源优化配置职能中,金融机构应通过机制化的措施,积极开发金融产品和金融服务,提高系统性融资能力,并将其作为一种必需的理念;应提高服务效率,努力发展网点、布放设备、提升技术手段,改进融资模式,减少审批环节;应建立内部激励机制,使更多的符合融资条件的客户进入金融系统开展业务。

近年来,中国金融制度的创新为金融机构促进金融资源优化配置提供了制度基础。在此以保险集团的运作为例。中国人寿、中国人保、中国平安、中国太平洋、中国太平五家主要保险集团的总资产,已经占到中国保险公司总资产的七成以上,对保险集团所属的资产资源的优化、对集团内各类产品资源的优化,都成为保险集团利用其全系统的组织优势,促进金融资源组织化发展的重要措施。具体来说,一是对保险资产管理渠道资源进行整合。根据目前中国保险业资金运用监管政策,保险集团资产管理渠道资源主要包括:资本市场(股票、基金和债券市场)、股权投资市场以及基础设施和不动产投资市场。这些渠道之间都存在着资源共享的机会。二是对保险资产管理产品资源进行整合。在保险产品研发过程中,可以对集团旗下相关业务单元的资产管理资源与能力进行组合,以产品的形式形成竞争上的核心优势。例如,企业年金产品就必须整合集团旗下的资金托管能力(银行、信托公司)、账户管理能力(银行、寿险公司)以及投资管理能力(资产管理公司、证券公司、基金公司)。将集团内部资金配置到集团内的优质资产管理产品上,既能使集团的资金优化配置能力优势得以发挥,也使集团内

---

① 赵丹、张新知:《银行监管中的激励相容问题研究》,载于《商业经济》2012年第11期。

部的信息充分优势得以发挥。①

第四，企业和个人。即经济主体，是金融机构的客户，是主要的金融需求者，也是金融资源优化配置的重要主体，金融资源优化配置主要是为促进企业和个人融资便利。在金融资源优化配置的分工和定位中，企业和个人要组织好自身的经营，增强经营和财务状况透明度，优化财务状况，提高信用意识，诚信作为并维护自身的信用记录，提高金融资源的自我组织能力。

随着中国金融市场结构的演进，促进金融资源优化配置的职责出现了更多地由企业和个人即资金需求者来承担的趋势。在实体经济与金融资源之间，在以信贷为主要融资形式的金融市场中，企业如想获得贷款，取决于自身的信用水平，但是无论如何企业都处于相对"被动"的地位；随着中国金融业的市场化水平大幅提升和资本市场日益成熟，在更加宽松的融资环境中，企业能否通过发行股票、债券或各类股权投资基金顺畅融资，其自身信用状况和经营管理水平起着决定作用，企业融资的"主动"地位逐渐突出，自我组织金融资源的责任更加重要。

第五，各类社会组织。社会组织是由经济主体自发形成的，因其具有组织能力、形成渠道优势、定位融资促进和经济社会环境优化，而成为促进金融资源优化配置的重要主体。各类社会组织也有人称为"非政府组织"（non-governmental organization, NGO），是受特定文化、行为准则、价值取向、社会网络、权力与领导者行为等因素的影响而自发形成的，② 具有稳定社会运行的功能和力量，起着维护权益、行业自律、沟通联谊、贸易促进、公平交易、社会公益的作用，在促进金融资源创新发展中可以积极有为。中国各类社会组织已经达到50万个，广泛分布于教育、卫生、社会服务、科研、文化、体育、工商业服务、从业组织、农业、生态环境、法律等各个领域。

第七节 金融资源优化配置措施

组织金融资源是将金融资源的供给与其需求进行有效结合的过程。应当明确的是，组织金融资源并不等于金融资源配置，金融资源配置主要体现为现有金融

---

① 卓宇：《我国保险集团的资产资源整合》，载于《中国金融》2010年第21期。
② 社会组织或称非正式组织的影响力的来源可以通过交换过程、社会认同模型、网络分析等加以解释。参见［美］W·理查德·斯科特（W. Richard Scott）、杰拉尔德·F·戴维斯（Gerald F. Davis）：《组织理论——理性、自然与开放系统的视角》（高俊山译），中国人民大学出版社2011年版，第25页，第229～235页。

资源的分布状态,是金融资源组织化发展的具体结果,是金融资源经由市场化运行而达到的实际分布状态,这属于静态规范的范畴;在此基础上,各类主体运用自身的组织能力不断调整现有金融作用体系或构建新的金融作用体系,即有目的地组织金融资源的实践活动,这属于动态规范的范畴,体现了金融资源所具有的能动性特征。[①] 组织金融资源更多地体现出各类主体的行为和措施,是具有主动性、目的性、系统性的行为。

一、金融资源优化配置的五项措施

促进金融资源优化配置是通过各类主体基于其职能所形成的资源——组织优势。根据各类主体的性质及其活动特点,金融资源优化配置作为有意识的主动行为,可以归纳为五项主要措施:自我组织、市场组织、社会组织、政府组织、制度组织。

促进金融资源优化配置的这五项措施,分别由不同的主体予以实施:一是企业和个人整理自身金融资源,完善信用结构,在经济活动中发挥融资优势,金融机构作为市场主体,优化金融产品设计,努力开展市场营销,集中体现为经济主体对金融资源的自我组织。二是完善的市场机制,有利于组织金融要素及相关要素流动,促进金融资源集聚发展和优化配置,体现为市场体系促进金融资源优化配置的机制。三是各类社会组织通过推动零碎资源整理、促进金融合作、优化金融环境、加强金融创新的方式,提高金融体系有效性。四是政府机构通过集中和优化其行政资源和组织能力优势,成为金融资源优化配置的综合协调者。五是制度是促进金融资源优化配置的根本性措施,推动金融机构有序准入、有效监管和金融体系稳健运行,形成促进金融资源优化配置的机制,提供促进融资的法律框架,这是一个长期过程。

促进金融资源优化配置的这五项措施,将在接下来的五章中分别阐述。

二、金融资源的整理

金融资源的整理是将原有分散、零碎、独立的金融资源进行清理、筛选,对具备融资条件的金融资源选择确定其融资方向,提升其对资金承载能力的过程。对分散、零碎、独立的金融资源进行整理,主要由经济主体以自我组织的方式进行,其中社会中介机构是积极参与的一方,政府机构和各类社会组织可以提供有

[①] 孟建华:《县域经济发展规划与金融资源配置》,中国金融出版社 2008 年版,第 161~162 页。

效的协助。

1. 确定金融资源主体

这是促进金融资源优化配置的首要前提。只有产权清晰，经济主体责权明确，才能与金融机构形成融资合作的基础。形成产权清晰的经济制度，是金融资源优化配置的制度前提。

2. 开发金融资源

将不符合融资条件的金融资源进行开发，使其符合融资条件，根据金融资源的不同情况和经济活动需要，可以采取贷款、上市、发债、私募股权投资、直接投资、各类新型直接融资方式、担保、小额贷款、互助借款以及慈善等方式进行融资。

3. 整理金融资源

分散、零碎、独立的金融资源可以整理为规模化、适宜集约经营的金融资源，以便于提升融资水平和金融效率。这一过程是促进金融机构与产业经济融合发展的过程。

三、金融资源的整合与重组

金融资源的整合是将不同主体或不同产权的同质产业或上下游产业归并组合为新的产业，形成多个产业间的关联关系，调整为同一产权主体或关联方的资产，以承载更多资金的过程。金融资源整合过程中，政府机构和各类社会组织所发挥的作用更为突出，但是要按照市场化的原则操作，因为资产重组、市场交易、产权确认等行为，均须经过市场过程得以实现。

金融资源整合主要是资产重组。资产重组具体包括归并组合、重新组合、集中组合、联合组合、拆分、资产置换、股权置换。资产重组可以有效提升企业的资产规模、经营能力，也将有效提升对资金的承载能力。企业上市过程中，几乎全部包括资产重组行为。资产重组是吸引战略投资者、私募股权投资的有效途径，对促进贷款等间接融资有积极作用。

出于防范风险、扩大经营规模和实力、加强集约经营的考虑，将同类金融机构进行合并重组或联合经营，可以实现金融机构的融资能力提升，提高金融效率。原有金融机构优化重组、整合发展，与创设金融机构、争取金融牌照同等重要，集中体现了金融资源的水平提升和优化配置。摩根大通银行逆金融危机开展收购，就展现了金融机构在动荡不定的市场环境下，如何抓住机遇发展自己，同时提升金融资源的组织化水平。

四、金融资源的优化

1. 创新发展金融机构

创新发展准金融机构和新型金融业务是优化金融资源的必然途径。金融创新的最新进展是各类准金融机构的蓬勃发展,这成为当前中国各个地区金融发展的热点。天津滨海新区开发开放的金融政策引领,使天津聚集了众多私募股权投资基金(PE)和金融租赁公司,市场化融资非常活跃。发展准金融机构和新型金融业务,应当对各种金融类、准金融类、资产管理类、投资类公司的经营资产进行重组和优化,使其纳入金融领域,主要开展融资及投资业务,提升其与经济的融合程度,实现金融资源集聚和原有金融资源的优化。

2. 提升金融服务层次

金融机构应通过健全内部激励机制的措施,加强经营管理,拓展业务领域。金融产品的创新、技术手段的改进,已经为金融机构创造了信用卡、网络金融、结算体系、产品创新、代理营销等方式,应提升金融服务层次,提高金融机构的集约经营能力。

3. 金融机构准确定位

金融机构定位问题极端重要。定位影响着金融机构的产品种类、客户结构,也将影响其管理方式、集约经营水平和长远发展方向,还是其履行社会责任的重要体现。由于针对中小微企业、"三农"、创业企业的金融服务非常薄弱,形成了对中小微企业金融、农村金融、创业金融更强烈的需求。金融机构通过准确定位,可以实现其金融业务结构的优化,促进金融资源的提升,国内多家金融机构的实践已经说明了这一问题。如哈尔滨银行确立的"普惠金融"发展理念和"社区银行"、"市民银行"的定位,使其中小微企业贷款、创业贷款、居民个人贷款业务非常灵活,小额贷款占到其信贷资产总额的60%以上。龙江银行是通过合并重组组建的银行,通过"面向'三农',面向中小,面向地方经济"的定位,将涉农、中小微企业、地方发展项目的金融业务比例控制为"四三三",以及"24小时有人办理业务"、"社区支行办理洗衣服务"的方式,使这家银行贴近了客户群体,既解决了中小企业缺少金融服务的问题,又实现了自身的良好效益,还树立了良好社会形象,使各大股东、地方政府所关注的服务效能问题得到有效解决。

4. 金融机构做大做强

从近些年的经验来看,境内上市或境内、境外同步上市是促进银行、证券、保险机构和其他类型的金融机构、准金融机构跨越式发展的便捷通道。工商银行、农业银行、中国银行、建设银行、交通银行这些国有控股大型银行通过上市发展，其资本实力均位于全球银行前列；招商银行、兴业银行、浦东发展银行、中信银行、民生银行上市，成为加速发展的助推器，在全国性股份制商业银行的路上越走越远；就连宁波银行、南京银行、北京银行这样的城市商业银行也纷纷上市，一举改变了原来默默无闻的状态，成就了品牌卓著的中小银行；中国人寿、中国平安这样的保险集团上市，使其立于保险行业翘楚地位；海通证券上市，成为资本实力最强的证券公司，其他许多证券公司走进资本市场后，也实现了跨越式发展。这些金融机构做强规模实力，除了普遍借助资本市场的力量之外，还有就是突出各自的特色经营优势，把握良好的发展机遇，同时在规模做大做强时确保定位准确。

五、对金融资源进行优良化处置

其实金融资产既包括优良的金融资产，也包括不良的金融资产。提升金融资源的层次和水平，对不良化的金融资源进行优化良化处置，提高其他资源对金融的承载能力，可以提高金融体系的效率和融资有效性。由于历史形成的不良资产数量巨大，中国借鉴美国处置不良资产的经验，组建四大金融资产管理公司，接收国有商业银行的政策性不良贷款，以及接收几大银行的商业性不良贷款并加以处置的过程，便是通过资产证券化、资产整合和重组、加强管理和经营、加强资本运营等方式，实现不良金融资源的优良化过程。四大金融资产管理公司在第一阶段接收了政策性不良贷款 14 000 多亿元，此后又在建设银行、中国银行、工商银行这三家国有银行改制上市前按市场化方式接收了可疑类不良贷款 8 000 多亿元。不良化的金融资产也成为金融资源，这一例证进一步诠释了金融资源内涵。金融机构分散的、零碎的不良资产，将其组合之后，便于进行集中化的优良化处置。目前，金融资产管理公司正在进行商业化转型，得益于国家政策支持，正向综合金融服务模式转变，恰恰具有了兼营商业银行、证券（投资银行）、期货、保险、信托、租赁、投资、基金、担保、小额贷款等各类综合金融服务的独特优势。除了国家四大资产管理公司，各级地方政府也组建了一些主要基于资产管理的政策性公司，承接和处置不良资产，实现金融资源优化配置和资本运营目标。

对不良资产进行优良化处置，可以采取政府注资、资产置换、资产重组等过程来实现，因此优化金融资源的过程，主要是政府主导、市场化运作的过程，政府机构在其中起着主要推动作用。

对上市公司的"壳"进行优化，是金融资源优化的一个典型。如果一个上市公司已经成为一个"烂壳",财务负担沉重,经营效益下降,就会成为负担。只要选择合适的市场时机,"壳"也可能成为资源。"烂壳"经过"清壳",可以形成"净壳",便是金融资源优化的过程。

六、加强金融政策统筹协调

1. 实施区域金融政策

将货币政策统一性与地区差异性协调起来,对西部、中部地区实施与东部不同的金融政策,对农村地区实施与城市不同的金融政策。对不同地区实施结构性的金融调控,在金融调控方式、调控时机、工具组合、调控方向和力度、金融机构市场准入等方面体现政策差别。金融政策的制定与执行,应当充分考虑各区域经济地理条件的差异性,给予各地区平等的金融发展条件,构建公平、合理的金融发展环境,缩小区域间金融资源分布差异。

2. 加快金融体制的改革与创新

强化金融资源集聚,着力加强金融体制改革,重塑金融主体,明晰金融企业产权,推进金融主体多元化发展,改善金融制度供给模式。推进金融领域的市场化改革,进一步引进市场机制,尊重市场力量,鼓励制度创新。运用激励相容机制促进金融资源优化配置,通过制度构建,使金融市场本应具备的鼓励创新、支持中小微企业和"三农"的功能得到充分发挥。

3. 重视财政与金融政策的协调

财政功能与金融功能发挥着不同作用,财政要实现公平的目标、兼顾效率,金融则应当以效率为主要目标,两种政策应协调配合。在财政政策上,应加大对落后地区的支持力度,建立规范的补偿制度;在金融政策上,应以政策性金融为主导,鼓励多种商业性金融为落后地区发展提供资金支持;在操作方式上,可以更多地采取市场化方式引导金融市场,如在推进公共资金和金融市场的协作方面,在发展私募股权投资基金时,可以通过政府引导基金的设立和运作,将社会资本引导到创新能力强、有潜力、管理优秀的中小微企业去,支持创新型中小微企业发展,并完善股权投资基金增值链条。[①]

4. 促进区域金融合作

充分发挥金融中心的辐射作用,加快市场融合,提高金融效率。从建立统一高效的金融市场出发,促进金融资源在区域间优化配置、协调运行、有序流动和融合发展。

---

① 苏京春:《优化私募股权基金的增值环节》,载于《中国金融》2011年第1期。

5. 用好金融政策

中国实施渐进式改革，"政策"在引领发展中发挥着极为特殊的作用，这与其他成熟市场体制国家的情形有很大不同。要想加快金融业发展、优化区域金融环境，使金融机构实现跨越式发展，企业和个人与金融机构要想探索新的融资形式，都需要用好国家的金融政策。国家近些年来赋予主要开放地域的特殊政策，包括海南岛开发开放、浦东新区开发开放、天津建设滨海新区，最核心的政策都是"先行先试"，并将发展金融业作为重要内容。各地在实施"先行先试"政策时，都将金融领域作为切入点和核心内容，引领其他各项改革创新的发展，浙江省还借民间融资不规范之机，为温州市争取到了国家赋予的金融改革试验区政策。用好国家金融政策还包括合理规避政策规定的内容，因为金融准入严格、金融监管严密的特点，使得中国金融业在发展过程中，尤其是在促进金融资源优化配置过程中，必须善于运用政策，规避管制，促进创新，在很多情况下都需要先探索后规范，获得政策认可和法律许可。

6. 促进各个专业领域的协同发展

要使金融资源系统的功能得到优化，发挥金融的整体功能，需要促进银行、证券期货、保险及担保、信托、私募股权投资和其他直接投资、发行债券等各类直接融资方式、各类金融市场和要素市场的协同组织、协调发展。以推动金融服务联盟的方式，促进各类金融机构间合作，提高金融机构通过合作自我组织金融资源的水平。

七、运用市场机制实现金融资源优化配置

应发挥市场配置金融资源的决定性作用，健全金融市场体系。形成资金市场、信贷市场、保险市场、证券市场（股票市场和债券市场）、期货市场、外汇市场、黄金市场同步的完善化、多层次发展。建设资金拆借市场、产权交易市场、"店头市场"、农产品交易市场、土地交易市场、林产品交易市场、矿产品交易市场、文化产品交易市场、各类原材料交易市场、闲置物资交易市场、公共资源交易市场等生产要素市场，使生产要素市场与各类金融市场同步发展。建设金融市场体系，是完善市场经济体制、形成结构均衡的各类要素市场的必要步骤。

促进金融资源优化配置虽然包括了政府行为、企业和其他经济主体的市场行为、各类社会组织所主导的集体行为等各种类型的行为方式，但是必须通过市场机制来实现，必须在法律的框架内实施，说到底还是市场行为。金融资源优化配置的各项措施，要达到预期效果，必须建立市场化的实施机制，这是完善中国金

融体制过程中需要着力探索的方面,即通过制度构建的方式,建立起市场能够有效促进金融资源优化配置的机制,也即形成市场促进融资实现的有效机制。

通过市场机制实现金融资源优化配置,可以小额贷款公司发展为例。小额贷款公司是中国信贷制度的一项重要创新,在引导社会资本参与时,应当统筹准入、监管、服务,可以在实行"合格投资者"准入制度、向港澳台资金开放、允许设立国有独资公司、开展省直管公司试点、建立公司评级制度和市场退出制度等方面进行探索和创新;与此同时,需要实施有效的监管,使这一行业稳健成长,才能保持这一信贷制度创新的发展方向。在实际监管过程中,应该建立"五位一体"的监管体系:第一,主管部门的监管;第二,行业的自律,通过行业协会发挥行业自律功能;第三,中介机构鉴证,通过法规的完善,让中介机构参与到小额贷款行业的监管中来;第四,合作银行监管,由于合作银行掌握着小额贷款公司资金往来运作的全部信息,合作银行应被赋予监管小额贷款公司的责任(其中第三个环节中介机构鉴证和第四个环节合作银行监管,都属于"第三方监管"的理念);第五,社会监督,建立由地方政府和行业协会主导的有奖举报制度,对于存在非法集资、暴力催债、放"高利贷"的小额贷款公司,给举报者予重奖,调动社会监督的积极性。总之,对小额贷款公司这类新型准金融机构的监管,应更多地采取创新的理念,用市场化的方法监管。

第三章

融资条件的达成：
经济主体自我组织金融资源

既然人们拥有的财富以及能力、渠道、管理、信用、未来这些组织优势都能够转化为融资优势，那么怎样整合这些优势，就成为企业和个人、金融机构、社会组织、政府机构和监管者促进金融资源优化配置的共同行动。本章将分析实现融资的技术路径。企业和个人要达到融资条件，需要明晰产权主体、优化自身财务状况、健全公司治理机制、落实融资回报、健全信用记录、优化信用基础，同时需要金融机构共同努力，以实现金融资源的组织化发展。

第一节 金融资源自我组织的理论基础

按照系统论的观点，经济系统是极其复杂、自我运行的一个系统，它有一套自组织的机制，调节着从失序到有序、从矛盾到协同的过程。在庞大的经济系统中，金融制度本身就是一种有效的市场经济机制，这是由于金融制度能够为各类经济主体所认可，要提高这种认可程度，消除资金有余者和资金需求者之间互不信任的局面，使各类经济主体对金融市场供求形成广泛共识，特别重要的措施仍是建立促进金融资源组织化发展的机制。通过第七章的分析能够发现，促进金融资源组织化发展的这种机制，使金融资源系统功能更为优化，金融制度作为市场经济机制的作用更为有效，并有利于促进这一机制的创新发展，使金融的功能得以有效发挥。这些问题，均需要首先从理论上做出说明。

一、经济系统的自组织

经济系统是一个复杂的巨系统，但即使是这样一个系统也存在着自组织现象，即经济体系通过供求机制、价格机制、竞争机制这些运行规则，达到自身运行的平衡。在经济系统中，存在着许多导致结构不均衡的因素，比如经济周期、经济危机、通货膨胀、结构失衡、失业、经济虚拟化、经济空心化等，使经济运行存在着大量的矛盾、冲突和不协调，用系统论的说法就是系统的"无序"状态。系统怎样由无序达到有序，经济学自产生以来，就费尽心机地进行研究，各派理论说法各异，形成了各派经济理论的激烈论争，这以新古典主义经济学和凯恩斯主义的争论最具代表性。经济学的创始人亚当·斯密（Adam Smith）认为，如果让经济自己去运行，会形成自由竞争的体制，那是最好的体制，其中有一只"看不见的手"在起调节作用。新古典经济学家，包括马歇尔（Alfred Marshall）、瓦尔拉斯（Marie-Esprit-Leon Walras）等仍然主张自由放任，认为资本主义经济具有实现和谐运行的自动均衡机制，正如萨缪尔森（Paul A. Samuelson）所说："市场制度——不论它在其他方面如何，不论它的作用是如何的不完善——不是一个混乱和无政府的制度。它有一定的秩序。它行得通。""市场经济是一架精巧的机构，通过一系列的价格和市场，无意识地协调着人们的经济活动。它也是一具传达信息的机器，把千百万不同个人的知识和行动汇合在一起。"[①] 自由竞争并不能解决经济运行中的所有问题，"最小化政府"的主张在经济失衡尤其是严重的经济危机面前根本无法立足，于是强调政府干预的凯恩斯主义学说大行其道，经济学主要问题的争论，都在这两大流派之间进行。然而不论如何，各派经济学家们对于日益突出的经济结构不均衡问题，越发难以做出全面解释。这为自组织理论应用于经济学研究，并更新经济学方法论提供了契机。

自组织理论（Self-Organize Theory）是20世纪60年代末期形成的一种系统理论，研究的是复杂自组织系统（包括生命系统、社会系统）的形成和发展机制问题，也就是说，在一定条件下，系统是如何自动地由无序走向有序，由低级有序走向高级有序。一个系统的要素按彼此的相关性、协同性或某种默契形成特定结构与功能的过程称为自组织。自组织理论由耗散结构理论（Dissipative Structure）、协同学（Synergetics）、突变论（Catastrophe Theory）和超循环理论（Super Circle）组成。自组织理论以新的基本概念和理论方法研究自然界和人类社会中的复杂现象，并探索复杂现象形成和演化的基本规律。从自然界中非生命的物理、化学过程怎样过渡到有生命的生物现象，到人类社会从低级走向高级的不断进化等，都是自组织理论研究的课题。自组织理论方法主要包括自组织的条件方法论、自组织的协同动力学方法论、自组织演化路径（突变论）的方法论、

---

① ［美］保罗·萨缪尔森、威廉·诺德豪斯（Paul A. Samuelson & William D. Nordhaus）：《经济学》（第十二版）（高鸿业等译），中国发展出版社1992年版，第70页。

第三章 融资条件的达成：经济主体自我组织金融资源

自组织超循环结合方法论、自组织分形结构方法论、自组织动力学演化过程论、综合的自组织理论方法论等。这些方法论体系，为分析经济系统由无序向有序转化提供了必要的理论基础。

经济系统是由各种经济过程或经济活动所构成的有机整体。经济系统是一个复杂的巨系统，它规模庞大，层次众多，内部和外部联系紧密，经济系统内部的各要素、各子系统之间存在着复杂的非线性相互作用，导致了经济系统内的许多目标之间存在着复杂性。在经济系统中，每一个层次的经济主体都按照其经济结构的性质实现自身利益最大化，但各个层次的经济利益又往往不一致，这种不同层次之间的利益协调成为经济系统复杂性的根本问题。由于经济系统是一个典型的非平衡的开放系统，任何一个正常的生产过程都要不断地与外界进行物质、能量和信息的交换，当交换量达到一定阈值时，就使经济系统成为非均衡有序的耗散结构，此时系统由原来的无序状态转变为一种时间、空间或功能都稳定、有序的状态。耗散结构就是这种在远离平衡条件下所形成的新的有序结构。只要具备一定条件，远离平衡的开放系统出现耗散结构即发生自组织是必然的，而不是偶然的。[①] 现行全球经济系统存在着系统脆弱性、系统间失衡、系统目标偏离、系统适应性以及系统改进等方面的系统问题，比较具体然而矛盾最为突出的是经济危机、经济周期、通货膨胀等问题，都是经济系统这些特征的具体体现。按照自组织理论，经济系统一方面存在着市场、价格、货币这些自发机制在微观经济中的调节作用，同时可以看到经济波动在宏观经济中的自动调节作用，这都体现出经济系统的结构和有序的特征；另一方面也看到经济体系存在众多的结构不均衡问题，这体现出耗散和无序的特征。经济系统的复杂性，就体现在这种矛盾冲突之中。当然，自组织理论解释经济系统由无序到有序的转化过程，并不是完全倾向于自由放任的经济政策，而是在现代经济中重新考虑政府、经济系统的各自角色和相互作用，以及如何充分发挥系统的自组织功能，这就包含了比市场原理更加丰富的内容。[②]

二、管理理论和金融资源优化配置

现代经济已经进入金融经济时代，金融的深刻内涵和巨大功能已远远超出传

[①] 耗散结构理论由普里戈金（Ilya Prigogine）提出，认为"在远离平衡态的地方，一些新型的结构可能自发地出现。……我们把这些新的结构叫做耗散结构"。参见伊·普里戈金、伊·斯唐热：《从混沌到有序——人与自然的新对话》（曾庆宏、沈小峰译），上海译文出版社1987年版，第46页。

[②] 沈华嵩：《经济系统的自组织理论——现代科学与经济学方法论》，中国社会科学出版社1991年版，第224页。

统经济学中静态的、狭义的将资本或资金视为一种生产要素的金融资源的观点。各国经济与金融的发展实践表明，现代经济活动不但深化了金融的交易中介作用，而且还在相当大的程度上衍生成为不依赖于真实商品生产和交换活动的独立行为，金融已不局限于资本或资金的组织与借贷功能，而是更广泛、更深刻地对经济社会发展发挥着引导、渗透、激发、扩散作用。① 各类经济主体，包括企业、个人、金融机构，通过将掌握在各自手中的金融资源予以有效组织，促进整个金融体系效率的提高，有利于提升金融对经济发展的促进作用。

自组织理论能够从很大程度上说明金融资源的组织化发展所具有的重要意义，也能看出经济系统所具有的内在稳定机制对于促进金融资源集聚的作用，这为分析金融资源的自我组织提供了必要的理论基础。金融资源系统内的资源总量处于不断变化之中，资源利用方式是不断变化的，意味着组成金融资源系统的各要素不断变化，金融资源的各个要素在各类经济主体之间以一定的方式进行不断的信息交流，实际上是在开放的系统中建立完备的信息传输与反馈系统。② 金融资源系统具有开放和非平衡等系统自组织所必需的几个前提条件，具备自组织机制和组织序化的有效基础。金融市场与金融机构之间以及金融资源系统内部存在大量正反馈机制，这些机制往往在金融市场运行过程中不会产生系统性风险，有些甚至是负反馈机制，从而使金融资源系统的内在稳定机制发挥作用。由于金融资源系统的专业分工和分业发展，使得金融机构内部的银行、保险、证券等类机构各自"专精"于其自身的优势领域，从而导致金融机构间异质性加强，结果是任何一个企业都无法单独为某一消费者提供全套产品或服务。为了满足消费者的多样化金融需求，金融资源系统内的金融机构必须紧密合作，即金融机构之间需要有大量的信息、资源、能量的流动，此时金融资源系统是远离平衡态的系统。在系统远离平衡态时，各金融机构不断地从现有金融生态环境中获取物质和能量，由于金融资源系统内部运行机制的作用，使得金融资源系统朝着降低无序、增加有序的方向发展，结果使整个金融资源系统的有序性的增加及其增速大于无序性的增加，金融资源系统会逐步达到结构最复杂、功能最完善、有序化程度最高的状态，从而使金融资源系统成长或演化的自组织能力达到最强，在具备一定条件时，就能自发地形成新的有序结构和新的组织。

---

① 郭云峰、郑垂勇：《金融资源系统自组织特征研究》，载于《济南大学学报（社会科学版）》2008年第4期。

② 黄永军：《自组织管理原理——通往秩序与活力之路》，新华出版社2006年版，第90~91页。

三、金融资源系统的竞争与协同

按照自组织理论，金融资源系统所进行的自我组织，其动力来源于竞争和协同。对于一个系统而言，在系统内部不同要素间或不同子系统间以及不同系统之间，凡通过某种角逐而促使系统发展的活动，都是竞争。对于金融资源系统来说，在不同的行业主体如银行之间，银行、证券、保险机构之间，存在着与其他主体、其他系统之间为获得更多的资源而竞争的需要。金融资源系统具有开放性特征，这是一切系统的共有特征，这种开放性体现在金融资源系统内的各个要素之间，金融资源系统与其环境之间存在着持续不断的物质、能量和信息交换，体现着金融资源系统与经济系统、社会系统等其他系统的普遍联系。金融资源系统的这种开放性特征及其价值交换的内生性功能，决定了只要有不同类型、数量众多的金融机构存在，竞争就不可能消除，自组织演化形成的金融创新也就必然存在。人们所能改变的只是竞争的条件、程度和手段，而不能改变竞争本身及由此引发的自组织演化。由此可见，竞争是金融机构发展变化最为根本的动力来源。由于竞争的存在，不同金融机构所采取的某种新的资源组合方式或竞争策略在增强本系统适应性的同时，既有可能同时削弱另一个金融机构的适应性，也可能同时增强其他不同类型金融机构的适应性，金融资源系统只有适应内外环境的变化，才能充分保持自身的竞争优势，保持最优化的存在状态。

与此同时，在金融资源系统内，单纯的竞争不可能产生全面的金融资源的自我组织行为，无法实现金融资源有效配置的最终目标，金融资源系统内部的子系统、行为主体还存在另一动力——协同。协同一方面使不同的资源或要素以一定的非线性相互关系而联系在一起，呈现出完全不同于"线性叠加大于部分之和"的整体效应。当金融企业互相合作，如在资金营运、业务产品、机构网点、管理优势、员工培训等方面合作，组成一个合理结构群体后，对个别企业活动能力的总和起到放大或高倍放大的作用。另一方面，在由非线性反馈作用联结起来的金融资源系统中，行为主体之间彼此相互独立的竞争行为导致的摩擦、碰撞、冲突必将存在，非线性反馈作用在独立运动的情况下会增加信息转换与传输的阻碍，造成系统混乱程度不断加剧，容易耗损输入的物质、能量与信息，并使系统变得愈来愈不稳定。当混乱度达到一定程度时，金融资源系统便不再满足耗散结构存在所需要的条件，不能继续生存。金融资源系统必须形成一定的有序结构来对物质、能量，尤其是信息进行有效的处理并使之畅通地进行流动，这要求行为主体之间协同作为。

金融资源系统通过市场经济中的供求、竞争、价格机制，形成金融资源优化配置过程。由于金融资源系统内各组成要素的供求衔接过程是金融市场中不同参与主体分散化地做出决策，每个参与者都希望得到最大化利益，会使金融资源各要素形成相对公允的市场价格，提供了各类经济主体充分参与市场交易过程、促进金融资源的核心要素——资金——与经济运行的其他各类要素的结合，同时促进其他各类生产要素市场的完善，从而形成一种金融资源优化配置机制，达到促进经济与金融和谐运行的效果。通过这样的运行机制可以看出，在金融资源系统中，竞争导致协同，协同引导竞争。各类金融机构在相互竞争和协同之中，政府、监管者以及企业和个人在与各类金融机构的互动协调之中，为了促进经济效益最大化目标和金融业发展，均有充分的动机健全内部管理机制，采取积极行动促进金融资源优化配置。

金融资源系统中的金融机构、金融子系统之间存在的既相互竞争又相互协同的关系，使得金融机构需要进行市场细分和合理定位，并在竞争中加强合作，组成金融服务联盟等有效合作方式，使金融资源系统实现良性循环。金融资源系统内的各行业、各企业在合作与竞争中会形成一系列协议、习惯、规则和制度体系，当然这些都不是某一个金融机构制定的，也不是政府管理部门制定的，而是金融资源系统内各行业、企业等各类主体在合作与竞争中形成的。这就是系统中的"序参量"，一旦竞争与合作中的一种或几种趋势优势化，最终形成一种总的趋势，就会支配系统从无序走向有序，并会主宰金融资源自我组织的整体发展演化过程，成为支配金融资源系统成员行为的重要因素。因此，在金融系统内部的竞争与合作成为主流趋势时，金融机构就有动力、有需要按照有序竞争、积极合作的方向发展和演化。当政府机构等宏观管理者和各类社会组织认识到这一趋势时，应积极引导金融机构开展着眼于优势互补的合作，形成金融服务联盟；当金融机构认识到这一趋势时，也应在政府机构、各类社会组织的引导下主动参与到优势互补、互利共赢的合作之中，形成整个金融资源系统内各类主体之间的激励相容局面。

第二节 融资方式与金融资源优化配置

从企业的角度看，融资包括内源融资（internal financing）和外源融资（external financing）两个主要渠道，企业除了在经营运作过程中利用留存收益、应付款项不断扩大再生产之外，从外部筹集资金就是权益性融资或债务性融资，同时优化资本结构、并购重组等措施也能优化企业自身的金融资源。金融市场化

第三章 融资条件的达成：经济主体自我组织金融资源

发展，使融资方式层出不穷，相应地有不同的金融资源优化配置措施。融资主要包括两类渠道：一是从银行机构贷款即间接融资；二是从资本市场融资即直接融资。进行贷款要求企业各项手续齐备、符合银行贷款要求，并对银行信贷政策充分了解，能够实现与银行机构的有效沟通。目前争取银行贷款仍是中国的主要融资渠道，贷款融资占社会总融资额的比例已经下降到60%以下，而且随着中国金融发展水平提高和金融创新能力提升，这一比例还将继续下降。[1] 从不同地区看，经济发达地区的这一水平可能低些，中西部地区的水平更高。金融机构作为企业，其贷款的投放既受到信贷政策的制约，也要满足安全性、流动性、盈利性的要求。

促进贷款融资的主要措施是建立有效的激励相容机制，充分调动资金需求者——企业和个人规范作为的积极性，形成正向激励和反向约束，健全融资条件，实现顺畅融资；同时，调动金融机构开展市场营销的积极性，优化金融产品，提升金融服务。

资本市场融资主要包括发行股票、发行债券、引进战略投资者等方式。在发达国家，企业融资的主要手段是直接融资，提高直接融资比例是中国金融改革发展的方向。中国资本市场发展20多年，现有2500多家上市公司，沪深两个交易所股市总市值超过20多万亿元，股票市场累计融资总额达到5万多亿元，如果加上债券以及非公开市场的股权融资，直接融资的规模更加庞大，直接融资比重逐步提高，目前以股票、债券与股权投资为主的直接融资占比为17%。[2] 从资本市场融资，除了IPO这一主要途径以外，又有了比较多的方式选择，包括配股和增发新股这类股权融资方式，发行可转换债券、优先股这种半股权半债权融资方式以及发行公司债这种债权融资方式。

随着资本市场的健康发展和各项改革的逐步深入，中国的资本市场结构日益优化，企业上市程序逐渐公开化、市场化，企业上市的周期在缩短，成本在降低，利用资本市场融资具有了更大的可行性。

直接融资是市场化程度更高的融资途径，更能体现市场机制的重要作用。直接融资并不等同于资本市场，还包括许多种类的融资方式，比如短期融资券、中期票据、私募债等诸多债务融资工具；近年来市场上极其活跃的是各类股权投资基金，包括私募股权投资基金（PE）、风险投资基金（VC）、并购基金（buy-out fund）等多种形式。除了贷款即间接融资、各种方式的直接融资以外，还有其他一些融资方式，包括担保、典当、信托、租赁、互助融资、公益融资等，是金融

---

[1] 李扬、王国刚等：《中国金融发展报告（2013）》，社会科学文献出版社2012年版，第22~25页。
[2] 王广宇：《破解中国直接融资难题》，载于《第一财经日报》2013年7月22日（A06）。

市场上灵活有效的补充形式。分析各类融资方式的融资条件及其达成，将按照融资方式不同，分别进行探讨，以期看出企业、个人、金融机构等各类经济主体的作为，促进金融资源的自我组织目标。

第三节　贷款及其融资组织

一、贷款的融资条件

贷款是商业银行的传统核心业务，是商业银行最主要的盈利资产，是实现利润最大化目标的主要手段。中国人民银行和中国银监会对商业银行的贷款业务有指导性的管理规定，包括《贷款通则》、《流动资金贷款管理暂行办法》、《个人贷款管理暂行办法》、《固定资产贷款管理暂行办法》和《项目融资业务指引》等，初步构建了中国银行业金融机构的贷款业务法规框架。

1. 贷款的种类

按照贷款的期限分类，可分为短期贷款、中期贷款和长期贷款。按照贷款的保障条件分类，可分为信用贷款、担保贷款和票据贴现。其中担保贷款是指以财产或信用作还款保证的贷款，包括保证贷款、抵押贷款和质押贷款。按照贷款的具体用途分类，分为流动资金贷款和固定资产贷款等。

2. 对借款人的要求

借款人应当是经工商行政管理机关（或主管机关）核准登记的企业法人。借款人申请贷款，应当具备产品有市场、生产经营有效益、不挤占挪用信贷资金、恪守信用等基本条件，并且应当符合以下要求：有按期还本付息的能力，原应付贷款利息和到期贷款已清偿；应当经过工商部门年检；已开立基本账户或一般存款账户；借款人的资产负债率符合贷款银行的要求；申请中期、长期贷款的，新建项目的企业法人所有者权益与项目所需总投资的比例不低于国家规定的投资项目的资本金比例（该比例随不同行业而变化，一般在20% ~ 40%）。

3. 贷款的一般程序

（1）贷款申请。借款人需要贷款，应当向主办银行或者其他银行经办机构直接申请。借款人应当填写包括借款金额、借款用途、偿还能力及还款方式等主要内容的《借款申请书》，同时提供以下资料：借款人及保证人基本情况；经核准的上年度财务报告，以及申请借款前一期的财务报告；抵押物、质物清单和有处分权人的同意抵押、质押的证明及保证人拟同意保证的有关证明文件；项目建议书和可行性报告。

（2）对借款人的信用等级评估。银行机构根据借款人的领导者素质、经济实力、资金结构、履约情况、经营效益和发展前景等因素，评定借款人的信用等级。评级可由贷款银行独立进行，也可由相关部门批准的评估机构进行。

（3）贷款调查。银行机构受理借款人申请后，要对借款人的信用等级以及借款的合法性、安全性、盈利性等情况进行调查，核实抵押物、质物、保证人情况，测定贷款的风险度。

（4）贷款审批。银行机构实行审贷分离、分级审批的贷款管理制度。审查人员对调查人员提供的资料进行核实、评定，复测贷款风险度，提出意见，按规定权限报批。贷款根据额度大小、风险程度不同和审批权限，最终由各级银行的审贷委员会批准。

（5）签订借款合同。所有贷款由贷款银行与借款人签订借款合同。借款合同约定借款种类、借款用途、金额、利率、借款期限、还款方式、借贷双方的权利义务、违约责任和双方认为需要约定的其他事项。

（6）贷款发放。贷款银行按借款合同规定按期发放贷款。贷款银行不按合同约定发放贷款的，应偿付违约金，借款人不按合同约定用款的，应偿付违约金。

二、贷款的融资组织

企业进行贷款融资应提前进行规划，优化自身融资条件，使企业的融资优势充分组织起来，自身经营管理能力充分发挥出来。

1. 进行科学决策

一是要准确计算融资成本。企业对于融资可能带来的预期总收益、形成的总成本要有准确估计。在充分估计了企业融资总额、融资期限、可承受的资金成本之后，经过比较各种融资方式，确定是否以贷款为所选择的融资方式。二是确定合理的融资规模。筹资过多会增大融资成本，加重偿还负担，增加经营风险；筹资不足又可能影响业务，难以形成有效的竞争能力。由于企业经营风险因素较多，应考虑到资金链的正常衔接，尤其全球金融危机致使经济运行的不确定性风险大为增加，融资规模在量力而行的基础上，确应留有余地。三是选择合适时机。企业应选准经营发展的关键时机，配合以适度的资本运营操作。银行适时推出新的金融产品，企业则应抓住时机跟进。在环保意识日益强化的情况下，针对一些银行推出的"碳金融"产品，企业和项目融资应以此为努力方向。四是要认知融资风险，选择那些风险较小的贷款方式，运用风险可控的融资手段，在贷款期限、利率、币种、宽限期、还款方式、抵押物监管、账户监控等方面做出恰当安排。

2. 注重培育企业信用

一是申请融资要材料真实，信息披露充分。向银行申请授信时，要保证报送的资料真实可信，包括购销合同、股东会决议、原材料价格表等均要真实，以免影响银行的准确判断和自身信誉。二是遵守法纪，不隐匿经营收入，不偷逃税款，账务核算真实，不搞多套账表。三是在资金充裕时就与银行交往。不缺资金时也去借些贷款，积累良好的信用记录，避免"现用现交"。四是避免多头开户。多头开户既使银行发现企业有逃避经营情况监管的嫌疑，也会分散企业资金与结算渠道，不能充分体现企业经营实力。

3. 准确定位经营领域

企业是否属于严格控制贷款领域、行业先进性如何（是否属于淘汰落后产能范畴）、节能减排政策有无限制、项目发展前景怎样，尤其是一些科技型企业项目，在社会认知度尚未普遍提升的情况下都可能制约融资。因此，企业应准确定位自身经营领域，充分论证项目的技术可行性、市场前景，客观进行经济效益预测，这对能否获得银行支持、获得的贷款额度大小都非常重要。一些企业项目涉及房地产领域和基本建设，如果机械地套用房地产贷款政策便会告贷无门，应当结合实际，从技术改造和产能提升、旅游设施建设（深圳"东部华侨城"项目的盈利模式就不是旅游业，而是房地产）、商业服务设施构建、城市综合体开发、历史文化街区改造、保障性住房建设、教育文化工程、加工园区基础设施、物流项目实施等题材为切入点，组织项目实施和银行融资，以取得信贷政策支持。

4. 强化自身经营管理能力

一是要运行规范、组织健全、经营效益好、管理水平高，并要将这些情况真实地展示给银行。二是提高经营效益。效益是信用的基础，企业要将自身的行业地位、渠道优势、历史诚信状况主动介绍给银行，让银行全面了解自身经营水平。三是配合银行进行贷后管理。确保贷款运用于约定的方向，向银行公开自身经营状况。银行向企业发放了贷款，就从法律上确认了银行的债权人地位，银行也就拥有了"不安抗辩权"，有权了解企业经营信息，企业应按时报表，配合银行检查，到期主动还款，以取得银行的信任。

5. 主动寻求担保

银行往往要求企业提供贷款担保或抵押、质押，企业如能得到融资性担保机构支持，或者民营企业主动提供企业实际控制人以个人名义所进行的担保，将会使融资效率得到提升。

第四节 企业发行上市及其融资组织

一、企业发行上市的条件

1. 发行股票融资

通过发行股票融资也称IPO融资，就是股份有限公司通过首次公开发行股票，将其股权在证券交易所向投资者公开交易的直接融资行为。

2. 国内主板、中小板、创业板上市基本条件

公司依法设立且合法存续，具有完整的业务体系并规范运行；公司最近3个会计年度净利润均为正数且累计超过3 000万元；最近3个会计年度经营活动产生的现金流量净额累计超过5 000万元；或者最近3个会计年度营业收入累计超过3亿元；最近一期末不存在未弥补亏损；最近3年无重大违法行为，财务会计报告无虚假记载。

国内创业板上市，发行人应当符合下列条件之一。一是最近2个会计年度净利润均为正数且累计不低于1 000万元。二是最近1个会计年度净利润为正；最近1个会计年度营业收入不低于5 000万元。同时要求最近一期末净资产不少于2 000万元；发行后股本总额不少于3 000万元；最近2年内发行人主营业务和董事、高级管理人员未发生重大变化，实际控制人未发生变更。

3. 发行股票融资的方向选择

上市融资包括境内和境外两个方向，境外上市地主要有中国香港及美国、新加坡等地，日本、韩国、澳大利亚、欧洲的资本市场也陆续有中国企业进入。境外上市的门槛低于国内，前期规范成本低，如果企业的销售市场在境外，可以考虑在境外上市，但是境外上市在筹资能力、广告效应、维护成本方面远不如境内。企业在境内上市可以选择上海证券交易所或深圳证券交易所，发行股数在8 000万股以上的在上交所，5 000万股以下的在深交所，两者之间的企业可以自行决定。

4. 发行股票融资基本流程及费用

按照现行政策，国内IPO主要分为三个阶段：第一个阶段是改制阶段，包括筹划改制、设立股份公司等工作；第二个阶段是调查和辅导阶段，包括保荐人尽职调查、企业接受辅导、制作申请文件等工作；第三个阶段是报会审核阶段，即企业接受中国证监会的发行审核。总计需要一年至一年半左右的时间。

上市成本约占到筹资额的4%～10%，包括法律顾问费用、会计师费用、保荐人费用、筹资额一定比例（约1.5%~3%）的承销费用等中介费用，此外还有各类产权确认过户费用、人员安置等费用。

5. 发行股票融资的其他要求

企业发行股票并上市，发行主体资格要符合相关规范；企业要具备相应的独立性；企业的运作要合法合规；企业的募集资金运用要符合要求；财务会计核算要准确，财务指标要达到一定标准；企业要认真履行信息披露义务。

二、上市融资的组织推进

第一，企业主要负责人要亲自抓订立公司章程、股权转让、资产注入等重大事项，随时跟进做出决定。

第二，选好保荐人。保荐人对企业上市至关重要，既要看券商的规模实力，还要看保荐人的从业经验和业绩。

第三，引进股权投资。股权投资往往对所投企业相当挑剔，注重对企业的盈利能力及经营风险的考察，股权投资参与后会促进公司治理水平提高，既可能在上市时获得较优的定价，也会在发行审核时得到更大程度的认可。

第四，充分利用政策。各地对于促进企业上市都已出台扶持政策，包括确认历史发展过程（实质是产权关系清晰确认）、健全企业财务结构、完善治理机制、推动符合上市条件、募投项目审核、推进企业上市沟通机制，部分地方还有一些奖励政策，企业要充分利用相关政策和机制解决上市问题，加快上市步伐。

第五，根据不同板块的要求，进行上市企业培育。比如创业板要求发行人的盈利能力，为了适应不同类型企业的融资需要，创业板对发行人设置了两项定量业绩指标，以便发行申请人选择。第一项指标要求发行人最近两年连续盈利，最近两年净利润累计不少于1 000万元；第二项指标要求最近一年盈利，且净利润不少于500万元，最近一年营业收入不少于5 000万元。这就为成长型企业创造了更加宽松有利的选择机会。创业板上市还要求发行人公司治理严格，与主板上市公司的要求基本相当，要求董事会下设审计委员会，强化独立董事职责，并明确控股股东责任，这是创业板上市组织推进过程中应当注意的。

第五节　资产重组及其融资组织

并购重组是企业实现战略目标的重要途径，也是整个产业经济实现结构优化的必然过程，美国就通过多元化横向并购重组、一体化纵向并购重组、纵横混合

第三章 融资条件的达成：经济主体自我组织金融资源

并购重组、财务杠杆并购重组、国际化并购重组五次浪潮，实现了资源优化配置和经济转型。中国并购重组案例数与交易金额在2013年双双创历史纪录，共完成647起并购交易，其中披露金额的599起交易总价值约为5 940.92亿元，平均每起案例交易价值约9.92亿元，新兴产业是并购重组的热点所在，传统产业迎来大规模的整合。① 资本市场上的收购、兼并、资产重组、换股等，都属于资本运营的具体操作形式。通过这些资本运营操作，有利于提高上市公司的质量，其实是金融资源提升的过程，也是经济结构的有效调整过程。资产重组等资本运营并没有特定的融资条件规定，金融资源优化方式没有一定之规，从而更具创新性和挑战性。并购重组往往通过金融行为得以实现，而且并购重组具体实施又涉及大量金融服务，如并购重组中的过桥贷款、并购贷款、并购基金等融资渠道；如企业发行股票、债券、可转债等筹资行为；如上市公司以股权、现金及其他金融创新方式作为并购重组的支付手段；如上市公司发行股份购买资产与配套融资同步实施；如并购基金的控股权收购、服务于并购活动的"夹层投资"（Mezzanine Investment，介于优先债务和股本之间的投资）、"上市公司+PE（VC）"型并购基金推动上市公司对产业链上下游进行整合等侧重于行业整合的并购投资方式，都为金融市场提供了创新发展的契机，其实是促进金融资源的开发和优化配置的过程，是发挥金融促进资源优化配置这一重要功能的体现。

中国资本市场快速发展，是与资本运营相互促进的过程，形成了通过资本运营产生融资效应的机制。这可以延中实业、爱使股份的几次资产重组说明。延中实业最初形成的股本是个人股占90%，法人股仅占10%，这一股本结构使延中实业成为连续不断遭遇收购的对象。第一次是历史上有名的"宝延风波"——深圳宝安集团上海公司在二级市场收购延中实业后，引起了双方的激烈争执。宝安集团在1993年9月30日之前，持有的延中实业股票已经占到其总股本的4.56%，公告拥有5%后，又迅速提高至15.98%。延中实业对宝安集团的收购表现出强烈抵触，宝安集团提出的召开延中实业临时股东大会以改选董事会的提议，被延中实业坚决回绝。其后，"宝延风波"还是经由中国证监会调查、处理、处罚，经过宝安集团和延中实业的反复谈判，才最终得以解决。宝安集团虽然成为延中实业的第一大股东，但被中国证监会处罚，延中实业也放弃了起诉和反收购。宝安集团入股延中实业主要是想利用延中实业作为上市公司的二级市场融资能力，但后来的实践发现，宝安集团以房地产业为主业，没有为延中实业注入很多优质资产，无法使延中实业创造可观的经营业绩。第二次是延中实业入主

---

① 马立：《借力并购重组打造中国经济升级版》，载于《中国证券报》2013年6月21日（A04）；黄莹颖：《并购重组或再掀热潮新兴产业是亮点》，载于《中国证券报》2014年2月14日（A07）。

爱使股份的运作。延中实业在3年后的1996年,利用股市低迷的时机,通过二级市场逐渐买入爱使股份的股票,逐步接近5%的比例,用不高的代价成功控股爱使股份。延中实业入主爱使股份,主要是对爱使股份的资产、产业进行梳理,确立其主营业务方向,使其净资产收益率连续2年达到了10%以上,恢复其在二级市场上的再融资能力。第三次是大港油田入主爱使股份,形成了延中实业与大港油田之争,其间爱使股份为了提高反收购能力,将其公司章程进行了多处修改,主要是针对董事、监事的提名方式。后来经过政府机构的积极协调,已改名为方正科技的延中实业退出爱使股份,自身也实现了较为丰厚的投资回报。大港油田入主爱使股份后,注入了优质资产,整合了存量资产,培养了新的主营业务,爱使股份的资产质量明显提高,公司顺利实现了配股融资,找到了新的投资项目。第四次是北京明天控股公司入主爱使股份。这几次资本运营操作,伴随着中国证券市场的成熟过程,是企业实现引资发展的过程,是金融资源的优化和提升过程。延中实业、爱使股份原本只是规模不大的"街道企业",由于幸运地走入了资本市场,开展了多次成功的资本运营操作,使其实现了脱胎换骨式的发展,得到了有效的价值提升,这既归功于资本市场的独特魅力,又实现了国家、企业、股东的各方得益。[①]

上市公司发展过程中的资产重组和资本运营操作,是全社会企业资本运营的重要组成部分,因其处在上市公司位置,属于公众公司而备受瞩目,也使其资本运营能力更强、资本运营更为频繁、示范效应更为突出,上市公司市场化的并购重组将直接提升资源配置和结构调整的力度,发挥资本市场作为市场经济核心的功能。[②] 公司资本运营的有效实施,是公司拓展业务、加强主业、突出优势、加快发展的必然选择,是一个经常化的金融资源优化过程。

上海市于1997~2002年对上市公司进行了风起云涌式的资产重组,全市65家上市公司开展了形式不同的资产重组,其中有16家上市公司控股股东发生变化,48家上市公司被注入优质资产65.77亿元,27家上市公司分流富余人员1.36万人。开展了股权转让、资产转换、收购兼并以及国有股回购、借壳上市、吸收合并、并壳让壳等有效的资本运营,实现了提高资产质量、提升信誉和形象、提高经营业绩的效果。[③] 在上市公司资本运营过程中,政府机构的协调推动起了极大作用,体现出政府机构成为促进金融资源优化配置的重要主

[①] 秦国梁:《五次收购亲历记》,收录于范永进、陈岱松、李济生主编:《见证中国股市》,上海三联书店2009年版,第330~341页。

[②] 赵玉华:《创新思路,推进市场化并购重组》,载于《中国证券》2013年第6期。

[③] 范永进:《风起云涌的上海资产重组》,收录于范永进、陈岱松、李济生主编:《见证中国股市》,上海三联书店2009年版,第177~199页。

第三章 融资条件的达成：经济主体自我组织金融资源

体；这些资本运营过程，都须经过严格的法律程序，经由规范操作的路径，由上市公司作为法律主体来实施。因此，企业仍然是资产重组和金融资源优化配置的主体力量。

中国证券市场上的股权分置改革，也提供了大量并购重组的经典案例。以国际港务换股吸收合并暨整体上市为例，当时上海国际港务（集团）股份有限公司控股的上海港集装箱股份有限公司已是上市公司，但两者之间存在同业竞争、关联交易等关系，是必须在未来予以规避的，而且国际港务确定了全球卓越的码头综合运营商的战略发展目标，上市发展是国际港务资本运营操作的重要目标。这样，便形成了四种可供选择的操作模式：一是国际港务整体实施 IPO，但可能形成国际港务与控股子公司同为上市公司的复杂结构，两者之间同业竞争问题无法解决，也会造成 IPO 审核障碍；二是国际港务将集装箱核心业务注入上港集箱，另行拆分部分业务 IPO，虽可解决同业竞争问题，但会形成国际港务同时控制两家上市公司的复杂结构；三是由国际港务全面要约收购上港集箱并退市，国际港务实现 IPO，但操作步骤上是分两步走，实施周期较长，操作存在很大的不确定性，而且上港集箱退市需要国际港务支出大量现金，成本很高；四是换股吸收合并的方案，将吸收合并与 IPO 同时进行，上港集箱注销，国际港务成为全新的上市公司，既实现了上港集团的整体上市，也消除了同业竞争，但此方案没有先例，在方案设计、审批环节、信息披露、实施流程方面都需要进行创新性的探索。后来进行方案比较时，选择确定的是第四种方案。在这一方案下，国际港务发行普通股 2.42 亿股，并以所发行的股份全部作为合并对价，换取上港集箱除国际港务所持股份外、未行使现金选择权的股份，发行价格为每股 3.67 元；上港集箱的所有股东均可按照每 1 股换取 4.5 股国际港务股票的方式成为国际港务的股东，也可以按照每股 16.5 元的价格出售股票给第三方，由第三方购得股票后进行换股；换股完成后，上港集箱注销法人资格，国际港务持有的上港集箱 12.66 亿股相应注销，国际港务取代上港集箱挂牌上市。这一并购重组于 2006 年下半年顺利完成，在实施过程中，形成了很多创新点和突破。首先是实现了国际港务真正意义上的整体上市。集团所有资产进入上市公司，上海国资委直接持有上市主体 44.23% 的股份，由原来的间接持股变成了直接持股，可以分享资本市场高估值带来的资产溢价，实现资本增值，并且按比例享有上市公司的分红，国资委成为资产证券化的直接受益者。其次是引入了第三方提供现金选择权的创新方案，为不愿意换股的股东提供了退出途径。后来约有有权申报股份的 30% 申请行使，第三方支付现金 28 亿元，这成为后来股权分置改革方案中现金选择权的样板。再其次是换股价格的确定。国际港务的换股价格和现金选择权价格均为 16.5 元，该价格较上港集箱的历史最高价还有 6.65% 的溢价，在价格上维护了上港集箱所有股东的利益,而且国际港务的股票发行价确定得也比较合理,最终的换股比例据此确定。最后就是审批流程也有创新,实现了 IPO、换股吸收合并的同步进行。通过资产重组整体上市后,国际港务(上港集团)于 2008 年 2 月发行了 24.5 亿元分离交易可转债,募集的资金用于港口建设,净利润连续几年持续增长。[①] 通过这一创新案例的实施,实现了借助股权分置改革政策机遇、通过资产重组实现首发上市的目标,而且实现了多方共赢和促进上海航运业发展,更充分地体现了经由资产重组而实现金融资源优化配置。

第六节 专业投资及其融资组织

随着市场化程度的提高和金融市场的快速发展,投资的专业化发展成为重要趋势。投资专业化发展在原来单一的投资公司形式的基础上,形成了各类专业的股权投资形式,也可称为非公开股权融资。

一、非公开股权的融资条件

非公开股权融资是指企业自行寻找特定的投资人,吸引其通过增资入股企业的融资方式,目前股权投资基金是企业实现非公开股权融资的主要来源。股权投资基金是指以非公开方式向特定对象募集设立的,对企业进行股权投资并提供增值服务的非证券类投资基金。股权投资基金包括产业投资基金、成长型企业股权投资基金、风险投资基金(VC)、创业投资基金、创业风险投资引导基金、私募股权投资基金(PE)、并购基金等多种形式。其实股权投资基金的这些划分并不是严格的分类,以上各类股权投资基金在功能上有交叉之处,其共同特点在于以非公开方式募集,是"私募"而非"公募",并且各类股权投资基金还具有融资与融智并重、长期性战略投资、与原有股东利益协同、通过并购或上市使参股企业跨越式发展等特点。近年来各类投资基金发展迅速,投资踊跃。据有关机构统计,2011 年共募集私募股权投资基金 235 只,是上年的 2.87 倍,募集金额 388.58 亿美元(221 只基金披露募集金额),较上年增长 40.7%,完成投资 695 起,投资金额 275.97 亿美元(643 起投资披露金额),投资笔数和金额同比分别增长 91.5% 和 165.9%;共募集创业投资基金 382 只,是上年的 2.42 倍,募集资本 282.02 亿美元,是上年的 2.53 倍,发生投资 1 503 起,投资金额 127.65 亿

---

① 上海证券交易所:《上海证券交易所并购重组典型案例汇编》,2009 年版,第 2~13 页。

美元（1 452起投资披露金额），投资笔数和金额分别是上年的1.84倍和2.37倍。2012年、2013年基金募集和投资虽有不同程度下降，但随着行业发展规范、IPO于2014年年初重启、多层次资本市场结构优化，非公开股权投资的市场前景重趋乐观。

二、非公开股权的融资组织

一个企业发展会经过不同的成长阶段，大体上要经过种子期——创业期——成长期——成熟期——上市期几个阶段，在企业的不同成长阶段，相应地有适合其所采用的融资方式。在创业阶段，更适合所谓"天使投资"（angle investment）进入；在创业期到成长期之间，可能会有第一轮VC融资；在成长期之后，可能会有第二轮VC融资；到了成熟期就比较适合PE进入；之后，便是资本市场上市融资；上市之后，更多地采取并购方式实现资本运营目标。

引进股权投资，首先，要有一种开放的心态，因为股权投资基金只会购买企业10%~30%的股权，投资基金靠转让股权获取利润，所以不会对企业的控制权有实质影响。其次，要学会推销自己。股权投资看重企业的未来收益能力，而不是企业资产的变现能力。寻求投资的企业不仅要让投资基金看到新实施项目的盈利能力，更要让投资基金看到企业的盈利能力。在宣传项目优势的同时，应着重推销企业的团队管理能力、渠道优势、技术优势。最后，企业还可以通过区域性股权交易所实现融资。天津股权交易所（TJS）是一种柜台交易市场，企业可以实现"小额、多次、快速、低成本"的股权私募融资。国内还有深圳前海股权交易中心（QHEE）等区域性股权交易市场以及各省的股权交易市场。"新三板"（全国中小企业股份转让系统）已经推向全国，将成为中国多层次资本市场的重要组成部分，大量非上市公众公司可以通过这一股权交易平台实现价值提升、部分融资、转板上市。

第七节 企业债务融资及其融资组织

一、企业债务融资的融资条件

企业可以进行融资的债券包括企业债、公司债、可转换公司债、短期融资券、中期票据、中小企业集合票据、中小非金融企业集合债、私募债等几类。历次全国金融工作会议和多次政府工作报告都强调发展债券市场，尤其是2012年年初的全国金融工作会议，明确提出"建设规范统一的债券市场"，预示着债券市场在市场规模、市场品种、机制创新、制度完善方面的发展，尤其是债券市场在金融市场中的地位将要凸显，债券市场有望获得较大发展，金融市场结构将要发生转型。①

企业债是指企业在境内依照法定程序发行、约定在一定期限内还本付息的有价证券。企业债利率相对灵活，资金成本较低，融资规模大，期限较长，资金使用自由，债券利息还可以在税前支付，但是必须在约定期限内还本付息。发行企业债的企业在合法经营基础上，盈利能力、资产规模达到一定要求，募集资金投向符合产业政策，并经政府主管部门核准，可以发行债券。公司债的要求与企业债类似，公司债的发行主体必须是上市公司，而且要求净资产最低额度（股份有限公司不低于3 000万元，有限责任公司不低于6 000万元）、债券总额比例（累计发行总额不超过发行人净资产额的40%）、债券利息支付能力（最近3年平均可分配利润足以支付公司债券1年的利息）。

中期票据是指非金融企业在银行间债券市场按照计划分期发行、约定在一定期限还本付息的债务融资工具。中期票据最大筹资额度为企业净资产的40%，主要是信用发行，接受担保增信，期限一般为3~5年。中期票据自2008年4月推出就受到市场的欢迎。中期票据发行过程分为六个步骤。一是企业自审。企业根据《银行间债券市场非金融企业债务融资工具管理办法》及《银行间债券市场非金融企业中期票据业务指引》、发行条件及管理要求，对照自身情况，确定是否符合发行条件。二是选择主承销商。三是提交注册申请。企业根据《银行间债券市场非金融企业债务融资工具发行注册规划》的要求，通过承销商向银行间市场交易商协会申请注册，注册有效期为2年。四是发行中期票据。企业在注册有效期内，分期发行中期票据。五是信息披露。六是到期还本付息。

中小非金融企业集合票据是指由2个以上、10个以下具有法人资格的中小非金融企业，在银行间债券市场以统一产品设计、统一券种冠名、统一信用增进、统一发行注册方式共同发行的、约定在一定期限还本付息的债务融资工具。任一参与企业集合票据待偿还余额不得超过该企业净资产的40%，任一企业集合票据募集资金额不超过2亿元，单只集合票据注册金额不超过10亿元。

企业还可以根据债券市场的政策变化以及自身的经营和产业项目特点，选择资产支持证券、短期融资券等方式实现融资。

---

① 张育军：《发展债市服务转型》，载于《当代金融家》2012年第1期。

二、企业债务融资的组织推进

企业债务融资可以从多个市场、经过多种融资方式实现，而且各类债务融资方式的运作已经比较规范，企业应当与金融机构积极合作、有效组织并规范操作。

1. 推进债务融资

企业应明确债务融资的有利之处。企业债和公司债在本质上是债务融资，与银行贷款的根本区别在于，债券可以公开进行交易，而贷款除非债券化，否则不能进行公开交易。相对于股权融资，债券融资的融资成本较低，可以发挥财务杠杆的作用，同时可以保证股本对公司的控制权。债券融资的缺点是财务风险较高、限制条款较多，且融资规模有限，这与银行贷款相似。各种融资方式均有其优缺点，企业应在权衡各方面利弊的情况下，根据自身情况做出恰当选择并积极实施。

2. 评定信用等级

债券发行程序包括的企业做出决议、制定发行章程、提出发行申请、进行公告、确定承销机构之外，非常重要的是由信用评级机构进行债券等级评定。企业债券信用评级是信用评级机构对企业发行债券资金使用的合理性和按期偿还债券本息的能力，以及其风险程度所做的综合评价。这是确定债券发行基本条件的过程，决定着债券还本付息能力、融资成本高低。

3. 积极稳妥实施

企业在发行债券过程中，除了根据自身状况，确定适宜的发行规模、选择合适的债券品种、确定恰当的债券期限、选择合适的发行方式之外，还有一个选择恰当发行时机问题。企业发债具有一定的风险，还要兼顾融资成本，所以要考虑企业负债水平、融资预期收益、企业发展阶段、经济周期、国家宏观经济政策等诸多因素，只有在企业现有负债水平较低、预期收益水平较高、企业处于成长和成熟时期、经济景气预期不会对自身构成严重威胁、国家经济政策有利并且经济环境适宜的情况下，才是发行债券的大好机遇。

4. 选择可转换公司债券融资

在股权融资与债权融资之间，还有一种兼取两者优势的融资方式，即可转换公司债券，它具有债权特性、股权特性、期权特性。可转换债券在其没有转股之前属于债权融资，这种融资方式更具灵活性，股市低迷时投资者可选择享受利息收益，股市看好时投资者可将其卖出获取价差或者转成股票从而享受溢价收益。这些特点，使其对上市公司和投资者而言，都是双赢的选择，对投资者有很强的吸引力，对上市公司来说，是一种优势十分明显的融资方式，而且具有融资成本较低、融资规模较大等为企业所乐于接受的优点。发行可转换债券除了发行公司债的前述基本条件外，还应符合股票发行条件，包括收益率、负债率、债券余额比例要求。

5. 运用创新方式进行债务融资

金融市场近些年来陆续开发的债务融资渠道为企业提供了更多选择。以中小企业集合票据发行为例，对金融资源的优化配置来说，这种融资方式有两个同时存在的有利之处：一是中小企业融资功能。中小企业集合票据通过集合发行，引入信用增进和代偿机制等结构设计，可以在一定程度上克服中小企业单体发行债务融资工具规模较小、信用级别低、融资担保难等缺陷，缓解优质中小企业融资难问题。二是集合票据使得债券市场产品更加丰富，可以有效促进银行间市场的信用产品、发行主体、发行方式的多元化。针对中小企业资质不高、评级较低的情况，全国银行间市场又推出了区域集优票据的融资模式，通过地方政府偿债基金支持，提升投资者对所发行债券的信心，并引入第三方担保机制以降低发债企业固有风险，这种融资方式既使政府的主导作用比较突出，又说明融资促进须各相关方面协同进行。中国资本市场现已创新优先股（preference share）制度，这种融资方式有利于企业优化财务结构和治理结构，资产收益率高的企业可以选用。

第八节　投融资平台及其融资组织

一、平台公司的融资条件

平台公司是由地方政府及其部门通过财政拨款或注入土地、股权等方式设立，由地方政府直接管理，主要承担政府项目投资和融资功能，重点从事市政工程和公益性设施建设的国有和国有控股公司。平台公司主要以银行贷款为主，还有银信合作、银行理财、证信合作、发行城投债等融资方式，是政府引导、市场化操作的融资方式。

地方政府投融资平台公司主要通过开展项目建设的方式体现自身的作用，发挥融资平台的功能，在提供公共基础设施建设等公共物品、矫正市场失灵、满足社会公益需求、加快经济社会发展、有效应对全球金融危机冲击等方面发挥了巨大作用，应做强一批平台公司，按照现代企业方式治理，起到促进公共物品供给的作用和优化金融资源的作用。平台公司开展项目贷款，是其业务重点所在。

第三章 融资条件的达成：经济主体自我组织金融资源

（一）开发银行项目贷款

1. 贷款程序

包括项目开发、贷款评审、贷款审议、合同签订、贷款发放、本息偿还等。

2. 借款申请材料

借款申请书；借款人营业执照复印件；借款人基本开户行出具的资信证明；企业代码证、贷款卡、公司章程、行业资质证书；借款人近三年财务审计报告；项目可研批复、规划审批、土地审批、环评批复和其他行政许可审批文件；资本金来源、出资能力证明材料；担保措施及相关材料。

3. 项目贷款条件

一是对借款人的要求。借款人为经工商行政管理机关核准登记注册、具有法人资格的企业单位；法人治理结构完善，产权关系明晰；经营及财务状况良好，无不良贷款；信用评级结论满足开发银行要求。二是对项目的要求。符合国家宏观经济政策，项目建设内容和建设规模合理，投资估算实事求是；技术成熟可行；外部建设条件具备；项目前期审批手续经过审批；资本金比例符合国家要求、来源落实；项目自身具有偿还能力。三是对担保的要求。担保包括政府信用担保和企业信用担保，其中政府信用担保指各级政府机构在政策或资金方面给予的支持。企业信用担保包括保证担保、抵押担保和质押担保。

（二）工商银行项目贷款

1. 项目贷款种类

一是项目融资。满足这项贷款的条件主要有三项：对贷款用途的要求——通常是用于建造一个或一组大型生产装置、基础设施或其他项目；对借款人的要求——通常是为建设、经营该项目或为该项目融资而专门组建的企业法人，也包括主要从事该项目建设、经营或融资的既有企业法人；对还款资金来源的要求——主要依赖该项目产生的销售收入、补贴收入或其他收入。二是固定资产贷款。是为满足借款人在生产经营过程中基于新建、扩建、开发、购买或更新改造等固定资产投资活动而产生的资金需求，以其未来综合效益作为还款来源而发放的贷款。三是项目前期贷款。是为满足借款人提前采购设备、建设物资或其他合理的项目建设费用等支出的资金需求，以可预见的项目建设资金或其他合法可靠的资金作为还款来源而发放的贷款。对单个项目发放的项目前期贷款金额不超过项目总投资的30%，期限一般不超过3年，根据需要贷款期限可放宽至项目建设期结束日。

2. 信贷业务基本要求

一是关于借款人。借款人经工商行政管理机关或主管机关核准登记；在工商银行开立基本存款账户或一般存款账户；信用等级在 A 级（含）以上，在银行融资无不良信用记录，无其他重大不良记录；借款人生产经营正常，公司治理状况良好；拟投资项目符合国家宏观经济政策导向、发展建设规划、土地供应政策和行业信贷政策。二是关于项目审批手续。政府投资项目应具备可行性研究报告；企业项目应有政府机构对于此类项目申请书的核准文件。规划区内的项目选址和布局必须符合城乡规划，并办理规划许可手续。需要申请使用土地的项目必须依法取得用地批准手续。按照建设项目环境影响评价分类管理、分级审批的规定，需要完成环境影响评价审批。已经按照规定完成固定资产投资项目节能评估和审查。建筑工程开工前，建设单位依照规定取得施工许可证或者开工报告，并采取保证建设项目工程质量安全的具体措施。三是其他条件。项目资本金达到国家规定的资本金比例要求，并与银行贷款同比例到位或先期到位。

3. 信贷业务申报资料

借款申请；项目可行性研究报告；借款人公司章程、营业执照、组织机构代码证书、税务登记证明、贷款卡、验资报告、法定代表人身份证明等；借款人及其主要股东近三年经审计的年度财务报告和最近一期月度财务报告；项目审批、核准或备案文件；项目在环境保护、土地使用、资源利用、城市规划、安全生产等方面的许可文件；项目资本金和其他建设资金筹措方案及其落实情况证明资料；与项目建设及生产经营相关的合同、协议或意向性文件，如总承包合同、特许经营权协议、购买协议、原材料供应合同等；涉及担保的，还应提供贷款担保相关资料。

4. 贷款审批流程

一是借款人在工商银行开立基本账户或一般存款账户后提出贷款申请，按照工商银行项目贷款要求，提供贷款所需的完整资料和要件。二是经贷前调查部门调查，认为项目符合贷款条件后，按审批权限报审批部门；经审批部门初审后，认为项目符合信贷政策、基本可行，转评估部门。三是评估部门对项目的技术、市场、经济、投资进行全方位的定性、定量评价，如评估认为项目具备还款能力，进入贷款审批阶段，而后按照流程最终完成审批及发放。

二、平台公司的融资组织

为提高政府项目贷款的审批通过率，项目单位应重点把握以下几个要点：一是确保项目审批手续齐备并依法合规，项目符合国家产业政策及银行信贷政策。如与国家产业政策要求存在差距，应在合作银行指导下，通过技术措施争取缩小差距，获得支持。二是尽量提高资本金比例，资本金比例实质表明了一个项目中银行与项目投资者的风险分配和承担问题，资本金较高可以降低企业未来还款压力，同时也能坚定银行的融资信心。三是借款人应保证较高的信用等级，例如较高的注册资本金、股东实力较强、经营状况较好、无不良信用记录、预期现金流较大、获利能力较强等因素，是提高信用等级的关键。四是保证资本金与银行贷款同比例到位或先期到位。

人们传统上将市政建设项目融资的着眼点放在银行贷款上，其实还有发行市政债券这种直接融资方式，具体的一种是"准市政债券"的融资模式。"准市政债券"是由那些和地方政府有密切关系的企业发行，所募资金用于城市或地方基础设施建设的债券。这一融资方式应用的例子，来自于上海城市建设投资开发总公司发行的浦东建设债券，筹资用于上海地铁二号线一期工程建设；济南市自来水公司发行的供水建设债券；长沙市建设二环线工程的债券等。这类债券与一般的企业债券的明显不同之处是其本质属于市政债券，但其发行主体是与地方政府有密切联系的国有企业，其发行也规避了一些法律上的限制而成为融资方式创新的产物，具有按照企业债券规定操作、明显的政府行为特征、信用级别高和融资成本相对较低的特点。

第九节 政策性金融及其融资组织

一、政策性金融的定位

随着经济市场化的发展，人们对计划经济、政策性金融的重视程度逐渐降低。正是因为政策性金融的导向作用、对公共财政的补充作用，在金融市场加速发展的情况下，其地位更加凸显。政策性金融突出体现了政府机构利用其组织优势，将公共资源转化为金融资源的能力，有利于促进公共经济与金融资源有效结合，协调政府与市场在金融资源配置中的关系，提高金融运行整体效率。

全球金融危机的发生，使人们对政策性金融有了新的认识，发现政策性金融可以作为政府用来弥补市场失灵的重要金融措施，从而出现了政策性金融"复归"的现象。各国开展政策性金融主要形成了三种模式，即美国以市场主导完成政府政策性金融目标的模式、日本由政府机构发起设立并长期保留政府控制的政策性金融机构的模式、德国兼顾政府目标与商业运行目标的模式；目前美国模式仍是主流模式。①

全球金融危机使各国政策性金融呈现不同的表现形态，日本由于过度依靠政府机构而产生了巨大风险；美国"两房"由于过度依靠市场而使其与政府目标产生了内在冲突，并成为次贷危机的推动因素，之后又被政府机构接管而回到传统政策性金融机构的地位。因此，政策性金融的发展应兼顾政府目标与市场效率目标，达到公平与效率的结合。其基本定位是依据政府公共财政的方向，通过市场化方式参与金融市场行为，达到政府组织优势、公共财政资源与市场金融资源的有机结合，实现促进融资和公共财政的总体目标。

二、政策性金融的主要内容

国家实施财政政策、货币政策过程中，均会通过产业资源配置、货币市场操作、政策性金融机构融资、参与资本市场运作等方式形成政策性金融的实施内容。公共财政政策所涉及的中央政府和地方政府融资行为，都可以纳入政策性金融的范畴之中。

1. 中央银行再贷款

中央银行贷款指中国人民银行对金融机构的贷款。这是货币政策的重要手段，可以调控基础货币数量，引导资金流向和信贷投向。随着近些年来金融市场化的发展和宏观调控方式转向间接调控，再贷款占基础货币的比重逐步下降，新增再贷款主要用于促进信贷结构调整、引导扩大县域和"三农"信贷投放，再贷款在农村金融领域仍然备受重视。另外，由于中国人民银行承担着"最后贷款人"的角色，再贷款是缓解金融机构流动性的关键渠道。

2. 中央银行再贴现

再贴现是由中国人民银行对金融机构持有的已贴现商业汇票进行贴现，这一融资行为也能调控基础货币数量，有利于实施货币政策调控和信贷结构调整。

3. 政策性金融机构融资

中国目前还保留着三家政策性金融机构，即中国进出口银行、中国农业发展银行和中国出口信用保险公司。这三家政策性金融机构重点围绕农业、进出口领域开展业务，体现出国家政策导向。

农业领域的政策性金融是国家为确保粮食安全而做出的重要安排，是一项制度性措施。其实除了粮食收购之外，围绕以下涉农领域，还可以政策性金融为方向，开展农业资源与金融资源的组合：粮食种植、畜牧业、农业产业化、农业资

---

① 杨涛：《政策性金融改革需要厘清思路》，载于《中国金融》2010年第16期。

源加工、农业机械化、水利等农业基础设施建设、观光农业、林业经济。如水利项目，因其在未来具有战略意义，而具有金融资源属性，需要金融机构以长远眼光去组织。

4. 中央政府为地方政府发行地方债券

应当充分利用好中央政府为地方政府发行的地方债券，积极研究地方政府融资模式。自2009年起，经国务院特批，每年财政部代地方政府发行2 000亿元规模的地方债，2013年的发行规模上升到3 500亿元，实现了地方政府向金融市场的融资，表明地方政府也有向市场进行举债融资的权利。与其默许地方政府变相借款，还不如允许其发债，同时由金融市场予以风险评估和定价，从而使得地方政府公开融资成为现实并接受市场约束，也使中央与地方的责任边界清晰划分。[①] 财政资金的引导作用，除了特定的投入方向所产生的引导作用，还可以通过市场融资、合资投入等方式吸引更多数量的社会资本进入特定领域，产生更为明显的财政政策效果，体现财政政策与金融政策的配合实施。

三、政策性金融的融资组织

1. 推进建设项目具备融资条件

通过政府部门进行项目会办的方式，促进项目成熟度提升，提高建设项目对金融资源的承载能力。推进金融机构、金融监管者与政府主导的建设项目的银企合作与对接，形成情况充分沟通、信息交流顺畅的机制。

2. 争取中央银行再贷款和再贴现

在涉农等中央银行货币政策鼓励的领域，准确定位金融机构业务发展方向，争取额度较大、利率较低的再贷款融资支持。利用再贴现措施，解决金融机构一定时期内资金不足的矛盾。中国人民银行近年来扩大了再贴现的对象和范围，一些非银行金融机构和新型农村金融机构均可办理再贴现，再贴现的期限也延长了，可以作为缓解中小金融机构短期流动性的政策性措施。

3. 与政策性金融机构开展合作

地方政府围绕公共政策，政策性金融机构围绕其职能定位，在农业、水利、粮食收购、城市化、农村民生工程、林业经济等涉农领域，在进出口等对外经贸领域，可以加强战略合作，通过金融资源的优化，形成有效融资需求。比如福建

[①] 周小川就认为，与其让地方政府设立投融资平台公司借款，而且其实质就是政府的隐性负债，还不如允许地方政府发行市政债进行融资，这一政策框架在中共十八届三中全会提出。参见周小川：《城镇化及其融资问题》，收录于《比较》（第55辑），中信出版社2011年版，第16~35页。

省结合建设海峡西岸经济区的机遇，就与中国进出口银行签订了战略合作协议，中国进出口银行积极支持福建省外经贸发展和"走出去"。地方政府与金融机构的此类合作非常普遍。

4. 发展专门的政策性金融机构

围绕国家政策重点，应通过积极争取、金融机构创新，探索和推进农村金融、住房金融、对外经贸金融等类金融机构的组建。由国务院振兴东北办（国家发改委）推动、东北三省与中国进出口银行联合组建的东北中小企业再担保集团，就是为促进东北振兴而建立的政策性担保和再担保机构；近些年来各省陆续组建的担保公司（比如黑龙江省鑫正投资担保集团），也发挥着政策性担保和再担保职能。

5. 政府增信措施

政府增信是一种国际通行的信用建设手段，在公共项目信用不足时有不可替代的作用。在实施公共项目和建立信用结构过程中，政府通过签订包含担保、抵押等内容的合同，有利于使公共项目搭建起合理的信用结构，加强风险防范，并可降低融资成本。政府增信应利用可以转化为还款现金流的各类资源，探索资产转让市场建立贷款资产退出渠道，使公共项目顺利达到金融机构准入标准，确保公共财政状况的可持续。在美国，信用增进被经常采用，其目的主要是扩大借款主体的信用空间，尽最大可能减弱或消除道德风险，使政府信用在一定程度上转化为市场信用。[①] 在中国，银行等金融机构与各级政府有着密切联系，可以通过公共项目实施来连接政府信用与商业信用，将政府的组织优势与金融机构的融资优势结合起来，形成组织增信的社会功能，成为公共财政配置社会资源的重要领域。

6. 探索地方政府融资

地方政府应当具有更强的融资意识、更为宽广的视野、更高的资本运营能力，将财政投入与融资发展有机结合，促进公共财政服务能力的提升。地方政府债务融资应当在摸清原有债务规模、进行偿债风险可信评估的基础上，经过法定程序实施。举借债务应当使用方向符合需要，使用项目明确具体，举借数额适度可控，偿债措施有效落实。应当将债务融资纳入公共预算，提高使用效率，接受公众监督。

政府融资是极为复杂的，除了地方政府融资的法律依据尚不充分之外，地方政府的举债规模即地方政府的融资承受能力备受关注。一般认为，中国地方政府的大量债务是以隐性形式存在的。经 2013 年全国性审计，地方政府负有偿还、

---

① 邹力行：《金融帝国——美国的发展与启示》，湖南大学出版社 2009 年版，第 290~291 页。

担保和救助责任的债务总和为 17.9 万亿元，2010 年以来年均复合增长率达到 22.9%，明显高于 12% 左右的 GDP 名义增速，而且有的地区债务率已超过 100%。[①] 政府融资规模应与其经济实力、经济增长潜力相适应，国际上普遍以公共部门债务占 GDP 的比重来衡量，欧盟各国的标准是不超过 60%，但其实许多欧洲国家已经远远超过这个标准。

第十节 小额贷款及其融资组织

小额贷款的发放主体有多种机构类型，包括农村信用社、城市商业银行，也包括大型银行近些年来开发的小额贷款品种，以及小额贷款公司和贷款公司。

一、小额贷款的界定与融资条件

小额贷款、小额信用贷款、微型金融是有微妙区别的概念。小额贷款主要是通过信用担保、抵押担保、质押担保方式发放的小额度贷款；小额信用贷款是金融机构发放的小额度、无抵押的信用贷款；微型金融是侧重于对小企业和微型企业提供的存贷、汇兑、支付、结算等多种金融服务。国际上并未就小额贷款额度给出明确界定，也没有严格区分出小额信用贷款，而是统称为小额贷款，各国小额贷款额度没有一个统一标准，一般在 2 000 美元以内，其中孟加拉国强调信用放款或联保贷款。中国近年来的政府规章陆续界定了小额贷款的额度和条件。其中，中国银监会（《关于银行业金融机构大力发展农村小额贷款业务的指导意见》）提出的农村小额信贷额度是：发达地区可提高到 10 万~30 万元，欠发达地区可提高到 1 万~5 万元；贷款要求方面，规定超过小额授信额度的大额贷款需求，要采取保证、抵（质）押等贷款方式发放；首次提出了建立农村小额贷款与农村小额保险业务相结合的政策，并与当地担保体系建设结合，这为农村金融资源优化配置拓宽了思路。财政部、中国银监会和全国总工会、人民银行、财政部、人力资源和社会保障部等分别提出的个人小额贷款额度均不超过 5 万元；劳动密集型小企业的小额担保贷款的最高额度不超过 200 万元（中国人民银行等《关于进一步改进小额担保贷款管理 积极推动创业促就业的通知》）。但在实

[①] 王珂：《怎么看地方债务风险——访财政部财政科学研究所所长贾康》，载于《人民日报》2013 年 11 月 25 日（10）；黄剑辉、王阁、徐晶：《构建有效融资机制 化解地方政府债务风险》，载于《中国证券报》2014 年 4 月 18 日（A12）。

践中，以上标准和条件由金融机构根据当地经济发展水平、自身资金实力、风险管理能力来具体掌握，不同金融机构的贷款方式选择、额度标准、贷款条件和程序也不尽相同，如农信社、农行针对农户的小额贷款一般不超过3万元，邮政储蓄银行推出的小额抵押贷款最高额度为10万元，而村镇银行、小额贷款公司强调担保或抵押，很少发放信用贷款。[①]

二、小额贷款的融资组织

1. 发展各类小额信贷金融机构

有研究表明，与正规金融机构比如农村信用社相比，小额贷款机构采取的是不同的信贷配给技术，在满足客户贷款需求方面产生了积极影响。对内蒙古、河南、山西三个省贫困县抽样的这项研究显示，对于农户的资金需求，农信社作为正规金融机构，在贷款发放过程中存在一定的"财富导向"，决定其放款的主要经济标准是固定资产和工资收入，而决定小额信贷机构放款的是固定资产、非农经营收入和耕地面积，说明小额信贷机构利用一些特殊的产品、技术和组织制度安排，将其服务范围从富裕群体向比较富裕的群体进行了延伸，其所体现的"创新"主要是小组筛选、小组成员监督、动态激励、分期偿还贷款和抵押品替代物。[②] 既然小额信贷机构发展有如此重要的意义，就应抓住机遇，优化理念，积极推进小额贷款公司、村镇银行、贷款公司、农村资金互助社等新型金融机构发展；创造条件，探索新型小额信贷机构发展；推动和激励其他各类金融机构发展小额信贷业务，创新对中小客户的金融服务。

2. 强化小额信贷金融机构的市场定位

为确保小额信贷金融机构准确实施其市场定位，应将其开展小额信贷的定位实施情况纳入监管，建立业务定位监管体系，形成制度和监管约束。这要作为推动金融机构服务中小客户的一项机制性措施。

3. 注意完善抵押担保措施

小额贷款依靠其特殊的理念、定位、技术措施，更愿意并善于以客户灵活的其他收入来源为基础，筛选新的客户群体并融资。在组织小额贷款融资时，应注意抵押品替代物的组织，为小额信贷机构对客户形成正确的风险识别打下良好基础。

---

① 汪小亚、帅旭：《积极推广农村小额信用贷款》，载于《中国金融》2010年第16期。
② 程恩江、刘西川：《小额贷款缓解农户正规信贷配给了吗？——来自三个非政府小额信贷项目区的经验证据》，载于《金融研究》2010年第12期。

4. 有效进行信息沟通

对于缺乏有效抵押担保的客户，可以借鉴商业银行开发金融市场所形成的看"三表"（不看数字堆砌的资产负债表、利润表、资金流量表这"三表"，而是看电表、水表、报关单表）的经验，从而更准确地估计客户的经营能力。这其实是将借款人的行为因素转化成了经营优势和信用优势，企业和个人可通过各种合适方式，将自身财富、管理、渠道、行为等方面的信息所体现出来的经营实力、品牌优势、诚信状况等传递给金融机构，为顺利融资提供充分有效的信息。

5. 深化诚信体系建设

完善征信体系，将更多的中小微企业纳入信用信息数据库，为所有中小微企业经营行为贴上"信用标签"。开展城镇个人信用信息征集，建立城镇个人信用信息数据库，在更多的社会经济生活中应用城镇个人信用信息。加强农村诚信体系建设，开展农户信用信息征集，建立农户信用信息数据库，通过各种有效的激励和约束机制开展信用户、信用村、信用乡（镇）建设。将诚信体系建设不断深化所取得的成果与金融资源供求相结合，形成融资因素。

6. 建立激励机制

小额贷款已经成为一种趋势，既能实现资金融通这一商业目标，也可实现积极的社会目标和公益目标。小额贷款发展机制的重点是发挥政策的引导作用，对于小额信用贷款比重较高的金融机构，实施营业税和所得税的减免优惠并给予表彰、奖励和弘扬，实现物质激励与声誉激励的结合。继续实施公共财政对金融机构涉农贷款余额给予利息补贴的政策。调动金融机构健全内部激励机制的积极性，提高其发放小额信用贷款、农户小额信用贷款的积极性。

第十一节 担保及其融资组织

在中国现行金融体制和文化传统中，担保几乎是融资必不可少的要素。担保融资包括民间担保和融资性担保机构担保两类，其中民间担保是指个人之间以及企业之间以收取担保费用或无偿提供还款信用保证、承担连带还款责任的经济行为。这里重点分析的是融资性担保机构的担保融资。

一、担保的融资条件

融资性担保机构是随着市场经济发展而内生地发展起来的，其功能演进路径与市场经济对信用产品需求增长分不开。融资性担保机构是为了提升债务人的信用水平和分散债权人的风险,以保证人的身份、凭借自身的资产或信誉替债务人向债权人进行保证的企业法人或社会团体。融资性担保机构具有提升信用等级、达到融资门槛、降低交易成本、促进信息对称、培育金融资源、管理信用风险等功能。[①] 融资性担保机构虽然在中国有更大的发展空间,但是是在夹缝中生存,这是由于正规的银行体系无法为众多中小微企业融资,融资性担保机构是为了解决银行融资准入门槛和提供有效抵押担保而派生出来的准金融行业。

分析融资性担保行业,首先要对这个行业形成基本认识,因为人们对融资性担保行业的市场空间狭窄、展业艰难、发展环境恶劣缺乏足够的了解。"融资性担保机构"这一机构的定性,是由中国银监会等部委在2010年的《融资性担保公司管理暂行办法》中确定的,在此之前国内尚未对"担保机构"和"融资性担保机构"进行区分,后者是专门从事融资性担保业务的机构,融资性担保业务的特点是与银行业金融机构等债权人进行约定,当被担保人不履行对债权人负有的融资性债务时,由融资性担保机构承担合同约定的担保责任。融资性担保机构可以办理的业务包括贷款担保、票据承兑担保、贸易融资担保、项目融资担保、信用证担保等融资性担保业务。经过对这个行业的整顿规范,各级政府机构对其注册资本数量、担保放大倍数、拨备提取、公司治理、内部控制、风险集中度、关联交易、信息披露、高管人员任职资格管理等方面开始实施审慎监管。

信用担保是金融资源的一种运用形态,是切实的金融活动。然而信用担保机构所面临的市场状况并不优良,因为无法达到金融机构准入门槛的众多中小微企业,都会寻找融资性担保机构提供信用担保,这使得融资性担保机构所面对的,永远是"柠檬市场"(The Market for Lemons,也称次品市场)中的非优良客户。这样的市场环境会严重影响市场交易的效率,使融资性担保机构面对很大的经营风险,而且融资担保业务的风险识别、风险管理、风险规避、风险控制、风险化解,都是极难进行的工作。所以,融资性担保业务具有一定程度的公益性。

二、担保的融资组织

发挥担保机构的融资促进作用,需要将担保机构、银行、质优和守信的企业共同组织起来,并加强政策鼓励,提升融资性担保机构的行业地位。组建银担合

---

① 彭建刚等:《中国地方中小金融机构发展研究》,中国金融出版社2010年版,第321~325页。

第三章 融资条件的达成：经济主体自我组织金融资源

作服务联盟这一金融服务联盟，便是促进担保融资的积极措施。在银担合作中，融资性担保机构往往处于弱势的行业地位，双方为了开展合作，需要以合作协议的形式约定银行和融资性担保机构之间关于准备金存储、担保放大倍数、风险责任比例分担、客户账户监管等内容。目前融资性担保机构平均放大倍数为5倍左右，优质担保公司可以达到10倍以上。同时，没有建立风险共担机制，银行往往要求担保机构承担100%的风险，还经常要求担保机构预存保证金，这使得银担合作中银行没有任何风险，因此，推进银担合作需要银行转变态度、积极有为。银行和融资性担保机构这两类金融机构组建金融服务联盟，成为共同促进金融资源组织化发展的具体体现。江苏银行连云港分行创建的信用联盟体，就是以群体性客户为服务对象，以利益联结为纽带，以互信互助为基础，将一定地理区域内或组织空间范围内具有相同、相似或相关联特质的诚信客户群体，在发起人的统一协调下，建立信用合作与风险共担机制，由银行提供一揽子综合性金融服务的新型组织业态。[①] 这一联盟体其实是银行机构、担保机构、行业协会与企业、个人或农户组织的金融服务联盟，其中有政府机构牵头组织的，有行业协会组织的，也有中小企业互助式的。这些操作方式，有利于金融机构将零散、差别化的零售业务变成集中、标准化的批发业务，既能大大提高银行这类处于优势地位的金融机构的业务效率和集约经营水平，也有利于融资性担保机构业务发展，同时有利于将分散、零碎的金融资源整合和组织起来，实现更高的金融效率。

融资性担保机构为了维持生存，规避代偿所造成的巨大损失，也需要被担保人提供有效抵押和质押的资产，以此为融资性担保业务提供反担保措施；面对不够优良的市场环境，应当按照市场化原则，允许融资性担保机构收取较高的担保费用，才能使这个行业保持持续经营的能力。提高担保费用同时会将高风险客户纳入融资性担保机构的客户范围，会对融资性担保机构产生利弊互现的影响。

融资性担保机构要明确和坚持融资担保的业务方向定位，不断创新担保方式，采取担保公司保证担保＋应收账款质押担保、小企业多户联保＋机器设备抵押担保、仓单质押＋动产抵押等多种组合担保方式，解决中小微企业贷款担保难的问题，实现金融资源的充分利用。政府机构和监管部门主要是政策鼓励和引导，健全法规体系，建立风险补偿机制，促进信息供给，营造经营环境，防范融资性担保机构社会风险，使担保融资更好地发展。通过建立再担保体系，有利于加强信用风险管理、有效转移和分担信用风险，是借助市场机制促进融资性担保行业发展的有效措施。

---

① 程海标、张惠、刘士清：《信用联盟体建设的实践及启示》，载于《中国金融》2010年第22期。

第十二节 其他融资方式及其融资组织

一、典当及其融资组织

典当融资是将企业和个人闲置的物资、设备、房屋、车辆、流动资产等各类资产，押取一定的资金再投入生产经营，从而利用融资的时间差获取经济利益。典当融资较之于银行贷款，存在着手续简便、快捷、省时省力、不受贷款规模限制等优点，因此受到中小微企业和个体工商户、个人的欢迎。典当行的业务品种，除了民品典当业务之外，主要包括汽车质押、房屋抵押等动产、不动产和财产权利业务，现实中，典当行的业务主要集中在房地产抵押贷款这个品种上，有必要拓展业务品种。

典当融资在一定程度上有利于促进生产经营，确保资金正常周转。典当融资最大的优点是申请周期短、办理速度快、能满足紧急的资金需求，手续的便利性对较高利率形成了弥补作用。典当融资的核心是"典"，因此需要有可供抵押、质押的固定资产和流动资产，通过组织各类可供抵押和质押的有效资产实现顺利融资。典当行目前也在创新业务品种，可以探索各项财产权利质押业务，包括股票质押业务、出口退税质押业务、仓单质押业务、商标和专利权等知识产权质押业务、银行票据质押业务等，但要手续完备，符合法律程序，稳妥操作，既使资金需求者得到及时的融资，也要确保典当行的风险控制。典当融资还具有应急的特征，只能运用其开展短期融资，无法作为常态化的融资方式，并且融资成本高昂，中小微企业在面临诸多不可控的经营风险的情况下，应当稳妥选择这一融资方式。

二、信托及其融资组织

中国信托行业在《信托法》颁布实施和监管部门政策鼓励之后，呈现了规范发展、行业地位日益提升的良好势头，改变了过去一度业务萎缩、生存空间狭窄、投资损失过多、市场形象不佳的被动局面。信托业务在国内的主业定位并不清晰，许多人认为信托机构的功能出现了弱化趋势，但是由于其业务创新性和金融产品的丰富性，使信托融资具有金融资源创新发展的明显特点，在运用受益权分层组合、资产证券化原理、股权与债权组合投资、资金信托与受益权转让结合等创新的金融工程及产品技术方面具有更为突出的长处。信托公司还可以成为大

第三章 融资条件的达成：经济主体自我组织金融资源

力推进资产证券化的制度形式，资产证券化所需要的破产隔离、物权和收益权分离等操作均可通过信托公司实现，因为信托公司所拥有的权利转换功能，可以将各类合法有效的资产设立信托，包括各种现金资产、动产、不动产、所有权、用益物权和未来收入等财产权利。因此，信托机构在社会财富金融资本化过程中，可以发挥其他各类金融机构不可替代的作用。在巨大的市场需求和灵活的制度选择双重力量推动之下，中国的信托业规模迅猛增长，受托管理资产继 2009 年突破 2 万亿元之后，2012 年达到 7.47 万亿元，并在 2013 年时突破 10 万亿元（2013 年年末达到 10.97 万亿元），成为仅次于银行业的金融机构。[1] 信托公司产品类型包括基础产业信托、工商企业信托、房地产信托、矿产资源信托以及艺术品信托等，被业界广泛采用的融资操作方式就是银信合作，这是指银行通过信托理财产品的方式隐蔽地为企业提供贷款，是中国"影子银行"融资的主要操作方式。由于银行不能直接进行股权投资，因此可以通过人民币理财与信托公司的集合计划的相互衔接，通过"表外业务"方式将发行的理财产品所获资金间接投资于股权、不动产，以实现融资并促进资本增值，但此类业务目前已经受到监管部门的严格监管。

利用信托模式，可以实现许多项目融资。比如地方政府所要实施的基础设施建设项目，就可以采取变通的办法进行操作开展"政信合作"。信托产品的生命力在于利率非市场化的环境下，信托公司以最能体现市场化的利率水平并在规避风险的情况下获得投融资双方认可，因此，各地发行信托产品一般会用资产相对优良的平台公司来进行融资，通常还由地方政府以出具担保函、承诺函、"安慰函"的方式进行担保或隐形担保。私募的基础设施投资基金就可以通过资金信托计划这种形式实现融资，上海外环隧道资金信托、上海磁悬浮交通项目资金信托即是具有代表性的例子。其中，上海外环隧道项目资金信托计划于 2003 年 7 月上旬结束，投资者在 11 个月的委托期内，实现了 7% 的较高收益。其实，这一融资方式类似于 BOT（建设—经营—转让）融资模式，使其成为集合资金信托中特殊的一类。信托融资的便利性还在于，信托公司可以实施产品分层开发设计策略，为许多客户"量身定做"特色产品，只要客户存在不同的资产状况、风险承受能力和风险偏好，都可以利用信托公司独特的功能设计，获取不同风险和收益水平的信托产品。由于地方政府债务风险引起高度关注，以及信托产品受到的金融监管不断加强，信托融资创新方式不断出现，如采取应收账款证券化方式，将政府的应收账款转入另外不受监管的平台公司，而由原平台公司提供担保；或在原平台公司下设立新的平台公司，将原有债权债务转移到新平台公司；

---

[1] 欧阳洁：《信托业不会发生系统性风险》，载于《人民日报》2014 年 2 月 14 日（10）。

还可通过私募基金、BT 项目等方式实现项目融资。[①]

因为信托融资的创新需要许多市场主体共同参与，需要各方共同努力才能实现，特别是经常涉及信托机构与银行机构、担保机构、资产评估等中介机构的协同，所以信托融资的协调工作极为重要。这即体现出金融资源的组织工作，需要能够优化金融资源的主体，尤其是政府机构、各类社会组织以及金融监管机关的协同努力，在信托公司与其他机构的合作共赢机制促进下，实现创新融资的目标。

三、租赁及其融资组织

从多种意义上说，租赁都能够起到融资作用，而只有在现代市场经济条件下，才使租赁这一融资模式具有了更大的杠杆效应，具有了更重要的金融资源的意义，在国际资本市场中具有了更高的地位。中国的租赁公司主要有四类：一是中外合资租赁公司，由商务部审批管理，又具体分为外商投融资租赁公司（可经营金融租赁业务）和外商投资租赁公司（只经营一般租赁业务）；二是金融租赁公司，由中国银监会监管，机构数量不多；三是兼营融资租赁业务的非银行金融机构，包括信托投资公司、企业集团财务公司、资产管理公司等；四是普通租赁公司，主要从事经营租赁，如汽车租赁、电脑租赁、其他设备租赁。全球金融危机后，中国融资租赁行业迅速发展。截至 2012 年年末，中国有融资租赁公司近 560 家，比 2011 年增加近 300 家，2012 年融资租赁业务额达到 15 500 亿元，比上年增长 66.7%。在资产规模快速增长的基础上，融资租赁公司实现了资产质量和盈利水平的较大提升，业务领域逐步扩大，业务创新取得突破，风险管理能力不断增强，社会认知度得到很大提高，在社会融资规模中所占比重越来越大。[②]

金融租赁是在传统租赁的基础上发展起来的，传统租赁往往租赁的是实物，由承租人向出租人支付租金，租期完毕后将租物返还出租人。融资租赁（financial leasing）又称设备租赁（equipment leasing），也有人称其为现代租赁（modern leasing），它具有不同的特点，会产生实质上的资产所有权及风险和报酬的转移，也可以不转移。其具体操作方式是，由出租人根据承租人的要求出资向供货人购买租赁物件，并租给承租人使用，承租人分期向出租人支付租金，在租赁期

[①] 张莉：《政信合作频演"变形记" 区域信托融资隐忧重重》，载于《中国证券报》2013 年 8 月 6 日（A5）。

[②] 吕振艳、杜国臣：《中国融资租赁行业现状与问题分析》，载于《技术经济与管理研究》2013 年第 9 期。

内租赁物件的所有权属于出租人所有，租期届满并支付租金完毕后，可以将所有权转给承租人。

融资租赁方式将融资与融物、贸易与技术更新结合为一体，而且有利于搭建良好的信用结构。融资租赁将融资与融物相结合，在承租方出现风险问题时，租赁公司可以回收、处理租赁物件，所以在办理融资时对企业资信和担保的要求不高，适合中小企业以此方式融资。金融租赁还有融资创新的意义，可以通过杠杆租赁的做法促进融资，这类似于银团贷款，是专门做大型租赁项目的融资方式，可以用于飞机、轮船、通信设备和大型成套设备的融资租赁。其他许多行业也可以用此种方式融资，包括石油和石化产业、设备制造业、电力生产和供应、水的生产和供应、建筑、运输、城市公交、电信服务、医疗卫生和众多设备，领域非常广泛。融资租赁之所以具有融资优势，有一个优点在于税收政策，承租人可将摊提的折旧费从应纳税收入中扣除，便于承租企业将自身的经营优势与金融租赁的融资优势结合起来。

四、外来直接投资及其融资组织

一个地区要实现经济社会发展，吸引外来投资者是极为重要的方面。即使是发达国家也将吸收外商直接投资（foreign direct investment，FDI）作为加快经济社会发展、支撑产业经济稳健运行的重要措施。美国这样的国家也借助其在经济全球化中的主导权，乃至政治、军事、外交、文化的力量，促进外商直接投资源源流入。中国作为新兴经济体的代表，吸收外商直接投资一直处于较高水平，各地均不断优化投资环境，利用自身的各项比较优势，吸引外商直接投资进入，在这个过程中，可以借助融资方式创新，实现外商直接投资与金融体系融资的结合。这种直接投资与融资的结合，其实质是利用一个地区的各类有效资源，提高金融资源优化配置水平的措施。

开展"金融招商"，吸引外埠金融机构进入一个地区，就是这种直接投资与融资相结合的有效方式。这种方式既可以吸引金融机构的投资（组建金融机构或设立分支机构，均有一定额度的注册资金或营运资金），又可以利用金融机构的融资能力，促进一个地区融资发展。

由于金融牌照、金融机构的特殊价值，以允许域外资金前来组建各类金融机构的优惠政策，自然可以吸引大额资本进入，成为优化金融资源的有效措施。这些金融机构，既可以是外资银行等外资金融机构及其分支机构，也可以是国内的股份制银行、证券、保险机构等各类金融机构，还可以利用国家鼓励发展村镇银行、小额贷款公司、资产管理公司、股权投资基金等政策机遇，实现直接投资与融资的结合，实现各类有效资源与金融资源的组合效应。在这个过程中，需要将加快投资和融资发展的目标，与金融体系规划相协调，与金融政策相衔接，与各金融监管机关相配合，协调解决好准入政策、审批流程、企业入驻、外汇核销等政策问题，调动各方面的合力，才能有所作为。

由于本土化优势突出，区域性金融机构在各地的竞相发展过程中，均发挥了令人瞩目的作用。区域性金融机构的改革发展，可以将直接投资与融资相结合。在区域性金融机构增资扩股中，可以引进国外著名金融机构，同时也引进其理念、产品、技术，并形成良好的治理结构；可以引进国内的合格投资者作为战略投资者，形成金融产业与其他相关产业的衔接。这些做法是优化配置金融资源的积极措施，是利用了原有金融机构和金融牌照的无形资产价值，实现了直接投资与融资的结合发展。

促进外商直接投资与融资结合发展，还与国际汇率体系变化直接相关。在人民币长期趋势的升值通道内，存在着外资踊跃进入中国的势头。在积极贯彻国家外汇管理政策，特别是贯彻资本项目管理政策的基础上，增强吸引外商直接投资的灵活性和有效性，通过以新型金融机构和各类准金融机构准入作为吸引投资的优惠政策，是非常有效的促进区域融资发展的措施。为促进外来投资与融资结合，可以推动招商引资项目的银企对接，搭建起外来投资项目与当地金融机构的对接平台，实现有效的信息沟通，促进新引进项目尽早落地、尽早产生效益，使当地的各类有效资源得以充分利用。

由于资本市场的健康发展，通过证券市场实现吸收外商直接投资也具有非常现实的意义。伴随渐进的、审慎的资本项目账户开放进程，中国目前在直接投资、直接投资清盘、信贷业务、不动产交易等大类已实现基本可兑换，先后推出了合格境外投资者（QFII）、人民币合格境外投资者（RQFII）和合格境内投资者（QDII）制度，资本跨境流动额度不断增加。[①] 自2006年起，中国资本市场允许外国投资者对中国上市公司进行战略投资，通过证券市场引进战略投资者有了法律依据。新华水泥股份有限公司是第一家尝试者，该公司以每股26.95元的价格，向境外战略投资者定向发行了7 520万股，募集资金20亿元。这一操作在吸收外来投资的同时，也开创了中国证券市场向境外投资者开放发行人民币普通股的先例，而且是通过市场化方式完成的，兼顾了各方利益，因为发行价格高于股票发行日前20个交易日股票均价的90%，也增厚了原有股东的每股净资产

---

① 国家信息中心经济预测部：《以证券投资为重点加快资本账户可兑换步伐》，载于《中国证券报》2013年9月16日（A16）。

值，是一个创新融资及吸收外资的典型案例。①

五、公益融资及其融资组织

除了各级政府的财政性扶贫资金之外，也有公益慈善性的扶贫基金会组织开展融资形式的扶贫事业。中国在20世纪90年代初期开始出现公益性小额信贷，中国社会科学院的杜晓山教授向尤努斯借得第一笔经费，成立了"扶贫经济合作社"，将孟加拉国小额信贷模式引进中国，在河北省易县建立了中国第一家小额信贷扶贫机构，经过20余年的艰难探索，中国公益性小额信贷机构只有200个。由于后续资金不足、管理模式松散，中国社会科学院在易县、涞水、丹凤等地主办的4个扶贫经济合作社，陆续合并到中国扶贫基金会主导的中和农信项目管理有限公司，进入专业化管理和规模化操作的发展轨道。②

公益融资体现了金融业本应具有的公益性。大规模开展公益小额信贷的代表性机构是中国扶贫基金会，该基金会通过小额信贷支持项目区贫困农户发展生产、增加收入、提高自立和自我发展能力。从1996年开始采用小组联保模式在农村贫困地区开展小额扶贫贷款业务，已延伸到15个省的87个县，累计发放小额贷款47.4亿元，贷款户15.6万，户均贷款7 000元左右。由于风险管理技术和管理理念不同于正规金融机构，这一基金会的风险控制非常有效，风险贷款率很低。③

公益小额信贷融资的要点在于，贷款农户自发组织起来并保持良好的信用记录。中国扶贫基金会根据小额信贷项目的特点，在项目区建立起农户自治组织，使贷款农户可以自己组织和管理自己，便于项目开展。一般的组织程序是按照自愿原则，由四五户贫困户组成一个小组，每个小组民主选举小组长，再由若干个农户小组组成一个客户中心。公益小额信贷的核心在于一个"信"字，围绕"信"设计了信用贷款管理机制。单个贫困户原来不具备融资能力，组成这个小组之后就具有了融资能力，是因为小组贷款的运作原理在于有效组织起了小组的信用，一户失信，受损的将是整个小组，这类似于多户联保，其实是激发了农户的合作意识、诚信意识，使本来缺乏正规金融机构所强调的财产抵押的贫困农户，具备了接受信用放款的融资能力。这个过程，既说明能够将经济个体的行为因素转化为融资优势，金融资源需要有效组织；也说明除了需要提高农村经济的

---

① 上海证券交易所：《上海证券交易所并购重组典型案例汇编》，2009年版，第48~58页。
② 彭梁洁：《理想与现实：公益性小贷机构的窘境》，载于《参考消息（金融参考）》2013年6月24日（5）。
③ 刘东文：《做中国特色的小额信贷》，载于《中国扶贫》2013年第19期。

组织化水平，整个经济体系都需要提高组织化、规模化水平，使零碎的金融资源得以整合和优化。

即使笔者罗列了以上多种具体的融资方式，也未能将迄今的主要融资方式穷尽，因为金融创新使得新型融资方式不断出现，融资模式更为新颖。事实上，在经济全球化中，创新最多的就是金融领域，金融领域包含了世界上最前沿、最迅捷、最丰富的创新。具体到一个经济主体，尝试过以上各种融资方式，总会找到适合自身特点的融资方式；对于促进金融资源优化配置的实施者，能够感受到金融创新的魅力所在，也可看出金融资源组织化发展的挑战性；对于一个经济社会而言，对上述融资方式多做探索，总能使金融体系的功能不断优化。

第四章

金融市场体系的构建：
金融资源的市场组织

中国人爱"砍价"，因为市场提供了反复探索和试错、寻求真实价格和充分估值的机制。市场机制作为一种制度安排，本身具有金融资源优化配置功能，完善的市场体系可以为各类经济资源进行资本化提供交易平台，能够提供金融资源组织化发展的动力机制。金融市场体系成熟与否，会直接决定一个国家或一个经济体、特定区域、具体企业、特殊时期的融资有效性。金融资源的优化配置，必须在特定的市场条件下进行。这些外部条件包括：集聚效应的形成、要素市场发育、金融生态环境、社会信用体系。

第一节 金融资源集聚发展

一、金融资源的集聚效应

金融资源具有集聚效应，而且是一个自发的市场行为。这是金融业的独有特点所决定的。由于金融产业的特殊性，金融资源分布天然具有非均衡的特征。非均衡状态是一种普遍的、客观的、不可避免的、本质的、常态的市场现象。从客观实际来看，金融资源空间分布的这种非均衡性，不仅体现在量上，更体现在质上，这便是金融功能是否优化的区别。市场范围或经济活动规模因各个地区的禀赋不同而存在的巨大差异，决定了金融资源空间分布的常态是非均衡的。[①]

既然金融资源分布不均衡是一种常态，而金融资源是稀缺的、能够带来价值

[①] 王修华、黄明：《金融资源空间分布规律：一个金融地理学的分析框架》，载于《经济地理》2009年第11期。

和利益的，人们便会追逐这种不均衡分布的金融资源——在金融资源有限的地方，人们希望增加这一资源，使本地区获得价值和利益，这会在一定程度上促进金融资源分布的均等化；在金融资源丰富的地方，人们希望进一步增加这一资源，使其价值和利益达到倍增效果，这会使金融资源出现更加不均衡的状况；在这两种力量的作用之下，因为金融资源配置以市场为根本力量，会循着经济利益运行，可能出现金融资源贫乏者越来越贫乏、金融资源富集者越来越富集的趋势。

金融资源的分布不以经济主体的主观意愿为转移，因为金融资源的配置要遵循经济运行规律。金融资源作为稀缺的一种资源，本身对其他资源又具有配置功能。金融资源与其他各类有效资源进行组合，才能形成现实生产力。传统经济学认为，生产要素是指进行生产活动所必须具备的条件，即劳动者和生产资料。有人将生产力的构成因素进行了细分，在生产力的诸多构成因素之中，实体性因素包括劳动者、劳动手段、劳动对象三个内容；生产力中的渗透性因素，或称附着性因素或媒介性因素，是指没有实物形态，而是附着在实体性因素之上的生产力因素，这包括科学、技术、信息、教育；生产力中的运行性因素，指广义和现代的经营管理、营销策略、资金营运等。这些生产力因素在特定的组合方式下形成有机整体，形成多因素、多层次、多侧面的巨大系统，从而综合形成生产力，这有四种基本的组合方式：质态组合方式，或称属性组合方式；量态组合方式，或称数量组合方式；时间组合方式；空间组合方式。① 在金融资源与其他有效资源的组合过程中，也要结合一个国家、一个地区、一个经济体的不同特点、优势产业、要素禀赋以及历史积淀、文化传统、区位特点、惯例习俗，形成金融资源与其他有效资源的融合互动，形成金融资源的集聚效应和融资优势。

二、中国金融资源配置的不均衡状况

金融资源集聚意味着金融资源各类构成要素的发展完善过程。金融资源集聚既需要金融资源与其他各类有效资源的相互融合、相互促进，也需要金融资源的各种要素之间协调配合，更需要整个金融生态环境的日益完善。金融资源集聚的过程就是金融相关货币资金、金融机构体系、金融工具体系等要素与地域条件、经济条件、社会条件、制度条件等的协调、配置、组合的时空动态变化过程，是金融产业逐步成长、加快发展，进而在一定地域空间内形成金融产业的地域密集

---

① 《中国大百科全书（经济学卷）》，"生产力"、"生产力经济学"等词条，中国大百科全书出版社 1988 年版，第 887~892 页。

第四章 金融市场体系的构建：金融资源的市场组织

系统的变化过程。金融集聚的内涵丰富而深刻，既包括金融资源、金融系统在结构、功能、规模、等级上的时空有序演变过程，又涵盖了金融资源与地域地理环境、人文环境及其他产业相互融合、相互影响、相互促进的过程。[1] 金融扩散效应主要发生在金融集聚的最后阶段，指金融功能区通过向周围地区设立分支机构等方式带动外围地区发展，这时，金融资源的集聚已经对一个国家、一个经济体或一个区域的经济社会发展带来了外部经济性。

通过研究金融资源发展状况，人们可以看出金融资源对实体经济所具有的影响程度。许多人就一个区域金融资源发展状况与区域内经济增长的相关关系进行了研究，发现金融发展水平较高的区域，金融对这一区域的经济发展具有明显的促进作用，而区域金融发展水平较低的地区，金融对经济的促进作用不明显。[2] 世界经济发展的实践已经证明，经济活动和资源配置的空间分布不均衡是难以避免的，经济活动存在着不断集中的趋势，美国、德国、日本等国家已经在资源集聚过程中逐步走向平衡。通过实证研究可以发现，一个地区内部及地区间经济活动的集聚对其经济增长存在显著的促进作用，而这种作用也会造成资源配置的空间不平衡加剧。中国经济的市场化发展水平已经较高，但是仍未达到资源集聚效应的扩散阶段，此时政府所要做的不应该是平衡地区间经济活动的空间分布，而是应该打破区域壁垒，努力缩短区域间的"时空距离"，发挥市场力量吸引经济资源向本地区加速集聚。[3] 这会促进一种倾向的形成，即人们会努力促使金融资源集聚，使其配置更有利于本地区发展，形成金融资源配置对己有利的影响。

对于如何衡量不同区域间的金融资源发展水平问题，研究者们主要从三个角度来选择测量指标。一是直接考察各类金融资产、各类金融机构的分布，或者考察各地区人均金融资产（如人均贷款等）和人均金融机构数量。二是基于西方理论界衡量金融发展的指标，设计区域金融发展水平的测量指标。西方学者在衡量金融发展时，通常采用戈德史密斯提出的"金融相关比率"（即金融资产与实物资产的价值之比，financial interrelations ratio，FIR）和麦金农提出的"货币化比率"（即货币存量与国民生产总值的比率，Monetization Ratio）这两个指标。由于缺乏各地区的货币量统计资料，人们在区域金融分析中难以应用"货币化比率"这一指标，而较多采用"金融相关比率"来度量区域金融发展水平。由

---

[1] 黄解宇、杨再斌：《金融集聚论：金融中心形成的理论与实践解析》，中国社会科学出版社、线装书局2006年版，第3~11页。

[2] 黄桂良：《国内外区域金融差异研究综述与简评》，载于《区域金融研究》2010年第7期。

[3] 刘修岩：《空间效率与区域平衡：对中国省级层面集聚效应的检验》，载于《世界经济》2014年第1期。

于缺乏各地区各种金融资产的统计数据，多数研究以金融机构的贷款总额或存贷款总额除以对应地区的 GDP 以替代金融资产与实物资产的价值之比，进而计量各区域的"金融相关比率"。三是通过设计金融发展的指标体系，构建区域金融发展的综合指数，如针对银行业、证券业和保险业发展情况，编制其发展指数，以此作为衡量区域金融发展差异的指标。

关于金融资源分布的多项实证研究表明，中国区域金融差异问题非常突出，表现出金融资源配置不均衡的状况。周立、胡鞍钢（2002）通过对中国各地区 1978~1999 年金融资产相关比率（FIR）及其他指标的计算，分析了中国金融发展的地区差异及其特征，对东部、中部和西部地区的金融深化程度、收入比、存贷差、存贷比和人均存贷款等金融发展指标进行了比较，表明中国金融发展的不平衡性显著。[①] 有人进行数量分析发现，中国区域金融发展的差异主要是城乡差异，其次是东部地区内部的金融发展差异，然后是各省区市之间的金融发展差异；中部地区和西部地区金融发展差异大致相当，而东、中、西部区域间金融发展差异是最小的；中国区域间金融发展差异在未来可能会继续扩大，而东部地区内部和东、中、西部区域间金融发展差异还可能呈现加速扩张的态势。[②]

三、金融资源与产业经济的互动发展

金融集聚与扩散的发生和发展过程表现出很强的地域性或空间性，归根到底是金融资源与其他有效资源通过空间组合方式、时间组合方式等综合作用的反映。

第一，金融资源集聚与一个地区的产业发展相适应。经济发展与金融产业成长总是相伴而生的，经济发展和产业成长决定了金融产业的发展历程、方向。在这个过程中，产业集聚为金融产业成长提供了承载空间，为金融资源集聚创造条件。金融中心之所以总是出现在经济发展水平较高的经济中心，就是这个道理。与此同时，金融业的发展和金融资源的集聚，又为产业集聚和经济成长提供支撑力量。产业经济要得到发展，必须以资本的积累、投资的形成为前提，一定区域内资本的形成、积累，金融在其中发挥着重要作用。在产业发展过程中，金融机构数量、种类的增加，金融规模的扩大，金融产品的创新，金融制度的完善和金

[①] 周立、胡鞍钢：《中国金融发展的地区差距状况分析（1978~1999）》，载于《清华大学学报（哲学社会科学版）》2002 年第 2 期。

[②] 杨晓龙、伍艳：《我国区域经济政策与区域金融发展不平衡研究》，载于《区域金融研究》2010 年第 3 期。

第四章 金融市场体系的构建：金融资源的市场组织

融市场的发展，这些金融结构方面的根本性变化，能够通过社会信用体系、交易成本下降等机制，形成互补和竞争并存的多元化储蓄—投资渠道。因此，金融产业的成长决定了资本形成机制的完善程度，金融产业本身所具有的规模经济、集约经营、高流动性特征，也使金融资源具有自我加速集聚的机制。

第二，金融资源集聚有着内在的发展演变过程。金融资源由稀缺分散到逐步集聚，基本上分为初步形成、快速集聚、稳定发展和扩散转移等四个阶段。[①] 在形成阶段，金融资源的集聚效应不明显，但是区域金融业开始启动，成为活跃的产业，与其他产业的融合程度逐步加强，那些具有创业精神、有资金和技术的金融从业人员首先投身进来，取得了一些经济效益，产生了较大的社会影响。在经济效益的吸引下，更多的人逐步投入到金融业的经营活动中。形成阶段是区域金融业的起步阶段，金融资源的集聚逐步形成趋势，虽然金融业发展较快，也形成了一定程度的金融创新，但是金融业总量仍然不大，金融结构无序且较为简单，还不能改变整个区域的经济状况。在快速集聚阶段，金融业迅速发展，并形成了向特定区域集中的趋势，集聚区内金融产品的市场份额扩张很快，企业数量迅速增加，成为产业发展的新兴地区，产生了强大的吸引力，极化作用显著，并且往往成为一个地区性"发展极"。金融业的就业人员数量大幅度增长，金融产品的市场占有率虽然还不是很大，但增长率较高。金融业在区域中的重要性迅速提高，金融产品多样化，金融创新大量出现，金融集聚程度提升很快，金融结构由低层次向高水平发展。在稳定发展阶段，金融集聚形成了整体优势，金融业在集聚区经济总量中占据较大比例，围绕金融业形成了一系列服务性产业群，其他产业占有的比例较小。区域金融结构基本稳定，并符合本区域经济与资源配置的特色，使金融资源在这一区域内的使用变得更加富有效率，金融集聚逐渐进入成熟阶段，此时竞争力最强。在扩散转移阶段，金融集聚效益开始向外部区域扩散转移，区域金融差异缩小，金融结构趋向完善、复杂、有序。

第三，金融资源优化组合与产业结构调整是相互促进的过程。[②] 金融资源的优化组合，其主要功能在于促进储蓄向投资的转化。金融体系发展会影响居民的储蓄、消费倾向及储蓄和投资的转化效率，进而影响全社会的资本形成，并通过增量资金和存量资金的配置调整，带动生产要素配置结构的变动，这涉及需求结构、区域结构、所有制结构、就业结构、科技结构等各个方面，最终决定产业结构的变动。产业结构是国民经济结构的核心组成部分，产业结构调整需要有健

---

① 郭福春、周建松、郭延安：《金融资源集聚与扩散视角下浙江城乡金融和谐发展研究》，载于《浙江金融》2008 年第 4 期。

② 蒋昭侠、蒋随：《产业结构调整与金融资源配置联动解析》，载于《全国商情（理论研究）》2010 年第 22 期。

全、完善、便捷的金融服务体系作为后盾。因为资金运动处在产业经济运行中的核心地位，经济发展方式与金融模式之间是相互依存、彼此共生的关系，存在着相互促进与强化的循环，使得金融资源优化配置成为产业结构调整的直接推动力量。要促进产业结构调整和经济结构转型，可以选择推动金融转型作为突破口和助力器，通过统筹金融资源配置，实现引导和支持结构转型目标。[①]

第四，金融资源的优化配置对产业结构优化具有积极的影响。金融资源均衡、合理的配置可以促进产业结构优化，否则会制约产业结构合理调整。产业结构的优化组合，其实质是经济资源在各个产业部门重新配置的过程，通过劳动、资本和其他生产要素在不同产业、不同部门内部进行转移，实现不同产业、不同部门内部产出的调整。在影响产业结构调整的各项因素之中，资金都是一个不可或缺的因素。决定产业结构状况的因素有需求和供给两个方面，其中一切要素的供给，包括实物资源、生产资料、人力资源、技术进步、管理要素等，在很大程度上可以归结为资金的供给。金融资源正是通过金融宏观调控政策等手段影响资本市场和信贷市场的运行进而发挥作用；资本市场通过一级市场进行增量调节，通过二级市场进行存量调节，并通过上述两个途径改变资金的供给渠道和数量；信贷市场通过利率等手段对各类贷款的数量和结构进行调节，以影响资金需求及资金成本；资金供给和需求的变化，影响着资金的流量和流向，从而影响着金融资源配置状况；金融宏观调控政策通过资金集聚、投入导向、信用催化、产业整合、分散风险等机制影响产业结构的调整过程。与此同时，产业结构在其调整过程中，又通过对金融资源的需求不断影响金融资源的配置，金融资源的配置状况又通过影响金融体系的发展方向和进程影响金融资源的供给，从而决定金融体系的效率。整个社会的资金运用结构，决定了产业结构的变化，某一时期产业结构所反映的就是社会资金的分布状况。金融部门可以通过资金配置实现产业优化的外在硬约束，履行产业导向的初始推动力作用；也可通过金融结构的优化，形成灵活、高效的资金融通机制，带来资金融通效率的改善，使资金流量倍增，缓解各个产业协调发展面临的资金资源不足困难。

第五，金融资源集聚发展所产生的新的需求，会推动新的金融服务业发展并促进金融业态的扩展。金融资源集聚所形成的资本、财富增加，带来一个地区货币交易、资金融通的便利。在现代金融经济中，金融中心的形成、金融体系的完备，使金融产业高度发展的地区不再仅仅是货币交易中心，其更重要的功能在于资产交易、财富管理。因为随着财富的增加，人们在社会经济生活中的行为方式

---

① 李若愚：《以金融转型为突破口促进经济转型升级》，载于《上海证券报》2013年8月2日（A8）。

也发生了很大转变。当财富总量和收入水平达到一定程度后，人们对金融服务的需求就会超越原来的资产安全性的要求，而在资产增值、避险、组合和一体化方面希望得到更多的综合性金融服务，其中对存量财富的管理和资产配置的需求最为迫切。相对于实物资产而言，金融资产的流动性、安全性具有更显著的优势，金融市场的快速发展可以为金融资产找到提升价值的更多机会和更大舞台。这就会形成金融业态的扩展，形成更为专业化的金融服务体系，从而使金融与经济的关系更为紧密。

四、促进金融资源集聚的有效机制

正常运作的市场体系通常是使资源在不同用途之间和不同时间上配置的有效机制，但是由于资源产权不明确、市场竞争不足、外部效应、公共物品、信息不对称和交易费用、不确定性风险等因素，市场失灵难以避免。即使人们求助于政府干预，也因为政府定价、寻租等问题，会造成项目失灵、部门失灵和宏观政策失灵，政府机构可能受制于自身的认识水平、实施能力，如果不能树立市场化行政的理念，不能采取市场化监管的措施，对市场干预过多，宏观政策实施不当，就可能在不经意的情况下，影响到资源的微观配置。因此，优化金融资源配置，还是应当强调在完善产权制度的基础上，发挥市场配置资源机制的作用。

金融资源集聚的发生和发展取决于一个重要机制，即"洼地效应"。"洼地效应"的说法来自于一个比喻——地势较低的地方，水容易注进来。从经济学上讲，"洼地效应"主要体现为比较优势，也就是比较理想的经济和社会人文环境、发展环境及其他各项优势，可以形成对各类生产要素的较强吸引力，综合成为独特的竞争优势。制度等各类社会要素能够成为金融资源的构成要素，就在于良好的社会制度、市场环境有利于金融资源集聚。如研究发现，契约制度是一个国家和地区发展的"软实力"和比较优势，契约制度的改善有利于推动产业增长。[①] 对于金融资源集聚来说，金融资源与其他各类有效资源相结合与共生，金融资源要结合一个经济体、一个地区的比较优势，更需要比较优良的发展环境、市场体系，从而形成各类资源向本经济体、本地区的汇聚、流动，促进本地区经济和社会的快速发展。

"洼地效应"具有几个明显特征，如这一效应需要以制度环境为核心，以

---

① 蒋冠宏、蒋殿春、王晓娆：《契约执行效率与省区产业增长：来自中国的证据》，载于《世界经济》2013 年第 9 期。

市场机制为基础,以竞争为动力,以比较优势为目标,并且是逐步形成的一种发展趋势。实证研究也发现,"洼地效应"的形成依赖金融生态环境的改善,打造优良的金融生态环境对于提高外部资本流入具有显著的促进作用。[①] 要形成金融资源汇聚的潮流,必须努力促进经济环境的改善、制度体系的健全、市场体系的完善、社会环境的优化、诚信体系的完备,从而形成政策洼地、资金洼地,使一个经济体内的金融产业健康发展,促进一个地区金融功能区的形成。这些目标,其实是健全金融生态环境的举措,是从机制上促进金融资源集聚的措施。

第二节 金融生态环境

促进金融资源优化配置的各类主体,各自都具有一定的组织优势。在不断优化金融生态环境的过程中,企业和个人是主要的金融需求方,出于达到金融机构准入门槛、实现顺畅融资的目标,均会按照经济运行规则,组织好自身经营,健全财务状况,诚信作为并优化自身的信用记录。企业和个人由于是单个的经济主体,其行为所产生的外溢性效应毕竟有限,要促进金融生态环境的优化,需要整个社会共同努力,尤其是作为公共利益代表的政府机构,在金融生态环境建设中起着最为重要的作用。金融生态环境具有公共物品的特征,需要政府组织各类主体向社会提供。提供金融业稳健运行的良好外部环境,成为优化金融资源的重要任务。

金融环境的优化和金融功能的完备可以形成金融部门和实体经济互利双赢的发展环境,成为赢得更多金融支持、缩小发展差距的有效途径。在商业银行按信用等级确定对一个地区授信额度的条件下,金融资源往往向金融环境良好的地区集中,这便是"洼地效应"的体现,最终形成信贷在地区间的分布差异。具有良好金融生态环境的地区,往往意味着比较完善的审计、会计和信用制度,经济信息通畅,有助于为市场经济主体提供健康有序的竞争环境,促使企业更加主动地挖掘自身潜力,规范发展,从而推动地区经济整体素质的提升。

金融体系的运行广泛地依赖其活动区域的政治、经济、文化、法治等基本环境要素。[②] 金融生态环境由经济环境、法制环境(制度环境)、市场环境、社会

[①] 姚耀军、黄林东:《金融生态环境质量的资金"洼地"效应——基于空间计量模型的检验》,载于《金融发展研究》2012年第11期。

[②] 潘功胜:《金融生态建设与经济金融发展》,载于《中国金融》2013年第13期。

环境、信用环境和服务环境等部分组成。改善金融生态环境是由政府机构主导的各类主体共同参与的过程。

一、经济环境

经济决定金融，经济环境是金融生态环境的基本决定因素。稳定的宏观经济环境是金融生态环境改善的重要前提。一个经济体或一个地区的经济总量，决定这个经济体或这个地区的金融业发展的规模和水平。经济的稳定运行，有利于保持金融业的稳定，而经济的大起大落，会诱发金融风险。经济运行不稳定时期，出现恶性通货膨胀或是通货紧缩，经济增长的货币金融环境就会受到损害。大量资金涌入房地产、股票市场，会形成资产泡沫，对经济造成负面影响，给银行业带来大量不良资产，从而可能诱发金融风险。

二、法治环境

法治环境标志着一个经济体或一个地区经济社会的有序运行状况，是金融生态环境的重要方面。完善的法律有利于保护债权人、投资人的合法权益，打击金融违法行为，促进金融运行的稳定、平衡和创新能力的提升。法治环境的重要体现是具有完善的法律体系，同时要有良好的执法环境，使法律规范得以有效执行，使金融债权得以有效维护。

三、市场环境

完善、协调、健康发展的金融市场，对于提高金融资源配置效率、降低信息搜寻成本、减少融资中的交易费用、提高融资有效性都具有重要的作用。这就需要功能完善、结构配套、运转协调、发展健康的金融市场和要素市场体系的发育，形成有利于优化金融资源的市场环境。

四、社会环境

社会经济中的合作意识、商业文化、开放理念、舆论氛围、社会传统、文化环境、企业素质和公民修养这些社会要素，往往对金融生态环境有重要影响。

社会经济中的规范意识，就是社会环境的一项内容。在一个注重依法经营、注意规范运行的经济体中，金融行为都应当纳入正规金融体系之中，而运行极不稳定、利益无法保障的不规范的民间融资乃至非法集资，都会导致金融体系的紊乱。比如小额贷款公司是吸引民间资本进入金融领域的创新，是新型的小型信贷机构，其良好的发展势头，吸引了非经批准的企业和个人假借小额贷款公司的名义从事放贷业务，而且所从事的业务类型集中在拆借、"倒贷"、"过桥"、"垫付"、典质等并非实际经营所需要的融资，且见高利便放款，还会滋生暴力催债等行为，与正规的小额贷款公司形成了很大反差。金融市场发展带来的财富效应，使一些人期望"一夜暴富"，社会上弥漫着极度发展的机会主义和浮躁情绪，有人以发行"原始股"、"海外上市"的名义，或者以"高科技产品"营销、植树造林改善生态的名义，以高利率、高回报向公众广泛集资，最终是层出不穷的非法集资案，这反映出金融资源配置不优、金融意识不强的问题。然而，世界上最具代表性的"庞氏骗局"（Ponzi Scheme）却来自美国，由纳斯达克（Nasdaq）前主席麦道夫（Bernard L. Madoff）一手制造。

五、信用环境

信用体系是金融生态环境的重要制度。信用体系完善、征信体系健全、信用中介机构发达、商业信息披露充分，可以形成对债务人履约行为的有效制约，有利于通过信用记录表明其诚信状况。如果信用体系建设滞后，企业诚信意识和社会公众的金融风险意识淡薄，就会产生金融诈骗、逃废银行债务等危及金融生态环境的问题，威胁金融机构的资产安全性，恶化当地的金融生态环境，最终造成金融体系效率严重下降。

六、服务环境

要实现金融资源集聚的"洼地效应"，良好的公共服务是不可缺少的，这需要开明、公开、公正、高效的公共行政服务，良好的公共财政激励制度和引导政策，健全的产权制度和良好的保护产权氛围、社会运行秩序，这些都需要各级政府的积极作为。良好的服务环境成为各级政府促进金融资源优化配置的必要内容。

七、健全信息披露机制

市场机制健全与信息披露充分是相互促进的，因为市场自身会产生信息的汇聚。① 制约融资顺利进行的许多因素，都指向了金融市场信息不充分的问题。因此，优化金融生态环境的一项重要工作，是健全金融市场运行的信息披露机制，重点解决信息不对称问题的困扰，形成信息的制度化供给。

信息充分披露对于化解金融市场中信息不对称问题具有关键意义，必须采取制度化构建的措施，以激励相容理念为指导，形成企业、个人等各类经济主体自愿进行信息披露的机制。信息披露充分对于企业是有利的，对于企业价值、融资成本、市场流动性等均有有利影响，许多企业能够认识到这些有利之处。一些企业、社会组织具有强烈的主动披露信息的意愿，但又缺乏必要的方法和能力，并且市场经济的发展使得各类无效信息充斥市场，而"市场注意力"是稀缺的"资源"，各类竞争性信息的出现会降低投资者的及时反应，分散投资者的注意力，会使市场对相关信息无法做出及时有效的反应。实证发现，尽管证券监管部门出台了限制上市公司集中披露信息的制度，但财务报告集中披露的现象在资本市场还是普遍存在，上海、深圳两个证券交易所上市公司财务报告"前松后紧"的现象非常明显，平均业绩呈现前高后低趋势，许多公司选择在投资者注意力比较分散的日子披露坏消息。② 从这样的视角出发，便可设计出一种机制，通过信息的竞争性披露，实现金融市场环境的优化和信息不对称局面的消除。

有效信息的竞争性披露机制，其关注点在于确立权威信息发布渠道、促进经济主体在权威信息渠道上披露有效信息，剔除无效信息对市场注意力的干扰，最终形成市场信息充分、有效的目标。健全金融市场信息披露制度包括以下内容：一是规定信息披露的权威渠道。这是指市场监管者指定的报纸、电视、广播、网络所组成的媒体范围。经济主体遇有重大信息，必须在这一媒体范围内进行披露，从而将社会公众的注意力集中到这些权威的信息发布渠道上来。这一权威信息发布渠道的规定，就形成了竞争性披露的格局。二是规定披露信息的经济主体范围。公众公司都要按规定披露其重要信息；对国民经济稳健运行具有重要影响的行业和企业要公布信息；对金融体系稳定有重要影响的各类金融机构，不论何种组织形式，均须公开信息；对公众安全有重要影响的行业和企业，要公开其涉及公共安全的信息。三是规定经济主体的信息披露内容。四是规定信息披露强度，即信息披露的周期、频度。五是建立信息披露的激励和约束机制。六是为了节约社会成本，其他经济主体可以自行确定信息披露的渠道、信息披露的内容和强度，不须进行信息披露的经济主体也可以比照以上规定提高信息披露的水平。

---

① ［美］肯尼思·阿罗（Denneth Arrow）：《信息作为一种商品》（黄少卿、余江译），收录于《比较》（第17辑），中信出版社2005年版，第59~62页。

② 于李胜、王艳艳：《信息竞争性披露、投资者注意力与信息传播效率》，载于《金融研究》2010年第8期。

八、金融生态环境综合评价

金融生态环境是各种经济社会发展环境的综合体现。对一个地区金融生态环境进行评价，可以反映该地区金融业发展的潜力，对于各个地区之间进行横向比较，形成激励和约束机制，具有积极意义。中国社会科学院金融研究所以经济基础、金融发展、政府治理、制度文化等四个方面的要素为基础，就中国各地区的金融生态环境评价构建了多因素评价模型，最终得出对各个省市及大中城市的金融生态环境综合评价结果，并且连续发布了评价结果。2006年度的综合评价显示：浙江金融生态环境居首，随后依次是上海、江苏、天津、广东和北京，而贵州、吉林、新疆、青海和甘肃居于后五位。[①] 社科院金融研究所又用2008年的数据对各省的金融生态环境进行了综合评价，结果显示：上海综合评分最高，在评分最高的前10个地区中，除了排在第9位和第10位的重庆和四川，其余都为东部沿海省份。与之对应，综合得分最低的10个省份，西部占了6席，东北2席，东部和中部各1席，综合得分最低的为甘肃和青海。[②] 2013年度评价报告显示，上海、北京的金融生态环境最优，其次为浙江、广东、江苏、福建、天津、山东、重庆等。

通过建立客观和权威的评估办法，由研究机构或社会中介机构开展各区域金融生态环境评价，有利于形成良好的示范效应和比照效应，形成良好的机制以促进各地区努力改善金融生态环境，这一理念已经直接影响金融机构对各地金融资源的配置。[③] 改善金融生态环境成为促进金融资源优化配置的制度性措施。

第三节　金融市场体系

市场体系的完善，可以为各类资源有效配置提供基础，形成经济系统的自动稳定功能。在各类资源配置过程中，金融资源居于核心地位。金融市场体系的完善，是整个市场体系的重要组成部分，是使金融资源得以有效配置的前提。不断完善金融市场体系，是促进金融资源优化配置的重要的机制性措施。

[①] 李扬等：《中国地区金融生态环境评价（2006~2007）》，中国金融出版社2007年版，第68页。
[②] 中国社会科学院金融研究所：《2008~2009年度中国地区金融生态环境评价》，载于《中国金融》2009年第16期。
[③] 陈果静、熊丽：《营造有活力的地区金融生态》，载于《经济日报》2014年1月8日（009）。

第四章　金融市场体系的构建：金融资源的市场组织

一、金融市场和要素市场构成

金融产业的集聚发展，需要各类市场的同步协调发展，这包括资金市场（同业拆借市场和票据市场）、信贷市场、保险市场、证券市场（股票市场和债券市场）、期货市场、外汇市场、黄金市场同步的完善化、多层次发展，以及产权交易市场和场外交易市场（over-the-counter market，OTC，亦称"柜台市场"）、农产品交易市场、林产品交易市场、土地交易市场、矿产品交易市场、文化产品交易市场、各类原材料交易市场、闲置物资交易市场、公共资源交易市场等生产要素市场，与其他生产要素市场同步发展。

二、金融要素市场体系

现代经济是一个开放的系统，要素市场体系也在不断发展。与之相适应，金融市场体系和要素市场体系的组成部分也不断地创新发展，其运行更为规范，各个市场之间的衔接配合更为紧密。由诸多金融市场和要素市场组成的金融市场体系，成为现代金融业集聚发展的重要特征。

新的经济领域的形成，会形成新的要素市场。围绕着地球环境保护，全球碳交易市场出现了爆炸式增长，2009年全球碳市场规模达到1 440亿美元，2011年更是达到1 760亿美元。[①] 美国依托多样化的区域性减排法律和有效的限额与交易机制，以芝加哥气候交易所（CCX）为平台，形成了全球第一个自愿性参与温室气体减排量交易并对减排量承担法律约束力的市场交易平台。其现有会员近450个，分别来自航空、汽车、电力、环境、交通等近30个行业，形成了比较完备的碳交易产品体系，既可以进行碳信用现货交易，也可以进行碳期货交易，为会员提供了多样化的交易选择。[②] 北京、天津、上海已经建立环境交易所，深圳市依据地方立法建立了国内首个碳排放权强制交易市场，并依托设于前海的碳排放权交易所于2013年年中时正式启动了碳交易，形成了新的要素市场。[③] 应借鉴创设此类金融要素市场的先进理念，不断加强金融市场创新，并在交易平台、交易制度、交易产品、交易方式、交易价格、交易程序以及商品交割方面进一步完善，形成健全的金融要素市场体系。

---

① 潘功胜：《加快构建以"总量控制+配额交易"为核心的市场化减排机制》，载于《中国经济时报》2013年7月2日（021）。
② 韩鑫韬：《美国碳交易市场发展的经验及启示》，载于《中国金融》2010年第24期。
③ 吕绍刚：《启动碳交易 释放新红利》，载于《人民日报》2013年6月18日（10）。

金融市场体系有一个创新发展和不断完善的过程。多层次资本市场体系的一项重点是场外交易市场建设，是推动整个金融体系由传统金融体系向创新金融体系转变的重要途径。市场融资需求是多样的，可以用多维、分层的方式来分类，每个层次的融资需求都因风险偏好、投资期限、回报率以及产品复杂程度而体现出不同特征，金融市场要满足投资者不同种类的投资偏好，就需要多层次资本市场及其多样化的投资产品。① 美国的场外交易市场有着纷繁复杂的组成部分，大体上包括以下几种类型：固定收益、大宗交易、外汇产品（fixed income, currency and commodities, FICC）和衍生品（derivative）交易市场，这一市场交易规模巨大；上市证券的交易市场，包括经纪商之间的大宗交易平台、电子交易网络（electronic communication network, ECN）和"黑池"（dark pool）股票交易平台；未上市证券的交易市场，包括公告板市场（over-the-counter bulletin board, OTCBB）、粉单市场（pink OTC）和灰色市场（grey market）；特定私募证券的转让市场，只在合格的机构投资者之间进行交易。随着中国劳动力供求关系的变化和"人口红利"的逐渐消减，对创新红利的需求逐步得到重视，对创业投资等创新金融服务的需求将随之增加，创业投资面临新的历史机遇期，建设多层次资本市场成为完善资本市场体系的重要措施，国务院在2013年12月发布《关于全国中小企业股份转让系统有关问题的决定》就被认为是中国形成多层次资本市场架构的重要制度基础。场外交易市场的形成，可以使众多尚未直接走入股票交易所的企业，便捷地进行股权转让、向特定投资者进行一定程度的融资。这一市场为最终走上市之路的企业提供便捷通道，是规范企业治理结构、规范经营行为的起点。深圳前海股权交易中心作为场外交易市场的一种创新模式，严格定位于私募市场，坚持无行政审批、无登记托管费用、无原有企业形态改变、无行业限制、无强制性信息披露、无一级/二级市场严格划分、无批量发行限制、无交易时间限制、无上市阻隔、无限期的培训咨询的"十无"特点，强调市场自治、规则公开，发挥市场的自我管理功能，使金融市场的资源配置功能得以深化，半年时间挂牌企业达到2 700多家。②

金融在现代经济中的触角无处不在，实体经济的绝大多数领域均可成为金融市场的拓展方向，各个地方可结合自身资源优势和发展特点，完善金融要素市场体系，促进经济的金融化发展。

重庆市提出了独具特色的金融市场体系建设目标，在建设长江上游地区金融

---

① 周小川：《资本市场的多层次特性》，收录于祁斌主编：《未来十年：中国经济的转型与突破》，中信出版社2013年版，第1～13页。

② 胡继之：《站在前海前沿的思考》，载于《上海证券报》2013年12月24日（A1）。

第四章 金融市场体系的构建：金融资源的市场组织

中心的同时，大力发展非银行金融机构，重点发展保险公司、小额贷款公司、担保公司、信托公司、金融租赁公司、私募基金、风投基金、财务公司、汽车金融公司、消费金融公司十类机构。尤其是重点发展金融要素市场体系，组建农畜产品交易所、联合产权交易所、农村土地交易所、股份转让中心（OTC 市场）、药品交易所、内河航运交易所、金融资产交易所等市场体系（号称"七大交易所"），并推动加工贸易的离岸金融结算、电子商务的国际结算和跨境贸易人民币结算，形成了票据结算中心的独特定位，在业界和国内引起了积极反响①。各地根据自身特点建立交易场所并规范运作，有利于生产要素流动和资源优化配置，发挥金融要素市场的价值发现、套期保值、风险管理等功能。

北京市优化金融市场体系的努力，依托于北京金融资产交易所（CFAE）和北京产权交易所（CBEX）的运作，取得了很大成效，形成了金融要素和生产要素的系列交易平台，包括中国银行间市场交易商协会指定交易平台、财政部指定的金融类国有资产交易平台（业务范围涵盖债务融资工具产品发行与交易、金融企业国有资产交易、债权资产交易、信托产品交易、保险资产交易、私募股权交易、黄金交易等）以及中央企业和金融企业国有产权交易、环境权益交易、中央和国家机关行政事业单位资产处置、市属行政事业单位资产处置、北京文化创意产业投融资服务、矿业权交易、石油化工产品交易、国家技术转移示范机构、区域中小企业产权交易、国家专利技术交易等所组成的综合性产权交易平台。北京产权交易所 2013 年各类产权交易成交金额达到 10 195.8 亿元，成立 10 年来累计完成交易额 3 万多亿元。② 这一系列交易平台和交易机构所构成的金融要素市场体系，能够发挥资源整理和组合、项目招商、交易撮合、交易鉴证、组织竞价、价值重估和价值发现、资产重组和资本运营、资金结算等服务功能，形成了金融要素和生产要素集聚、交易的市场体系，金融要素相应地参与运行，形成金融与经济、金融市场与商品市场和要素市场彼此衔接、相互促进的局面。

在发展各类新型金融机构的基础上，上海市也提出了许多加强金融市场体系建设的内容，一是拓展金融市场广度，扩大票据业务规模，争取把上海建成全国票据集中交换的中心；推进信贷转让市场建设；探索建立保单、信托资产转让等市场。二是促进债券市场加快发展，促进债券一、二级市场建设及其协调发展；促进银行间债券市场与交易所债券市场在投资者、交易品种、登记托管等方面的互联互通。三是加大期货市场发展力度，支持上海期货交易所推出新的交易品

---

① 杨永芹：《区域性金融中心初具轮廓》，载于《重庆日报》2010 年 12 月 7 日（008）。
② 钟志敏：《传统和创新业务齐头并进　北交所年成交额首次突破万亿元》，载于《中国证券报》2014 年 1 月 27 日（A14）。

种，促进形成亚太地区原油等大宗产品基准价格；推出新的期权类产品，开发新的金属类期货以及商品指数期货；探索期货市场引入合格机构投资者的有效途径。四是完善多层次资本市场体系，制订不同市场和层次间上市公司转板方案，提高上海证券交易所的地位和市场影响力；先行探索非上市公众公司股份转让市场，并逐步辐射其他领域及长三角地区。五是积极发展上海再保险市场。这些措施，有的业务领域虽然比较狭窄，有的虽然只是金融业的未来趋势，但其"含金量"都是很高的，对于新型金融机构、新兴金融市场的建设，有着极为重要的引领意义。上海在建设国际金融中心和国际航运中心的过程中，还推动了航运金融业务发展，营造有利于促进航运业发展的金融环境，增强发展的"软实力"，其实也是优化金融资源的措施。

三、金融资源集聚的市场机制

金融资源优化配置所取得的效果，即金融资源的集聚发展，主要体现在金融功能区以及金融中心的形成和发展之中。

（一）金融功能区内涵

金融功能区是指汇集了大量金融机构和现代服务企业，以金融产业（银行、证券、保险、基金等）为主导，以其他相关现代服务产业（比如法律、会计、审计、评估、投资顾问、信息咨询、专业培训等各种中介服务）为辅助的某一块区域，利用所聚集起来的各种要素和条件，实现金融资源的合理开发和高效配置，促进周边地区的经济增长，带动整个地区甚至一个经济体和一国的经济发展，成为该地区或该国的竞争优势所在。金融功能区是以金融业为主的现代服务业高度发达的地区，对金融机构、网络通信、交通旅游、餐饮购物、休闲娱乐、绿地环境等配套设施有更高的需求。

金融功能区的形成，不仅是一个经济区域的功能定位和区域建成，还包括其他许多附属条件和市场功能。逐步完善配套服务功能是金融功能区建设的重要内容。金融产业是现代高端服务业，在传统金融业务基础上，需要更多附加值高的增值服务。金融产业增值服务的开发，离不开其他行业和产业的配套服务，如基础设施、研发培训以及外包服务等，以期实现对金融产业高端增值服务的强力支撑。全球主要发达国家都很重视金融功能区的功能建设，努力完善区域内基础设施，优化配套的服务产业，促进物业结构提档升级，构建文明和谐的人文环境。北京和上海等地非常重视为金融功能区提供配套服务，高端金融公寓、商务、餐饮、娱乐、休闲等配套服务设施完备，一方面支持金融产业开发高端增值服务；另一方面通过声讯经济产业、金融数据中心建设，形成了较大规模的金融后台服务中心，发挥了服务外包产业的价值链管理和金融资源价值提升作用。

（二）金融功能区理论基础

金融功能区或者金融中心的形成，其理论基础是工业企业的区位理论。[①] 区位理论揭示了在不同区位进行生产所耗费的要素和制造成本的总和，最优的区位选择是那种能使税后利润最大化的区位。影响企业区位选择决策的主要因素可以归纳为供给（生产要素）和需求（产品）两个方面，以及所给定地点与可代换地点之间的外部经济性的差异。对于金融业的选址问题，影响金融机构的供给因素，主要是那些金融机构运行所须生产要素，包括经营许可证、专业人才、经营场所、设备以及投入资金的成本。在需求方面，客户联系显然是最重要的因素，清算体系的格局、监管当局分支机构的布局，也对金融机构选址造成重要影响。金融中心的聚集效应主要体现在跨地区支付效率的提高和金融资源跨地区配置效率的提高。金融中心以集中交易为其显著特征，正是在集中交易中，产生了可观的外部规模经济效益。

（三）国外金融功能区建设经验

1. 拉德芳斯金融功能区

法国巴黎的拉德芳斯金融功能区是国际金融、商贸组织的集聚地之一，为了增加配套设施，为本地区大型机构的从业人员提供更为舒适、便利的工作环境，以便增强吸引力，拉德芳斯金融功能区在建设过程中增设了现代化购物中心、超级市场和零售商业网点、饭店和快餐店、影剧院及其他商业、文化和娱乐设施，形成了欧洲最大的购物中心之一。科学合理的配套设施成为拉德芳斯金融功能区持续发展的成功经验。

2. 曼哈顿金融功能区

曼哈顿老城是纽约金融中心的核心区，华尔街就位居于此。曼哈顿老城通过兴建配套高档居住物业，提供便利的职住一体化环境，有效解决了中心区"白天繁荣，夜晚没落"的问题，保持了本地区的吸引力。该区域内有 7 000~8 000 个居住单元，多数为中高档的公寓。为了进一步增强曼哈顿老城的吸引力，持续改进曼哈顿老城的就业环境，纽约市在 2005 年重建曼哈顿老城时重点规划了其配套环境。

[①] 李扬：《金融中心：集聚金融资源的有效机制》，载于《中国城市经济》2004 年第 12 期。

3. 伦敦金融城与副中心

伦敦金融城（City of London，英国人习惯称之为"伦敦市"）是指伦敦最初发展起来的方圆一平方英里地带，有近 2 000 家金融机构、30 万金融从业人员，聚集有 500 家外国银行、200 多个外国证券交易中心，每日外汇交易量是华尔街的两倍之多。[①] 伦敦金融城历史悠远，出于保护历史风貌的考虑，实行了"限制性分区"政策，在旧城与西敏区形成了以公司总部和专业服务业为主体的商务活动集中区，并且将商务活动分区限制在伦敦中心区和西敏区等单纯的 CBD 内，在这两个区域内提供公司总部、专业服务和零售、娱乐等活动场所。但由于受制于城市规划，办公面积难以实现突破，配套设施难以匹配，交通比较拥挤（还实施了"伦敦中心交通拥挤收费区入区收费"措施），造成伦敦金融城的吸引力下降，许多机构迁出了金融城，在金融城以东的金丝雀码头（Canary Wharf）发展成另一个金融机构汇聚的地点。

4. 东京内城与新宿

日本的东京内城与伦敦遭遇了同样的问题。东京内城在建设初期的建筑以高端写字楼为主，对配套设施考虑得不多，导致后来交通拥挤、通勤成本高，许多金融机构离开了内城或者不愿意进驻内城，而是选择在内城以西的新宿作为新的办公地点。经过 40 年的规划建设，新宿副都心呈现欣欣向荣的景象，建成的商务区总用地面积为 16.4 公顷，并成为东京的一大景观——超高层建筑群。随着东京都部分政府办公机构的迁入，使副都心的影响力得以显现，以金融为主的各种高端服务行业纷纷涌入新宿。

5. 无外汇管制的迪拜

设立于 2004 年的迪拜国际金融中心（DIFC）是迪拜十多个自由区中的一个，除了建设高档酒店等世界一流的基础设施，实行高标准、高透明的法规，发展旅游购物等高度发展的服务业作为支撑，迪拜的最大吸引力来自于零税率和无外汇管制，使其成为真正的自由港，成为正在崛起的中东金融中心。[②]

（四）香港金融功能区建设经验

中国香港的金融功能区建设受益于区位与制度优势。中国香港在时区上与伦敦、纽约三分全球，可以使全球金融 24 小时运作，建立了完善的法律体系和系统、严明、高效的经济金融监督机制，实行低税政策和进出口商品不征税的自由

[①] 李俊辰：《伦敦金融城——金融之都的腾飞》，清华大学出版社 2007 年版，第 3~4 页；宋怡青：《伦敦金融城的挑战》，载于《财经国家周刊》2013 年第 17 期。

[②] 付碧莲：《迪拜："中东金融中心"正崛起》，载于《国际金融报》2013 年 3 月 14 日（7）。

港制度，并得益于发达的会展经济、旅游业等现代服务业支撑，连续18年被评为全球资金流动最自由的国际金融中心，担任着把包括中国大陆在内的亚太地区与全球其他地区联系起来的重要角色。①

（五）建设金融功能区的意义

加快金融功能区或金融商务区建设，对促进资源集聚型金融产业园区发展具有重要意义。每一个区域中心城市，都需要一个金融业集聚的金融功能区。金融产业服务面广，资源集聚和配置优势明显。金融功能区的开发建设，能够汇集众多金融机构和现代服务业，充分利用集聚的各种要素和条件，有效实现金融资源的合理开发和高效配置，有力促进了周边地区的经济增长，进而带动整个地区的经济发展。从国际情况看，全球主要发达国家普遍通过金融功能区实现金融资源集聚，产生了资金"洼地效应"，形成了若干带动能力强劲的金融产业集群。从国内情况看，上海市以浦东新区开发开放为契机，引进了汇丰（HSBC Bank）、花旗（City Bank）等几百家外资金融机构和中资金融机构的地区总部，努力建设陆家嘴金融商贸区，力求将其建设成为国际一流的金融中心；同时，在张江国家级高科技园区建立了以"银行卡产业园"为主题的金融信息服务产业基地，中国人民银行征信中心、反洗钱监测中心和支付系统上海中心、中国银联产业发展基地、中国银行信息中心、交通银行数据处理中心等机构入驻，其发展目标是建立以金融信息服务和金融业务流程外包（BPO）为核心，以技术密集型和资本密集型的金融技术服务为支持的高科技金融信息服务区。从实际效果看，金融功能区以促进金融产业发展为核心，以服务本地金融市场为目标，加强金融产业园区建设，不断完善园区功能，提高园区配套服务能力，推动新的金融相关业态的形成（如地区管理总部、金融数据中心），促进了当地金融市场和金融产业的快速发展，对区域经济增长起到了强大的推动作用。

（六）金融集聚效应的形成

金融业与其他产业是协调发展、相互促进的关系。金融业发展具有集聚效应，金融发展具有"极化"特点，而且中国近年来的金融极化趋势有所增强，速度有所加快，表明金融资源向某些金融发达地区聚集，并形成了多个"极核"地区。② 这其实是金融中心逐步形成的表现。尤其是东部地区由于拥有

---

① 卫容之等：《香港：远东离岸中心的崛起之道》，载于《国际金融报》2013年3月4日（7）。
② 邓向荣、杨彩丽：《极化理论视角下我国金融发展的区域比较》，载于《金融研究》2011年第3期。

"先行先试"政策，使金融资源向东部地区快速转移，便形成了金融资源的集聚效应。

　　金融业集聚效应的形成过程是与实体经济相互协调的过程。在此提供一个反例——美国虚拟经济过度发展带来的问题。如果一个国家能够把资金主要投向能体现其比较优势的技术创新，就会产生不断的技术进步和生产率的提高。美国近些年来并没有将资金主要投向能够促进生产率长期增长的行业，使金融脱离了实体经济的发展，而美国多年来将其大量的制造业转移到海外，使得通过制造业信息化提升劳动生产率的机会也被失去，因此不可能再有大量的科技创新项目需要大规模投资。在这种情况下，华尔街金融资产的供应实际上是没有实体经济发展作为支撑的。[①] 由于投资效率低下，导致了债务危机的发生，这就从金融效率的角度给全球金融危机找到了新的解释，可以看出促进金融资源优化配置、提高金融效率的重要意义。还有一个更为实际的反例——美国生产者服务业的发展状况。"后工业化社会理论"是由美国社会学家、哈佛大学教授丹尼尔·贝尔（Daniel Bell）在1973年系统提出的，认为后工业化社会的经济主要是服务性经济，专业技术人员在后工业化社会占主导地位，理论知识成为社会革新和制定政策的主要资源，后工业化社会通过技术预测和技术评估来规划和控制技术的发展，并运用新的智力技术来进行决策。后工业化社会以质量优先增长为中心组织经济，这种可持续增长来源于消费性质的改变和技术进步，因为服务消费在现代经济中占有支配地位。[②] 美国作为世界上服务业最发达的国家之一，2008年生产者服务业占GDP的比例就达到了64.5%。生产者服务业包括批发、零售、交通和仓储、通信、金融、保险、不动产和租赁、专业性商业服务、技术性服务、企业管理服务、行政管理服务行业。统计分析发现，从长期的变化状态来看，随着美国国民经济的快速发展，后工业经济的到来，其国内经济增长的重心已不再是生产制造业，取而代之的是由消费者服务业来促进经济的快速增长。问题在于，美国的生产者服务业发展并没有促进美国制造业的发展，美国发达的生产者服务业并未实现与制造业的融合与互动，相反两者呈现出独立发展的分离状态。[③] 应强调大力发展主要面向生产者的服务业，实现经济增长主要依靠工业带动向第三产业协调带动转变。

---

① 张若雪、袁志刚：《技术创新能力、金融市场效率与外部经济失衡》，载于《金融研究》2010年第12期。

② [美] 弗雷德·布洛克（Fred Block）：《后工业的可能性——经济学话语批判》（王翼龙译），商务印书馆2010年版，第189~217页。

③ 杨玲：《我国生产者服务业发展中的警示——基于后工业时代对美国生产者服务业的深度探究》，载于《经济经纬》2009年第5期。

第四节 金融市场促进金融资源优化配置

金融市场结构对融资的促进作用可以从多个方面得到说明,这包括各种生产要素的便利交易、变现并实现资本化,金融机构的集聚,融资方式的多样和金融产品的丰富,市场运行的公开透明和秩序良好,信息交流的顺畅及信用环境的优化,法制环境和社会环境优良等制度性便利。

一、完善金融市场制度

中国金融市场体系不健全,主要表现在金融资源系统各组成部分的产业规模分布不均衡,金融资源系统内各个具体产业、金融产品的结构不完整、不均衡,系统风险集中,金融资源系统以银行业居于支配地位,而银行系统存在"大而不能倒"、"小也不能倒"、同质化盲目竞争、靠利差生存而缺乏服务创新动力等问题,体现了中国金融体系是银行主导的间接融资为主的金融体系。为有效应对全球金融危机的持续影响,中国推进经济结构调整、优化产业结构、扩大国内需求的同时,就是推进金融体系的结构建设和发展,一方面要促进金融体系功能完善和结构化建设,另一方面要健全金融市场制度,政府机构放弃以行政管控替代金融资源积累的思维方式,为金融业的业务创新和市场发展松绑,创造有利于市场结构化进程的制度和政策条件。市场结构和业务层次的拓展,自然有利于促成中国金融体系的市场结构化进程。[1]

金融体系就是一种制度安排。这种制度安排强调各类参与金融市场的经济主体按照大家共同确定的金融运行规则行事,积极表露各自的私人信息,提高资金使用效率,节约交易费用,使经济运行效率得以提高。组织行为学(Organizational Behavior)有主张认为,组织的制度化(institutionalization)使其更有生命力,使其独立于组织创建者和组织成员,使其本身具有了价值,而不仅是因为它所提供的产品或服务才有价值,"它有了恒久性"。[2] 因此,完善金融市场制度,有利于金融资源优化配置,体现出制度化优势。

---

[1] 陆家骝:《金融体系约束与中国经济非平稳增长——基于不完全市场理论的分析》,载于《经济科学》2011年第2期。

[2] [美]斯蒂芬·P·罗宾斯(Stephen P. Robbins)、蒂莫西·A·贾奇(Timothy A. Judge):《组织行为学》(第十二版)(李原、孙健敏译),中国人民大学出版社2008年版,第489~490页。

二、健全金融市场体系

除了多层次信贷市场体系、多层次资本市场体系、多层次保险市场体系之外，健全金融市场体系，应努力发展货币市场、外汇市场、黄金市场及各类要素市场。金融市场和要素市场发展，可以从以下五个方面体现出对于优化金融资源的有利之处：第一，便利融资，金融市场发达意味着金融产品的丰富和融资可能性大为增加；第二，便利交易，金融市场集聚了数量众多的参与者，使供给和需求充分衔接；第三，便利变现，即使是专用性资产，由于要素市场体系的健全，以及存在融资租赁这类融资与融物结合的融资方式，使资产变现和交易更为便利；第四，便利交易秩序稳定，优良的市场交易环境使市场参与者的预期更为稳定；第五，便利信息交流，金融市场的交易规则，确保了各类参与者更多地公开其个人信息，以使自身的信用状况受到肯定，这意味着整个市场上信息充分性的大大提高。

三、金融市场化改革

在金融市场体系中，金融机构的运行机制逐步市场化，按照市场经济规则，在市场信号的引导下运行，金融机构会健全内部运行机制，健全激励和约束机制，使金融机构自我组织金融资源的潜力得以发挥。金融市场化也有利于形成更多的新型金融机构，使金融机构开发出更多的金融产品，从某种程度上缓解融资艰难的局面，使中小微企业、战略性新兴产业、"三农"、创新发展这样的领域得到更多融资。

四、金融市场信息传递

健全的金融市场能够使价格信号更准确、市场交易信息更充分，而信息问题是市场交易最为重要、最为缺乏的。金融市场化有利于形成稳定的利率生成机制和稳定的汇率生成机制，形成结构良好的利率体系，金融市场所提供的价值估值功能也有利于使各类资源接近其公允价值并展现给整个市场，使融资行为、资本运营操作更便捷地展开。当价格机制健全起来，金融市场供求的调节便可以由市场机制发挥决定性作用，促进经济主体有效组织金融资源。

摩根大通银行（J. P. Morgan）收购贝尔斯登（Bear Stearns）和华盛顿互惠银行（Washington Mutual Bank）之举，可以诠释金融机构充分运用市场机制、

第四章 金融市场体系的构建:金融资源的市场组织

掌握市场信息、把握市场走势、提升自身金融资源水平的行为。① 摩根大通银行由美国大通银行和JP摩根合并而成,并收购了芝加哥第一银行,拥有超过2万亿美元的总资产,存款额达到1万亿美元以上,占美国存款总额的10.51%,为仅次于美国银行(Bank of America)的第二大金融服务机构,业务范围涉及投资银行业务、金融服务、金融事务处理、投资管理、私人银行及私募股权投资。

美国次贷危机于2007年发生之后,金融业遭受重创,金融机构破产、兼并事件比比皆是。靠着自身稳健的经营策略,摩根大通银行的风险预见性使其能够及早处置那些后来被称为"有毒资产"的高风险、复杂的金融产品,并且资本金充足也使其有利于应对市场变化。因此,金融危机严重的时期,虽然摩根大通银行部分业务也出现亏损,但它却能够在金融危机的凄风苦雨中独善其身。金融危机在世界范围内的发生和发展,给财务状况相对稳定的摩根大通银行带来了并购和扩张的机遇,实现了其乱局取胜的高水平资本运营。

2008年3月,有着85年历史的美国第五大投行——贝尔斯登宣布出现严重的现金短缺,处于濒临破产的边缘。为避免恐慌进一步蔓延和系统性金融危机,美联储和摩根大通银行联合行动,为贝尔斯登提供了紧急救助,随后美联储和财政部以交易中间人的身份提出收购贝尔斯登的要求时,摩根大通银行承担起了责任。在历史上,摩根大通银行也有过在危机时刻担当大任的经历。经过对贝尔斯登的收购,使摩根大通银行找到了扩展投资银行这一关键业务领域业务的机会,也形成了新的利益增长点。到2008年9月下旬,摩根大通银行以19亿美元的超低价格收购了拥有119年历史的美国最大存贷款机构——华盛顿互惠银行,使摩根大通银行成为存款达6 000亿美元的全美最大存款金融机构,拥有全美第二庞大的银行分支网络,同时形成了美国最大的信用卡业务部门。

这两宗收购,既是美国应对金融危机的重要举措,又是金融机构组织业务资源、积极进行扩张、加快自身发展的过程。政府机构以及政府组织金融机构参与救市,减弱了金融危机冲击,有利于稳定市场预期,同时可以成为市场化行为和经营获利的过程,这便是政府机构运用激励相容原则,吸引商业性机构参与政府公共活动的重要方式。因此,当美联储需要一个强有力的金融机构来参与救市时,密切跟踪市场走势并早有准备的摩根大通银行就成为首选。收购同时使摩根大通银行的市场地位更加彰显,其通过准确把握外部环境的变化,进行反周期运作,从而极大地提升了自身金融资源的掌控水平,成为金融行业的领航者。

---

① 李喜凤等:《审时度势摩根大通乱局取胜》,载于《资源经济与管理研究》2010年第1期。

五、优化金融市场环境

金融市场环境的优化,有利于形成便捷的支付手段,促进经济交易顺利进行。以银行卡快速发展为例。中国国内银行卡截至2011年年末累计发行28.5亿张,2009年、2010年、2011年分别比上年增长14.8%、16.9%、18%。银行卡使用更加普遍,平均每张银行卡使用次数增加,每笔交易金额有很大提高,银行卡在社会支付中的重要性日益提升,为实体经济提供了良好环境。使用银行卡的商户中,房产、汽车、宾馆、餐饮、商业、旅游业商户均获得较快增长。金融服务创新也带来了以互联网支付、移动支付以及电话支付、电视支付、指纹支付、条码(二维码)支付、自助终端支付为代表的支付渠道创新,尤其是互联网支付已经成为电子商务的主导支付方式。[①]

技术手段可能制约融资,技术创新也能为开发新的金融资源提供契机。金融市场原来存在一种倾向,就是一直将各类技术手段作为融资行为的工具,即使在电子商务快速发展的情况下,金融体系也没有更多地渗透其中,金融业态演进并不迅速。市场需求给互联网金融提供了新的契机,互联网近些年的迅猛发展,使其与金融机构的结合走过了外部技术运用的初级阶段,开始核心业务的渗透与融合,带来传统金融业态边界模糊,金融综合经营不断深入,金融市场呈现新的发展方向。以"第三方支付平台"为代表,在市场自然演进的基础上,形成了依托互联网技术和理念提供资金划转、资金融通、产品销售的金融活动,并开始发挥金融市场体系的许多功能。

目前,互联网金融包括三类行为:一是受监管的金融机构通过互联网提供金融服务;二是非金融支付清算机构开展网络支付服务;三是未纳入监管的非金融机构以互联网为平台开展的资金融通。其业务模式主要有网络P2P借贷(peer to peer,网络平台两端的借贷双方都是个人,或称人人贷)、众筹融资(crowdfunding)、移动支付、在线发票交易融资。以欧美国家的P2P借贷为例,这一网络借贷平台为拥有闲置资金的人提供了新型财富管理模式,实现用户之间的资金直接借入或借出,使创业资金来源能够摆脱传统金融机构,而从认可其创业计划的大众手中直接筹集,其本质是一个交易市场,美国的Prosper和英国的Zopa是其中两个成功的例子。[②] 美国政府对这一融资模式采取了不过分干预的态度,Prosper网站虽曾被美国证监会(SEC)勒令关闭,但2012年4月生效的JOBS法案

[①] 苏宁、许罗德:《中国银行卡产业发展报告(2012)》,上海文化出版社2012年版,第20~25页。
[②] 杨涛:《互联网金融挑战大财富管理》,载于《上海证券报》2013年7月23日(A8)。

第四章 金融市场体系的构建:金融资源的市场组织

(Jumpstart Our Business Startups Act)使众筹融资合法化,其在接受了政府的限制条件后获准重新开业,监管部门 SEC 和 FINRA(美国金融业监管局)还为众筹融资发放专项中介牌照——"集资门户"(Funding Portal),众筹融资出现爆发性增长。2012 年全球约 100 万个项目成功筹集 27 亿美元,2013 年北美众筹融资规模达到 37 亿美元。中国自 2007 年开始出现网络贷款,2010 年仅有 20 家左右,目前有 400~500 家,2012 年交易额超过 200 亿元,2013 年交易规模达到 800 亿~1 000 亿元。[①]

从经济理论上看,中小企业融资的主要障碍在于信息不对称,互联网金融在技术上有利于这一难题的解决。Zopa 平台以社会经济学的研究理论为基础,依托评级模型及计算公式,衡量借贷客户的消费习惯及还款概率,并将贷款分割成若干小份以分散风险,在参考借款人的风险类型、信用评级、借款期限及利率并由贷款人以贷款利率竞标的基础上,借贷双方被匹配撮合而完成交易,这就在相当程度上发挥了金融体系所具有的资金时空配置、风险管理、支付清算、信息发掘等主要功能。再以 Prosper 为例,这一互助借贷平台创造性地利用了"客户组"(group)的概念,使单个借款人与所加入的客户组建立了密切的信用联系,单个借款人的信用评级和还款记录将提升其所在客户组的信用积分,整个客户组的信用状态决定组内所有借款人的利率水平,同时鼓励组内借款并实行内部监督,[②] 这就将本来完全不相关的经济个体组织化为经济单位,通过信用制度设计使其运行具有组织化特征,原有资源得以优化,融资优势得以充分发掘。互联网技术促进金融资源开发的又一例子是金融市场上"另类交易系统"(alternative trading system,ATS),证券交易行业以互联网技术为基础,开发出按照既定规则自动聚焦并撮合证券委托买卖的电子交易系统,这类系统也称为多边交易设施(multilateral trading facility,MTF),交易涵盖了上市股票、未上市股权、外汇、固定收益产品、金融衍生品和资产组合等各类可交易证券品种,具有高度自动化、交易高速度、交易成本低廉、交易品种丰富、去中介化、交易方式多样化等特征,已经成为推动资本市场质量改善的主导力量。与此相关的,是有利于寻求和增强流动性的金融市场交易系统的普遍应用,表明技术手段的优化有利于增强金融市场流动性,有利于缓解困扰金融市场的信息不对称问题。[③]

这些都说明,传统融资行为所依托的技术手段在理念创新、技术创新、制度

[①] 高小:《网贷平台遭遇倒闭潮》,载于《参考消息(北京参考)》2013 年 11 月 11 日(8);彭梁洁:《P2P 公司集体非正常死亡调查》,载于《参考消息(北京参考)》2013 年 11 月 11 日(9)。

[②] 何崇阳:《P to P 融资模式及其对银行业的冲击——以 Zopa 和 Prosper 互助借贷平台为例》,载于《银行家》2007 年第 7 期。

[③] 杨明秋:《论全球证券交易系统七大发展趋势》,载于《世界经济研究》2010 年第 11 期。

创新的基础上，可以与其他要素进行优化组合而开发为新的金融资源，形成新的融资优势，创造新的融资模式。

第五节　社会信用体系

一、健全社会信用体系

金融市场顺畅运行，需要良好的外部环境，尤其需要健全的社会信用体系。金融资源配置面临着特定的外部环境，主要包括宏观政策环境、外部经济环境、金融市场环境和社会信用环境。在市场经济条件下，在所有影响金融资源配置效率的外部环境因素中，社会信用环境是最为主要的方面，因为从本质上说，金融业是一类基于诚信文化之上实现跨期交易的社会信用体系，金融市场可以使其参与者用现在的禀赋（endowment）来满足未来的需求，使金融资源在不同时期和状态上进行配置。[①] 良好的社会信用环境可以促进金融资源的集聚和金融业高效率运行，金融业的健康发展也会对社会信用环境产生积极的影响；相反，如果整个社会的信用失去秩序，就会对金融资源集聚的效率和水平造成严重的负面影响。

社会信用由政府信用、企业信用、个人信用组成。政府信用在整个社会信用体系中起导向作用，政府机构既是市场规则的制定者，又是市场规则的执行者，其行为对企业和社会具有很强的示范效应，守信的政府行为可促进社会信用环境的改善，政府失信会对社会信用水平产生负面影响。企业和个人是金融资源的承载主体，企业和个人的信用状况与金融业运行状况直接相关，良好的企业信用是金融资源集聚和金融机构实现高效益的必要条件，企业和个人信用状况不佳则会导致金融资源的低效配置，严重的可以引发金融危机。

二、发展各类中介机构

按照公民社会理论，一个社会中公民的良好自我组织，是这一社会稳定和谐发展的基础。建立和发展各类社会组织和中介机构，应按经济规律进行。社会组织和中介机构发挥作用突出，有利于利用市场机制进行经济主体信用增进，可以

[①] 李延凯、韩廷春：《金融环境演化下的金融发展与经济增长》，载于《世界经济》2013年第8期；王江：《金融经济学》，中国人民大学出版社2006年版，第17~22页。

第四章 金融市场体系的构建:金融资源的市场组织

形成社会化的监管体制,为金融机构积极作为提供鉴证意见。再加上各类社会组织的配合,使经济主体的金融资源得以整理、整合和优化,有利于体现规模效益和集聚特征。可以在原有产业链内部建立中小企业联盟,以实现产业链整体附加值的提升,促进产业链总体价值的合理分配。比如农民专业合作社的建立,将单个、分散的农户组织起来;中小企业协会的建立,将处于弱势地位的个别中小企业联合起来。此类组织形式可以提高农户、中小企业的整体议价能力和金融资源组织化发展水平,追求更便捷的融资和更大的产业链价值。

应积极发展社会中介机构。健全信用体系,加快发展征信事业,围绕信用风险揭示和价值发现这一主要功能,尽快发展完善信用评级行业。对信用评级机构予以准确的市场定位,明确经济社会中的重要事项须经权威信用评级机构出具意见的制度。健全信用评级法律、法规和制度、标准体系,建立信用评级机构的市场准入和认证制度。发挥社会中介机构的增信、鉴证作用,促进社会中介机构依法合规执业,增强诚信执业水平,提升信用评级行业的公信力,维护评级行业的独立性和专业化水平。加强对信用评级机构从业行为监管,对信用评级机构实施分级、分类管理,完善对信用评级机构的评价制度和激励、约束机制。

发展社会中介机构是优化金融市场环境的制度性措施。社会中介机构的发展可以在某种程度上缓解市场信息不对称问题的困扰,实现经济主体个人信息在经济行为中的共享,其实是由社会中介机构提供了市场交易的鉴证机制。

除完善金融市场中的信用鉴证功能之外,还应积极发展信用经营行业,积极开展信用风险管理。解决融资促进的问题和防范风险的问题,核心在于信用风险管理,运用一系列信用风险管理技术,进行风险的识别、防范和化解。信用风险管理的这些技术性方法,已经为金融系统所认知和采用,比如专家方法——也称为5C法,由专家分析五项因素,即品格(character)、资本(capital)、偿付能力(capacity)、抵押品(collateral)和周期的形势(cycle conditions),比如信用评级法,比如信用评分法(ZETA法)。随着金融创新不断涌现,金融系统需要以更为灵活、主动的态度,以更加有效、精确的方法来度量和管理信用风险,所以国际上信用管理手段不断推出,这些风险管理要么围绕评估个别借款人的信用风险开展,要么围绕评估贷款组合的信用风险开展;同时还开发出许多转移风险、化解风险的方法,比如利用信用衍生品解决"信用悖论"(credit paradox)问题,这包括信用期权、信用互换、信用远期、信用证券化等技术。① 在中国国内具有实际意义的,是发挥好融资性担保机构进行风险管理和信用增进的作用。

---

① [美]安东尼·桑德斯(Anthony Saunders):《信用风险度量——风险估值的新方法与其他范式》(刘宇飞译),机械工业出版社2001年版,第220~237页。

融资性担保公司就是经营信用、管理风险的行业。这一行业可以将不完全具备融资条件的企业和个人，尤其是中小微企业，增信为具备融资条件，因此具有一定程度的公益性。由于风险管理是难度极大、技术要求水平很高的事情，需要担保机构健全内部治理机制，提升管理信用的技术水平，并要积极推动担保机构与银行等金融机构的合作水平，双方实行地位对等、风险共担、互惠共赢的合作，共同提升融资性担保机构的行业地位，以此促进金融资源的优化。

第六节　金融资源组织与市场机制的矛盾与协调

市场经济运行模式下，金融资源配置按照收益最大化准则来进行，即以实现金融资源效率最高为准则，通过资源的市场化配置机制和资源自由流动，实现其最大化效益目标，这是市场经济体制的基本出发点，也决定了金融资源在金融市场上总是遵照效率优先的原则进行优化配置。这一基本点为明确定位政府与市场在金融资源优化配置中的职责提供了前提。现阶段，中国的金融格局是政府机构掌握着各类金融资源，表现为货币发行权高度集中，国有和国有控股商业银行及其他金融机构占中国金融市场份额的绝对比重，金融市场的准入、金融牌照的发放权力高度集中，金融市场体系和金融要素体系由国家把持，金融监管之责高度集中，促进金融资源优化配置的主要手段也集中在各级政府机构手中。从某种意义上说，中国金融资源具有政府掌控的特征，金融业发展具有政府主导性介入、强制性变迁的特征，政府意志决定了金融改革和发展的方向、快慢及路径。政府而非市场，事实上主导着中国金融资源配置。

政府与市场边界的划分是一个绕不过去的问题。现代市场经济条件下，人们对政府机构职能定位问题存在许多争论，对于政府机构规模的衡量有许多不同看法，对政府机构作用的发挥程度和发挥方式有许多不同认识。不论如何争论，有一点是无法回避的，即纯粹的自由竞争的市场机制确实吸引人，只有立足于金融体系和中国市场经济体制现实进行分析，才更有实际意义。

从促进金融资源集聚发展的经验来看，市场机制仍是金融资源集聚的决定性因素，同时应发挥政府的主导作用。承认市场机制在配置金融资源中的决定性作用，并非否定和排斥政府机构在其中的重要角色。不管是纽约、伦敦这样的国际金融中心，还是上海、北京这样的正在建设国际金融中心的全国性金融中心，其形成、发展和崛起，政府机构的作用都必不可少。调查显示，金融家们选择办公地点，关注的几项主要因素有：储备充分的人力资源、有力的监管体系、优惠的个人和企业税收制度、良好的市场经济环境和金融生态环境，这几项因素均需要

第四章 金融市场体系的构建：金融资源的市场组织

政府积极作为，才能形成综合实力。西方主要发达国家金融市场体系的成熟和金融资源组织化水平的提升，经历了一个漫长的历史进程。中国快速进入市场经济体制和融入全球化进程，金融已经处于现代经济的核心地位，现代市场经济在某种程度上就是金融经济，[①] 这就不应该将金融资源配置作为"自发的"过程，而是主动作为，中国金融资源优化配置必须压缩历史进程，政府在其中完全可以扮演积极的角色，通过各种有效手段促进金融资源的组织化发展。

政府机构主要负公共行政之责，促进金融资源优化配置的责任不能由政府机构全部承担，不能由政府替代金融市场的运行机制。即使政府机构在金融资源优化配置中发挥主导作用，其行为仍要通过金融市场来体现和实现，政府机构在其中主要起引导、组织、调控、推动作用。市场的决定性、法制化作用无法替代，金融资源的整理、整合、优化均要符合经济规律，通过市场化的方式进行。

---

① 白钦先、刘刚：《金融强国：中国的战略选择》，载于《经济与管理研究》2006年第6期。

第五章

金融资源优化配置中的创新：
金融资源与社会组织

创新是各个社会发展阶段、各个国家、各类主体极力追求的，但是对任何主体而言，创新又是极为艰难的，这是因为创新受人们的知识和智力、生产力发展水平、社会传统和创新动力、社会规则及政府管制、创新实施方法等各类因素制约。解决这些问题，必须以各类经济主体作为实施主体，尤其是发挥企业的创新主体作用。[1] 金融为百业之首，由金融在现代市场经济体系中的核心地位所决定，金融创新居于各个领域创新的高端，金融创新是各个领域创新的集合形态。金融创新具有融资促进功能，是经济社会发展进步的又一动力系统。促进金融资源优化配置，应解决金融创新理念引领、金融创新方案规划、金融创新机制设计、金融创新政策出台、金融创新思路实施和金融创新体系完善等核心问题。

第一节 社会组织与社会组织化发展

一、社会组织

组织理论是管理理论的核心内容，尤其现代经济系统日益复杂，最强调组织与环境的互动关系，从中探寻组织变迁的动力。[2] 社会组织的形成有特定的共同目标，以解决个体力量无法单独实现目标的问题。社会组织按照特定的结构形式和社会经济运行规律而组建，与组织所存在的经济社会环境不断进行适应，形成

---

[1] 李新男：《自主创新 企业是主体》，载于《中国经济周刊》2011年Z1期。
[2] 侯光明等：《组织系统科学概论》，科学出版社2006年版，第53页。

了开放性的群体。社会组织已经成为人们活动的一种形式,是社会存在的一种基本内在结构,是保证社会健康运行的一个前提。

各类社会组织有多种相关概念,这包括非政府组织(non-governmental organization,NGO)、非营利组织(non-profit organization)、社会中介组织(social intermediary organization)、社会团体、第三部门(the third sector)、志愿组织(voluntary organization)等。这些概念强调的各类社会组织都具有共同的特征,即非政府和非营利,这些组织处于"第三域",具有非公共权力,由于高组织化而在社会经济生活中具有重要地位。

社会组织的发展呈现出多层次化和多元化的特征。社会组织的"权力"、影响力和组织优势的来源并不是公共行政权力,其功能发挥主要依靠其在特定地区、行业、领域内逐步形成的凝聚力和影响力。社会组织以民间的形式存在,它不受政府机构直接统辖,不代表政府机构的立场,其行为不依靠公共行政权力的强制性。虽然这样,其行为更具有灵活性、独立性、公正性、代表性特征,更可能达到连政府机构也不易达到的效果,从而发挥独特的功能。各类社会组织功能发挥日益呈现出动态性特征,组织的功能更加体现为"组织活动"(organizing),而并不是组织的结构或组织的边界,现代组织理论普遍将社会组织看做是能够自主行动的有限社会实体,特别是各类组织均处于开放系统之中,要与其所处的环境进行互动和协同。[1] 在经济社会体系中,社会组织普遍发挥着表达意愿、结社交流、行业自律、维护权益、综合分析、传递信息、参与互动、沟通联谊、反映诉求、业务协作、运行规范、资源整合的作用,于是形成了对经济系统的秩序稳定和运行优化功能。

二、社会组织的经济功能

社会组织具有公共性特征,为特定的群体谋求公共利益,其自身并不是追求经济利益的企业。在现代市场经济条件下,社会组织主要通过市场机制吸引各方积极参与其行动,按照激励相容原则为参与各方提供各类公益服务,达到促进行业内外合作、优化经营环境和政策环境、促进资源优化配置等作用。社会组织不以自身利润最大化为目标,但是在经济系统中发挥着积极作用,其功能主要体现在具有一定的资源配置作用。

各类社会组织的功能及其定位是不同的。中国将社会组织按照机构性质划分

---

[1] [美] W·理查德·斯科特(W. Richard Scott)、杰拉尔德·F·戴维斯(Gerald F. Davis):《组织理论——理性、自然与开放系统的视角》(高俊山译),中国人民大学出版社2011年版,第443~450页。

为社会团体、民办非企业、基金会三类。社会组织可以按照行业划分，比如金融行业中，银行业的社会组织有银行业协会、银行间市场交易商协会、外汇交易商协会、房地产按揭协会、小额贷款公司协会、融资担保公司协会等，资本市场的社会组织有证券业协会、上市公司协会、证券投资基金协会等，金融市场专业服务行业有会计师行业协会、律师行业协会。社会组织可以按照区域和组织体系划分，全国性组织比如中国银行业协会、美国金融业监管局、美国债券市场协会，还有众多区域性社会组织。社会组织还可以按照功能划分。其实任何一个社会组织的功能都不是单一的，但是总有其主要功能。社会组织按功能可以分为行业协会和交易管理组织，其中行业协会代表整个行业的整体利益，致力于营造有利的制度环境，功能侧重于服务性，开展行业自律和权益维护；交易管理组织坚持服务与监管并重，其功能主要在于推动内部交易费用的降低和资源的优化组合，建立公平高效的交易环境，具有更强的资源组织和自律监管功能。美国银行家协会（ABA）就定位于建立银行家之间的联系，讨论金融与商业界重大事件，提高商业银行效率，促进银行间合作和共同发展，同时加强金融培训、信息传播，在应对全球金融危机过程中还发挥了会员银行整体利益维护者的功能。[①]

社会组织具有一定的经济规模，能吸引一定数量的就业，其发挥功能的机制主要在于：社会组织处于政府机构的公共政策与企业微观运行的中间层次上，能够在调控市场运行方面发挥作用，以中观引导自律并作用于公共政策，形成企业自我管理、社会组织中观调节、政府宏观调控这三方面的衔接和有效配合，从而焕发市场机制在配置资源方面的决定性作用。社会组织对经济系统秩序稳定和运行优化便会产生上述效果。

三、社会组织化发展

经过各类社会组织的积极作用，现代社会日益呈现出组织化发展的趋势。组织化是通过一定的社会经济组织形式与制度来协调社会经济分工，使之构成一个相互联系、相互依赖的有机整体的发展过程，因此"组织化"具有动态属性，是一个经济社会系统内资源进行优化配置的过程，是促进社会经济运行方式向既定目标演变的行动和措施。社会组织化一方面表示朝着发展壮大社会组织这个目标演进，另一方面表示社会组织的发展和公民社会力量达到较高的程度。由于社会是一个复杂的系统，社会组织化往往也被理解为社会系统的组织化。社会系统的组织化是为了使社会系统达到并充分发挥其预期的功能，使系统从组织无序、

---

① 赵耀：《美国银行家协会：金融海啸中银行利益的保护者》，载于《中国金融》2009年第10期。

效率低下到组织有序、功能充分发挥的过程。一个高效率的社会是高度异质性、高度分工、高度组织化的社会。在促进社会的组织化发展过程中，所有的经济主体并不是以个体的方式行为，个人并不构成社会力量的主要载体，而是社会公众以组织、社团、集会等形式的结合。① 这显示出在促进社会组织化发展过程中，各类社会组织所发挥的积极作用，各类社会组织在许多国家公共服务领域的作用甚至与政府平分秋色，政府也有积极意愿创建具有准公共管理权能的管理型社会组织，② 农业发达国家农民的组织化程度就非常之高。社会组织在促进创新、促进金融资源组织化发展方面，同样可以发挥这样的功能。

四、社会组织促进创新

在推进社会组织化发展过程中，各类社会组织所发挥的反映诉求、优化环境、促进交流、规划引领、资源整合等作用，会形成促进经济系统创新发展的动力，体现在引导创新理念、促进制度健全、创新经济运行方式、创新管理水平提升等各个方面。具体到金融领域，通过社会组织的积极作为，并由社会组织与其他经济主体相互配合，可以共同促进金融创新进程。通过社会组织的作用推动金融创新，可以体现在融资方式创新、金融资源优化、融资优势提升、金融制度优化等各个方面。当然，促进金融创新的主体不仅是社会组织，金融机构自身出于长远发展和展业需要、企业和个人形成的有效融资需求拉动，以及政府机构完善管理制度等方面的努力，也会形成促进金融资源优化和金融创新的功能。

第二节 金融创新的总体把握

创新是经济社会发展的不竭动力。金融创新能够为经济社会创新发展发挥积极作用，因为金融体系的脆弱性，尤其是全球金融危机的发生，使"金融创新"这一概念包含了许多负面信息，需要先做理解和正本清源的工作，对金融创新做出界定、判断、分析，进行总体把握。

---

① 胡仙芝等：《社会组织化发展与公共管理改革》，群言出版社2010年版，第9~10页，第99~100页。

② 李斌：《国家对于社会的"组织化"管理及其历史变迁——基于中国经验的考察》，载于《理论与改革》2010年第4期。

一、理解金融创新

金融创新在学术界和金融业界没有形成统一认识。创新理论可以追溯到熊彼特（Joseph A. Schumpeter）的研究，他基于动态和发展的观点，认为创新是"建立一种新的生产函数"，也就是"生产要素的重新组合"，即把一种从来没有过的关于生产要素和生产条件的"新组合"引入生产体系中去，以实现对生产要素或生产条件的"新组合"；作为企业经营整体的"企业家"的职能就是实现"创新"，引进"新组合"；在此基础上，熊彼特所说的"经济发展"，就是整个经济社会体系不断地实现这种"新组合"的过程，这种"新组合"过程就是经济发展的"根本现象"，创新是经济发展的动力。[①]

循着熊彼特的分析思路，美国金融学家默顿·米勒（Merton Miller）认为，金融创新就是在金融领域内建立起"新的生产函数"，"是各种金融要素的新的组合"，包括新的金融工具、新的融资方式、新的金融市场、新的支付手段以及新的金融组织形式与管理方法等。[②] 熊彼特提出创新的五种情况是：一是采用一种新的产品——也就是消费者还不熟悉的产品——或一种产品的一种新的特性；二是采用一种新的生产方法，也就是在有关的制造部门中尚未通过经验检定的方法，这种新的方法决不需要建立在科学上新的发现的基础之上，并且也可以存在于商业上处理一种产品的新的方式之中；三是开辟一个新的市场，也就是有关国家的某一制造部门以前不曾进入的市场，不管这个市场以前是否存在过；四是掠取或控制原材料或半制成品的一种新的供应来源，也不问这种来源是已经存在的，还是第一次创造出来的；五是实现任何一种工业的新的组织，比如造成一种垄断地位，或打破一种垄断地位。后来，人们将他的这些想法归纳为五个创新，依次对应产品创新、技术创新、市场创新、资源配置创新、组织创新，其中组织创新也可以看成是部分的制度创新。

在熊彼特的创新理论基础上，经济学者们深入研究了经济增长源泉问题。人们原来坚持亚当·斯密（Adam Smith）的主张，认为要增加国民财富即商品总量，必须提高工人的劳动生产率和促进劳动分工。哈罗德—多马模型（Harrod-Domar Model）以多个假定为基础，将经济增长以模型方式表达出来，发现增加资本投入不仅能增加国民收入，而且能增加生产能力。经济学家索洛（Robert

---

[①] ［美］约瑟夫·熊彼特（Joseph A. Schumpeter）：《经济发展理论——对于利润、资本、信贷、利息和经济周期的考察》（何畏、易家详等译），商务印书馆1990年版，第64~105页。

[②] 王延平、张方群：《金融创新与经济增长的效应研究》，载于《商业时代》2011年第9期。

Merton Solow)所提出的新增长模型发现,旧模型中隐含的资本和劳动不能相互替代的假设限制了模型的解释能力,发现当外生的技术以固定比率增长时,经济将在平衡增长路径上增长,人均资本存量和人均消费都以固定的增速来增长,反之经济将停滞,这就确定了技术进步是经济增长的主要动力,从长期看是唯一动力。20世纪80年代,经济学家罗默(P. M. Romer)、斯科特(A. J. Scott)、卢卡斯(Robert E. Lucas)提出的内生增长理论,使技术进步因素成为经济系统可以决定的内生变量,明确了特殊的知识和专业化的人力资本是经济增长的主要因素。其后,新制度经济学派的诺思(Douglass C. North)系统分析了制度变迁对经济增长的决定性作用。由以上分析可以看出,技术进步、人力资本积累和制度是影响经济增长的重要因素。[①]

熊彼特的创新理论主要是从技术与经济相结合的角度来分析的,并扩展到制度范畴;其他经济学家分别阐述了资本投入、人力资源、技术创新、制度变革这些社会要素在促进创新发展中的重要意义。引申到金融领域,金融业的发展必须以创新为动力,必须在金融资源系统与其他经济社会系统的相互作用过程中,不断加大金融资源系统的人力资本投入,加快金融产品创新和技术创新步伐,推进金融制度不断改革。金融创新应当是各类自然要素和社会要素的相互结合以实现金融资源系统与其他经济社会系统协同的过程。社会是创新发展的,金融制度为社会创新发展提供了不竭动力,金融资源本身也将呈现创新发展趋势。

二、金融创新的效应

虽然人们的认识还不完全统一,但是理论和实证研究都发现,金融创新能显著推进金融发展从而促进经济增长,金融创新的经济增长效应是金融发展对经济增长促进作用的具体体现,许多金融创新实施后会引致金融增长和金融结构变化,带来金融发展的正面效应。在金融创新、金融发展与经济增长关系方面有代表性的文献来自于其后出任智利央行行长的格雷戈里奥(Jose De Gregorio)和奎多蒂(Pabl Guidotti)于2005年发表的论文《金融发展和经济成长》,对经济长期增长与金融发展之间的关系进行了实证研究,发现金融发展与经济长期增长呈正相关,金融发展促进经济增长的主要渠道是通过投资效率的提高,而不是通过投资数量的增加。从金融机构的微观效应来看,金融创新有利于金融工具数量的增加、金融市场交易规模的提升、降低交易成本和改善风险配置、催生新型金融机构,促使金融资源有效配置。

[①] 王亮:《区域创新系统资源配置效率研究》,浙江大学出版社2010年版,第18~21页。

由于金融创新种类繁多且不断变化，造成在实践上统计资料相当缺乏，在理论上对金融创新的量化没有统一认可的标准，分析起来相当困难，尤其是人们对于虚拟经济总量的度量及虚拟经济与实体经济关系的分析缺乏完全一致的认识。全球金融危机的发生，使人们看到了不受监管的过度金融"创新"所导致的金融风险，加剧了宏观经济的波动性，使金融创新招致了许多冷言冷语。金融市场具有相当程度的虚拟性，有很大一部分内容是单纯的金融交易，即脱离于实体经济而存在的"虚拟经济"，在一个整体的金融市场内，人们难以分清什么是"为交易而交易"的交易，什么是"为实体经济服务"的交易。金融市场既为价值发现和价值重估提供了公平有效的市场环境，但也带来很大的风险隐患，所以2012年年初全国金融工作会议将"坚持金融服务实体经济的本质要求"作为一项重要的原则。有估计认为，世界金融危机前，全球金融资产规模约为全球GDP的12倍，外汇交易活动中有98%以上与国际贸易无关，而仅仅是为了获取货币流通转换中的价值增值和收益，巨额的外汇交易绝大部分纯粹以资金流通、盈利和风险规避为目的，只有一小部分用于国际直接投资和国际贸易，大部分是单一的、纯粹的虚拟经济的价值运动。[①] 虚拟经济的发展，在很大程度上是由金融创新引致的，这表明金融创新的独立性特征越来越明显。

三、金融创新的领域

金融创新的内涵在不断发展，传统意义的金融创新是指20世纪60年代起源于美国及西欧的金融业在融资工具、融资方法上的创新。当下的金融创新又形成了创新方式的变化，主要是以电子信息技术为代表的科技进步成果极大地提高了金融机构的经营效率，使得金融创新在世界范围内加速发展，从很大程度上改变了金融业态和金融服务提供方式，形成了新的金融业运行模式，并由此形成了创新产品、创新业务、创新技术、创新市场、创新模式，乃至对世界金融业发展趋势的巨大影响。

从本质上看，金融创新是对各种金融及经济相关要素的重新组合，金融资源优化配置就包括大量的金融创新内容。金融创新的内容很多，从不同的角度、不同的范畴可以划分为众多种类。围绕金融资源组织化发展，探讨金融创新可以从以下几方面入手：（1）金融理念创新；（2）金融制度创新；（3）融资方式创新；（4）金融机构创新；（5）金融监管创新；（6）金融服务创新。实现金融业创新发展，社会组织起着重要作用。

---

① 成丽敏：《全球虚拟经济膨胀下的金融危机原因研究》，载于《经济研究导刊》2010年第5期。

四、金融创新的风险规避

金融创新包括丰富的内容。金融创新本来就是为规避金融监管而进行的,根据金融创新的目的不同,国际清算银行将金融创新分成五类,即:价格风险转移类创新、信用风险转移类创新、流动性生成类创新、信用生成类创新、债券生成类创新。根据创新的客体,可以分为新的金融产品、应用这些金融创新的经营战略两大类。根据创新的主体,可以分为银行类创新、证券类创新、保险类创新,其中以银行机构为主体的金融创新包括规避利率风险的金融创新、为技术进步的金融创新、金融管理的技术创新。根据创新的结构,分为金融理论创新、金融产品创新、金融业务创新、金融技术创新、金融市场创新、金融制度创新,这包括了宏观、中观、微观三个层面的创新。因此,金融创新从不同的角度可以做出许多分类,还可以进行混合分类,形成更广义的理解。进入21世纪以来,全球范围的金融创新异常活跃,金融衍生品不断推陈出新,到2008年年末时,全球金融衍生品规模达到598万亿美元,其后仍有不同程度的增长,一直稳定在600万亿美元以上,2012年年末为632.6万亿美元。金融衍生产品以利率衍生品、外汇衍生品为主,信用衍生品规模虽然从高达58万亿美元和2008年年末的近42万亿美元下降至2010年年末的30万亿美元,但到2012年年末仍在25万亿美元以上。金融创新过度发展主要表现为杠杆率过高。通过杠杆交易能够让投资者更高效地参与市场定价,提高市场弹性,实现价值发现功能,具有优化金融资源配置的作用,但是杠杆率过高也导致信用过度扩张和金融市场泡沫化发展。2007年全球场外衍生工具的杠杆率为37.1,其中利率协议的杠杆率为54.8,外汇协议为31.1,权益类相关合约为7.4,商品合约为4.5,信用违约互换为28.8,金融危机之后的水平虽有较大下降,但仍处于较高水平,在2011年、2012年时处于约25的水平。这些金融"创新"就通过金融"深化"、金融脆弱性、资产负债表"衰退"、虚拟经济过度、治理结构缺陷等影响到金融稳定运行。[①]

总之,随着人们对"金融创新"内涵的把握越发清晰准确,金融发展的战略地位和金融创新发展的方向必须得到肯定,才能实现金融创新发展促进经济发展、金融资源系统与经济系统保持良好的协同互动关系。金融创新通过拓宽金融功能,便利社会融资,促进经济增长。没有金融创新,经济系统的内在动力就无

[①] 王华庆:《金融创新——理性的思考》,上海远东出版社2011年版,第23~26页,第38~47页,第73页;张宗新、杜长春:《国际金融衍生产品市场监管新趋势及其启示》,载于《中国证券》2013年第10期。

法被充分调动起来。理性和适度的金融创新能够优化金融体系结构，进而优化产业结构和促进经济增长。金融创新的意义不能简单地概括为"有益无害"或"利弊互现"，绝对不应该持有"创新肯定有风险"的思维定式，金融监管的理念要从"有罪假定"转向"无罪假定"，要研究如何创新，如何进行防范风险的金融创新活动，[①] 应在制度建设先行、进行有效监管的基础上积极推进金融创新步伐，促进金融资源的优化配置。

第三节 金融理念创新

金融创新的根本目的在于改善金融资源配置结构。金融创新为金融资源的优化配置提供了演进路径，体现在以下五个方面：一是金融创新有利于逐步建立起市场化的金融体系，促进金融资源配置效率的提高；二是金融创新加速了金融深化进程，满足了金融资源供给与需求双方日益多样、复杂的金融交易需要，从而使交易双方的交易地位得到改善，交易者的满足程度和福利水平得到提高；三是金融创新有利于改善交易条件，消除"信息不对称"的影响；四是金融创新有利于通过降低交易成本达到改善市场交易条件的目标；五是金融创新有利于推动金融产业发展，促进经济与金融和谐发展。因此，应将金融业作为一个产业，将融资能力作为一种资源，从这个角度看待金融业的发展，促进金融资源与其他资源的匹配，将资金要素与其他生产要素紧密结合。在这个基础上，需要形成新的促进金融资源优化配置的理念、改善金融生态环境的理念、健全金融市场体系的理念、完善金融制度的理念。用这些新颖的理念，指导和促进金融资源优化配置。

举例来说明金融理念创新的意义，以及理念创新所带来的金融业务内容的优化。"绿色金融"理念的兴起，顺应了环保时代人们的追求目标。据称全球已有60多家金融机构承诺采取"赤道原则"（the equator principles，EPs）。绿色金融这一理念可以转化为新的业务模式，成为转变发展方式的新动力。一是可以发展"绿色信贷"，支持战略性新兴产业发展，包括生物、信息、新材料、新能源、节能环保、循环经济、文化创意产业，对传统产业进行优化升级。二是发展"碳金融"，将减排额度作为抵押物，实现新的融资；在中间业务方面，可以利

[①] 夏斌、陈道富等：《以金融创新推进金融发展》，收录于《比较》（第17辑），中信出版社2005年版，第81~105页；王国刚：《金融体制改革关键要理顺三大关系》，载于《中国证券报》2013年5月17日（A04）。

第五章 金融资源优化配置中的创新:金融资源与社会组织

用商业银行综合经营过程中形成的所属金融租赁公司,为清洁发展机制(clean development mechanisms,CDM)提供设备融资服务。三是可以开发出保理融资工具,提供账户便利,提供研发、中介服务,提供资质认证和鉴证。四是在直接融资中,广泛运用短期融资券、中期票据、私募债等工具,运用风险投资基金、私募股权投资基金,发展机构投资者,创新金融衍生品。五是可以提供绿色金融的中介服务,对有关的CDM项目提供专业化服务,促进交易平台的培育、完善,健全咨询、评估机制,鼓励专业性中介机构发展,发挥民间机构的作用。六是金融机构通过网上银行、电话银行、手机银行,实现金融服务的"绿色化",这样可以有大量业务不必到金融机构办理,相当于减少了金融机构的物理网点,减少业务用纸等有形资源的消耗,减少碳排放,减少人们出行所浪费的时间和精力,这也是"绿色"的。

在金融理念创新中,各类社会组织可以发挥积极的作用。金融理念创新涉及创新思路的初创、创新意识的凝聚、创新意愿的表达这几个重要环节,使创新理念具备走向实施的可能性。一是创新思路的初创,主要发挥各类研究机构的作用,形成超前的研究、创造、设计,经过各类社会组织(包括科研机构自身)的推广,形成确定性的创新思路。在这个过程中,金融行业组织、其他行业组织、其他各类有效资源的拥有者,乃至于金融机构和企业,也可能形成创新思路,通常也要经过各类社会组织(包括行业协会)的交流、归纳和推广,形成确定性的创新思路。二是创新意识的凝聚,主要由各类社会组织推动,使新近推出的金融创新思路、新型金融产品设计、新型融资模式、金融创新方案,经过集中、梳理、推广过程,形成广为接受的社会意识。中国举办的大量各类论坛、企业高峰会议、行业峰会、研讨会、国际会议等,几乎成为经济界和传媒业人士工作中不可或缺的组成部分,海南的博鳌、黑龙江的亚布力更是因此成为世人瞩目的焦点。[①] 这些论坛和会议虽然存在良莠不齐的弊端,但毕竟有众多的创新思想、创新意识均通过这些平台得以发布、扩散到社会中去,而这些论坛、会议的组织者,往往是各类社会组织,通过这些形式就形成了创新思路和创新观点的推广效应。金融行业中,备受瞩目的有陆家嘴论坛、中国经济论坛、中国金融论坛、亚洲金融论坛、国际投资论坛(厦门)、中国企业国际融资洽谈会主题论坛(天津)、中国资本市场高峰论坛、中国小额信贷机构联席会高峰论坛等,均在金融创新方面起到了理念引领、思想交流、思路提升的作用,博鳌亚洲论坛、中国企业家论坛年会(亚布力)也逐渐将侧重点转移到宏观和地区经济走势、金融和贸易以及投资、资本运营等领域。三是在极为重要的创新意愿的表达方面,

---

① 万辉:《论坛经济渐入佳境》,载于《企业导报》2003年第8期。

各类社会组织具有组织能力优势，是各个行业的代表，是表达公共意愿的重要通道，可以由各类社会组织担负起创新意愿反映、行业诉求传递、政策出台推动的作用。中国金融分业监管制度形成了既存在金融机构分业，也存在金融活动分业的格局，金融领域的创新往往发生在金融监管的交叉领域，而金融又是高度管制的行业，金融机构想要开展创新往往要经过多个监管部门批准，这使得监管部门主导的金融创新难以适应市场需求，应逐步过渡到市场主导型创新模式上来，[1]这样的转型仅靠金融机构是无法推动到位的，必须发挥各类社会组织的积极作用。经过以上三个重要环节，金融创新的理念经过逐步的创新机制设计、创新方案实施，使金融创新进入实施阶段，推出创新政策，达到通过金融创新以促进金融资源优化配置的目标。

第四节 金融制度创新

按照内生金融发展理论，在经济发展的不同阶段，金融发展对经济发展促进作用的表现形式是不同的，供给引导型的金融发展逐步让位于需求跟随型的金融发展。在金融发展过程中，资金融通中的不确定性和信息不对称等因素会产生金融交易成本。为了降低这些不断增加的金融交易成本，经济发展到一定程度就会内生地要求金融体系的发展和完善，进行金融制度创新以适应这一需要，是各类经济主体促进金融资源优化配置的重要环节。全球金融危机所提供的最大教训在于，此前的任何制度，都制约不了人性的贪婪。[2] 这还涉及金融业的基本定位：金融业不应将追逐利益作为唯一目的，不能身处财富高端却极度地嫌贫爱富，而是应当履行社会责任，发挥金融功能，将金融业发展融入实体经济发展之中。维护金融的可持续发展，制度建设起着极为重要的作用。由于金融是各个国家高度管制的行业，制度创新对于优化金融资源极为重要。需要通过加强制度建设，发挥激励相容机制和市场化机制的作用，形成金融资源有效组织、金融风险有效规避的局面。

推动金融制度创新，应在金融创新理念的引领下，以健全金融法制为核心来进行。各类社会组织在促进金融理念创新的形成和推广、共识的凝聚和宣介、公

---

[1] 杨涛：《金融创新应逐步转向市场主导》，载于《中国证券报》2013年3月8日（A06）。

[2] 对于全球金融危机的成因，人们归纳了创新说、监管说、货币说、失衡说、干预说、自由说等多种说法，除了过度"创新"、监管不力之外，人们还归因于"华尔街的贪婪"，即一些金融家在短期利益面前放松道德风险约束，放弃信用行为，总统奥巴马痛批了这种"贪婪和傲慢"、"可耻"，华尔街的贪婪也是引起"占领华尔街"运动的重要原因。

共意愿的表达和反映的基础上,具有相当的优势促进公共政策的推动,从而为金融创新奠定制度基础。推进金融制度创新主要包括以下内容:

一、创新金融管理制度

建立依法管理、监督金融机构的基本格局。金融机构依法开展业务,金融机构权益得到依法保护,违反金融相关法律的行为得到依法惩治。实行统一立法、分级监管的金融监管体制。妥善处理、依法管理金融业与金融业监管的关系。

二、创新金融机构

以积极的态度看待金融创新,根据需要及时创新金融机构种类,允许设立新型金融机构,以金融机构的创新带动金融市场优化、金融业务创新和融资形式创新。在推动各类金融机构综合经营的过程中,完善金融监管体制和机制。

三、创新金融业务管理制度

对金融机构新开发的金融产品、新型融资方式,应及时健全管理办法,使金融机构的经营有据可依,监管部门有据进行金融监管。比如,上市公司制度创新是资本市场发展的重要前提,应按照市场化的方向,充分调动外生因素与内生因素的有利方面,将审核制逐步过渡到注册制。应加强上市公司治理创新,完善上市公司治理准则,形成相互制衡的治理结构,提高上市公司治理效率。

四、完善金融监管制度

金融监管机关依法监管金融机构,金融监管内容、理念、重点、方式、机制、环境,都需要做适当调整和创新,尤其应注重对各类金融创新业务的监管。合理设置金融监管部门,并促进宏观政策部门、货币政策实施部门与金融监管部门的配合。

五、健全金融运行体制

金融机构作为依法经营的经济主体,为了实现自身经营目标,应健全内部管理制度,完善激励约束机制,按照效率目标合理设置内设机构。持续推进的金融创新具有一种成效，可以促进金融机构组织形式的优化，向电子化、网络化方向发展，金融机构更多地实行集中统一管理，提高金融业务的组织化发展程度，金融市场竞争加剧也导致金融业务向多元化和功能复合化方向发展，金融业与其他产业间的融合程度提高。从宏观层面上健全金融运行体制，使社会公众形成良好的预期，创造稳健运行的货币体系，增强货币政策操作的灵活性和有效性。为防范过度金融"创新"对金融体系可能带来的不良影响，应制定和实施有效的货币政策，对金融创新工具的规模、运行、风险状况进行监测。

六、优化金融资源组织机制

建立有利于促进金融资源优化配置的机制。促进政府部门之间的协调配合，将各类有效资源与融资优势相结合。金融机构应以促进金融资源优化配置为重点，在为中小微企业融资、战略性新兴产业融资、绿色经济产业融资、农业产业化融资等国家鼓励的领域，设置合理的业务管理制度和审批环节，优化金融服务。

第五节 融资方式创新

创新融资方式是实现金融资源优化配置的有效途径。目前的融资方式创新日益呈现出跨行业、跨领域发展的趋势，具有银行、证券、保险、信用评级、投资、金融管理、金融体系等多方面金融领域的交叉作用。融资方式创新具有不断演化、逐步深入的动态特征，金融机构和参与者难以始终保持创新的前沿地位，就连20世纪90年代末叱咤风云、以当时被视为创新性金融工具的股指期货和外汇期货制造了亚洲金融危机的"金融大鳄"索罗斯（George Soros），在十多年后就"落后于时代"了，对于美国层出不穷的次贷衍生产品，声称"不知道那些产品是如何运作的"，这被称为"大师的无奈"。

适应中国金融市场发育状况，金融创新的重点应放在引进新的金融工具、开辟新的市场、采用新的金融交易方式这几个方面。以资产管理市场为例，各类金融机构纷纷介入资产管理业务，市场上出现了商业银行发行的个人理财产品、保险公司发行的投资型保险产品、信托公司发行的证券投资信托计划、证券公司发行的集合资产管理计划、基金管理公司办理的特定资产管理业务，以及非金融机构管理的各类私募投资产品等多种形式的资产管理产品。这些投资产品的运作方式都是募集他人资金、集合理财、交由专业机构投资运作，经济功能极为类似，但在管理机构、监管依据、产品管理、募集方式、组织形式、信息披露和投资者保护等方面存在很大差异，[①] 其实是各类金融机构创新产品、优化金融资源的结果。在金融市场不断发育的情况下，只要通过各类社会组织积极推动、研究机构不断探索、企业和金融机构积极参与，经过各类经济主体的共同努力，就能够搭建起健全有效的信用结构，便可能形成有效的融资方式创新。

一、新型融资方式

融资方式创新有多方面的动力，这既来自于实体经济的需要，也来自于宏观货币政策的引导，或者说是约束和促动。在后金融危机时代，国家采取的限制信贷总量的货币调节政策，使非传统的融资方式快速发展，各类投资基金、信托与其他金融业态合作、民间融资、保险业资金运用、债券市场融资工具创新，都成为融资方式创新的重要领域。

二、成体系的产业金融

金融以经济为依托，产业经济成为金融发展的基础，在各个产业领域内出现了融资方式不断创新的局面。金融产业的发展要依托各个产业的发展，在中国这个制造业大国，金融产业尤其要依托制造业的发展。促进金融资源与产业发展的融合，有利于增强经济发展的内在动力，防止经济"空心化"，并有利于保持实体经济与虚拟经济的良好结构关系。产业金融和产融结合有多个层次，其最高层次是金融部门与产业部门之间相互投资，形成产业资本与金融资本的融合。笔者以交通金融为例。

交通基础设施建设融资问题曾经非常困难，中国历史上一直由政府机构直接投资建设铁路、公路、桥梁、港口，后来引进了 BOT（建设—经营—转让）、BOOT（建设—拥有—经营—转让）、TOT（转让—经营—转让）以及由雷蒙特（Reymont）首先提出并最新引进的 PPP（public-private-partnership，公共物品供给的一种模式，是公共部门与私营部门的合作伙伴模式）模式，使得交通金融呈现了新的局面。

交通金融强调交通资源资本化、交通资产资本化、交通未来价值资本化、交通无形资产资本化，正是针对交通领域的资源、资产、未来价值、无形资产，将

[①] 黄炜、王林：《新基金法学习辅导读本》，中国财政经济出版社2013年版，第19~21页。

其予以有效组织,形成有效金融资源的过程。[①] 按照交通建设所包含的规划—设计—建设—运营等几个阶段,可以将金融市场与交通产业相互结合以实现多种途径的融资,即交通资源变为融资资源的过程,也是金融资源的优化配置过程。在交通建设的不同阶段,通过间接融资和直接融资,形成了众多融资形式。

1. 交通企业银行贷款

商业银行为交通基础设施提供贷款,是金融业与交通产业结合的主要方式。商业银行可以提供过桥贷款、中长期贷款,参与交通项目建设。

2. 交通债券发行及上市

中国目前的直接融资渠道对交通企业融资并不顺畅,可以通过银行间债券市场发行短期融资券和中期票据,以优化交通基础设施建设的融资结构,实现多种形式、多种渠道的融资,有效降低融资成本,提高融资效率,实现融资期限与建设周期的匹配。

3. 交通私募股权基金

人们都能理解私募股权投资基金(PE)的市场运作模式,但是 PE 的局限性是必须找到合适的退出方式,其最有效的退出方式是企业上市后 PE 退出,实现其价值增值,与其预期相符合,从而使 PE 这一行业形成了稳定的发展路径预期。

事实上,PE 参与企业项目的退出方式有很多种,除了上市一途之外,适当时机转让、出售、回购,都是 PE 退出的方式,这取决于 PE 的发展定位、运作模式和战略目标、财务目标。在国外,包括 IPO、柜台交易、产权交易、并购市场、资产证券化和内部市场等完善的多层次的资本市场,为 PE 提供了健全的退出渠道。[②] 一般来说,单一的交通基础设施走向资本市场并上市融资毕竟不占多数,PE 参与交通基础设施建设的退出方式,应以另外几种为主。

PE 参与交通基础设施建设的例子是中国—东盟投资合作基金的组建。这是一只由中国进出口银行牵头主发的 PE,是中国和东盟间由政府指导、市场化运作的,基金总额度 100 亿美元,其中首期 10 亿美元,完全按照市场化原则通过市场筹措,在香港注册成立,离岸运作。

4. 交通金融租赁

交通基础设施具有现金流量充足、收益率固定的特点,适合金融租赁融资方式。其实例是武汉地铁集团与工银金融租赁公司采取的售后回租融资方式。

[①] 钱志新:《产业金融——医治金融危机的最佳良药》,凤凰出版传媒集团江苏人民出版社 2010 年版,第 204~228 页。

[②] 李东明:《金融危机中的 PE 市场变化及启示》,载于《中国金融》2011 年第 1 期。

5. 资产交易和兼并收购

对交通行业有形、无形资产进行交易和并购等资产重组，将已建成的交通基础设施予以出售，将出售资产的收入用于建设新的交通基础设施项目，是充分利用现有资产、保持资产规模适度、减少重复建设、缓解投资压力的有效选择。可以通过租赁、交换等手段整合行业内其他企业的有形、无形资产，实现资产效益的最大化。

交通产业内现有运输能力的充分使用，也可以形成融资能力。可以采取短期租赁的方式，平衡运输能力因在不同季节中的使用程度和密度不同所带来的影响。

交通行业兼并收购是资本运营的热点领域。航空行业的国际化、大型化和集团化已经形成了明显趋势，这种局面主要是依托大范围运作的兼并收购实现的。

6. 交通企业公开发行并上市

交通企业要达到公开发行并上市的基本条件，实现在资本市场上募集资金。

7. 交通经营权转让融资

交通产业中的经营权是依托在交通资产上的无形资产，在公路交通中，将公路沿线一定区域内的服务设施进行经营会形成特许经营权。经营权转让给其他企业法人，是一种特许行为，有利于盘活交通资产，产生新的流动资金，形成交通产业滚动发展、资金链良性循环的局面。

8. 交通衍生资源交易

交通产业拥有大量客户资源，将其进行资本化的运作，就为交通产业带来了衍生资源，包括专营权、广告权、冠名权等各类特许经营权，以及车站、路口、港口周边土地的开发权、服务业经营权等。

9. 交通资产证券化融资

以交通产业稳定可靠的现金流为基础，运用金融工程原理对交通资产进行打包、组合、分层、增信等组织化措施，发行有价证券并融资。

10. 交通收益权质押融资

以交通项目未来可预见的稳定收益作为担保，从而实现融资。

三、战略性的资源金融

金融行业在一国经济社会发展中具有战略性，能源金融（energy finance）就是具有战略意义的代表。一个国家和地区的发展，都要依托其所拥有的资源，虽然存在着"资源诅咒"的说法——一些国家资源丰富有可能阻碍其经济增长,但是重要战略资源的开发利用,成为确保一个国家和地区稳步发展的支柱。由于金融资源来源于自然资源及社会要素所带来的有效融资,金融资源在很大程度上受一个国家和地区资源状况的制约。这里,笔者以能源金融为例重点分析。

能源安全在一国经济发展、社会稳定和国家安全方面具有重要意义,并随着资源枯竭、环境污染、气候变暖等全球性问题,使能源安全问题的重点逐步转向能源经济系统的可持续发展。围绕能源安全,美国、欧盟、日本、俄罗斯等世界主要国家和地区都制定了相应的能源战略,依托外交政策、军事政策、能源金融化政策、节能减排政策、能源替代政策等多种手段,建立起能源战略体系,以实现能源的多元化供应、节能减排、储备石油等战略能源、发展替代能源等目标。能源金融的发展与能源战略的实施息息相关。能源金融既是国家战略的组成部分,在金融资源优化配置中具有重要意义,也是金融机构积极展业、扩大业务领域、开展集约经营的需要。能源金融的实施领域主要包括:

1. 能源产业与金融机构合作

能源企业一般规模大、营销网络庞大、产业链条长、抗风险能力强、资金流充裕,并且资本运营能力强,是金融机构愿意合作的对象。能源企业进行能源开发、产业链整合和产品营销,均需要金融机构的支持。能源产业与金融机构合作的主要领域,除了银行贷款这一主要渠道之外,还包括能源企业上市融资、发行债券、吸引外部投资、能源产品票据贴现、能源企业资金结算、能源企业财产保险和安全责任保险等许多方面。

2. 能源领域的创新融资方式

只要金融创新触角所及,就存在能源领域的创新融资。比如能源企业利率风险管理及汇率风险管理等创新型金融产品就是尚未广泛使用的。引导创业投资资本进入新能源开发领域投资,以及通过政策引导建立能源投资基金,都是能源金融的新兴领域。

3. 能源产业与金融产业的融合发展

能源产业与金融产业具有较高的产业关联度,为了取得和保持行业优势地位,两个产业具有相互融合的内在动力。能源企业可以运用产业资本,通过参股、控股金融机构的方式向金融产业渗透,一些新型金融机构和投资机构也积极介入能源市场中,成为能源市场的主要参与者和投资者,并引导能源产业的发展方向。大型能源企业与金融企业高度融合在国外屡见不鲜,中国石油天然气集团公司收购克拉玛依市商业银行并改组为昆仑银行,其后又通过收购方式组建了昆仑信托公司,发起设立了金融租赁公司,再加上其本身就拥有的集团财务公司、已经参股的中意人寿保险公司、中意财产保险公司和证券公司,初步形成了集团

第五章 金融资源优化配置中的创新:金融资源与社会组织

的"金融板块",这些均是打造能源金融一体化公司的重要步骤。① 更为宏观的能源金融一体化,是构建一个多层次、全方位的能源金融市场体系和产品服务体系。

4. 能源产业的资本运营

能源金融与能源战略是相辅相成的,国际上一些能源企业通过兼并、收购等资本运营手段实现产业链的整合与优化,建立起跨国企业并保持其整体规模和竞争实力,这些能源企业普遍采取并购重组策略,借助资本市场得以提高其在能源行业的优势地位,为实施国家能源战略奠定了基础。

5. 借助金融市场实现能源定价

能源战略的核心在很大程度上体现为能源定价权,这是通过金融市场实现的。美国就借其美元优势地位和金融市场体系,建立起了包括现货、远期、期货在内的,以石油为主的主要能源产品的成熟市场体系,期货交易成为主要能源产品国际市场的定价基础。随着国际金融资本的介入,能源商品尤其是石油的"金融属性"不断增强。一个国家和地区在实施能源战略过程中,要想在能源定价方面拥有更大的发言权,必须借助于金融市场,通过金融要素市场的发育和完善来实现这一目标。这与第四章关于金融要素市场体系所讨论的内容是一致的。中国能源战略的目标是以保障能源供应安全为核心,兼顾应对气候变化和环境安全问题,其中完善市场化定价机制是极为重要的内容,应更多地引入能源期货、远期、互换、期权等衍生金融产品交易,吸引更多资本进入能源领域,实现能源价格的市场化决定和风险规避功能。②

通过以上分析可以看出,具有资源优势和能源优势的国家与地区,推进金融资源优化配置过程,既符合国家和区域的发展战略,又切合本国和本地区优势,还适应金融业创新发展需求,是从宏观、中观、微观各个层面上促进合作共赢的举措,是金融资源优化配置的重要途径。页岩气、可燃冰等新型能源的开发带动全球资本的追逐,带来能源金融市场格局的变化,在不同阶段分别需要风险投资和股权融资的巨额投入、发行债券融资,形成多元化融资需求,还需要价格发现和风险管理、套期保值等金融服务,美国加快页岩气开发就给全球能源供求带来重大影响,③ 国家能源战略调整势必与金融市场结构变化相互促进。

---

① 郭珺明:《央企产融结合要着力回答三大问题》,载于《中国证券报》2013年2月25日(A05)。
② 林伯强、黄光晓:《能源金融》,清华大学出版社2011年版,第55~58页。
③ 张前荣:《借鉴美国页岩气商业开发经验调整我国能源战略》,载于《上海证券报》2013年6月20日(A8)。

四、备受瞩目的中小微企业金融

关于中小微企业融资难题，社会上存在着大量似是而非的认识。中小微企业融资难题，核心在于金融体系不完善，金融功能没有充分发挥。具体原因包括：金融机构缺乏创新，过于强调规避风险，激励制度与约束制度不均衡；信用体系不完善，中小微企业经营风险大，诚信意识差，经营不规范；金融监管定位偏差，监管行为异化，监管政策不够灵活；小型金融机构发育不充分，金融准入变成了简单化的"金融禁入"；大型金融机构定位不清晰，行政化管理问题仍然突出；担保行业发展不充分，资本市场体系不健全。说到底，没有建立起金融功能理论所主张的完善的金融体系，没有发挥金融体系的整体功能。

人都是从小长大的，大型企业集团也来自于小企业。中小微企业必然要经历创新、成长和转型的过程，这更需要与金融机构密切合作，借助金融市场来实现中小微企业脱胎换骨式的发展，这个过程也是金融发展与实体经济发展相互促进的过程。在各方推动和金融机构的努力之下，许多金融机构创新了金融产品和金融服务，以图弥合中小微企业融资难题。比如，浦东发展银行推出类似"成长型企业金融服务方案"的方式，中信银行推动"集群营销，批量开发"的"供应链金融"模式，以及一些大中型银行坚持"中小银行"、"社区银行"的定位，都为中小微企业融资做出了积极探索。[①] 就连国家开发银行这样的大银行，也通过支持企业信用担保体系建设来缓解中小微企业融资难题，工商银行通过专题规划、专项机制、专属产品、专门制度、专享系统促进中小微企业融资与自身经营转型结合起来。[②] 这些努力的出发点是好的，但是并没有成体系地解决问题，即使中小微企业存在有效金融需求，自身非常执着进取，也往往因为各种原因被拒于正规金融体系之外。

中小微企业融资难的关键是其有效担保和抵押不足，这是中小微企业的普遍现象。要系统性地解决中小微企业融资难，必须从金融体制入手，通过优化制度，建立以银行融资为主渠道、政府支持为导向、民间融资为补充、融资担保为支撑、直接融资为方向的"五位一体"的中小微企业融资体系。建立这一融资体系涉及观念意识、法律法规、政策导向、经营展业、金融市场、商业文化、社会治理方面的许多问题。具体措施包括：促进风险投资和创业投资行业发展，开展供应链金融，发挥民间金融积极作用，创新抵押和质押方式，发行集合票据与

[①] 刘立新、何谐：《中信宁波：打造一流的服务型商业银行》，载于《当代金融家》2012年第1期。
[②] 易会满：《大银行也能做小微》，载于《人民日报》2013年8月8日（16）。

集合债券，发行专项债券和私募债，金融机构开发特定产品，规范发展融资性担保行业；在金融制度方面着力于培育中小微企业发展的共识，新型金融机构创设和金融机构准入政策优化，大型金融机构定位清晰，政府政策引导，转变金融监管方式，提高金融监管的宽容度，建立金融机构激励与约束相平衡的制度，建立多层次金融市场，完善社会信用体系。

五、前景无限的消费金融

中国的经济和社会转型为消费金融持续发展提供了历史性机遇。改革开放30多年来，中国坚持外向型经济发展战略，依靠进出口贸易积累了大量国民财富，但是全球金融危机的冲击，使中国转而走向消费、投资、出口协同拉动经济发展的道路，尤其是发挥消费对经济发展的拉动作用。中国目前正处于后工业化的起步阶段，第三产业增加值比重迅速提高，中产阶层人数迅速增加，生活水平显著提高，消费者服务业快速发展。在这个过程中，由消费金融支持的消费在全部消费中占有较大比重，由金融机构向消费者提供的包括消费贷款在内的金融产品和金融服务将快速增长。有研究报告显示，中国城镇家庭资产和收入水平提高很快，城镇家庭年均税后总收入在2008年时就超过7万元（到2010年，城镇家庭年均税后总收入达到8.9万元），家庭净财富超过50万元，年度税后总收入超过50万元的城镇家庭占比为0.5%，却拥有6%的年度税后总收入和3.3%的家庭净财富，说明中国城镇家庭年度税后总收入的大幅增加是其家庭净财富增加的主要源泉。[1]

面对经济环境和社会环境的巨大变化，消费金融在中国具有极大的发展空间，消费政策、金融市场、金融机构、城市化发展、时尚潮流、社会文化等方面的众多变化，皆能带来消费金融发展，形成家庭理财、证券市场投资、储蓄行为、信用卡、家庭融资、补充保险等直接的金融需求，特别是在房产购置和装修、汽车购置、大件消费、教育、疾病防治、养老保险等方面形成特定的金融需求。从总体上看，中国的金融体系仍然体现出"生产性金融"的特色，尚未真正重视消费性金融发展。[2] 消费金融应借助消费政策推动，形成消费政策与金融政策的紧密结合，以创新金融产品，满足金融需求；应适应宏观环境变化，在社会日益多元化发展、社会服务业快速成长的过程中，借助消费金融的力量，引导

---

[1] 廖理、黄诺楠、张金宝：《中国消费金融调研报告（2009）》，经济科学出版社2011年版，第1~6页。

[2] 杨涛：《发展消费金融亟须体系与政策创新》，载于《上海证券报》2013年8月1日（A8）。

消费潮流，形成消费热点；应结合金融机构创新，如消费金融公司和汽车金融公司、金融租赁公司的创设，引进其他服务业企业参与消费金融业务，推动消费结构升级；应把握新型城镇化的总趋势，适应新的社会结构对金融服务的需求；应紧密结合第三方支付、移动支付等新兴支付手段带来的消费行为改变，拓宽消费金融服务领域；应针对不同群体，推出特色金融服务，特别是针对年轻群体、网络经济时代的消费和融资需求设计新型金融服务；应适应金融市场形势，不论是经济成长阶段还是金融危机时期，不论是股市高企时还是低迷时，其实都存在机遇，都应积极创新金融产品，适应市场变化；应依托传统文化，顺应消费趋势，在中国人极为重视的教育、婚嫁、健康、养老等领域创新融资和保险产品，发挥金融的财富管理和风险管理功能，促进金融与社会经济的协调运行。在以上这些过程中，均需要进行积极的金融创新，尤其是需要将消费能力这一有效资源进行组织，提升金融服务国民消费的水平。

六、理念引领的金融产品

经济全球化、企业专业化和文化多元化发展常常使新兴理念成为引领经济发展的重要因素，形成新兴的金融产品。由于环境的污染，人们出于对自身发展环境的忧虑，更强调"绿色环境"、"绿色生活"，形成了"绿色理念"。最初，"罗马俱乐部"（Club of Rome）在《增长的极限》中提出，在地球生态系统各类资源有限约束的条件下，以大规模消耗化石燃料和大规模合成人工材料为特征的经济增长模式存在上限，必须尽快实施旨在促进经济持续增长目标的有效政策。[1] 近些年来，全球环保意识日益增强，其中包含着世界主要环保组织的呼吁和推动，如世界环保组织（IUCN）、世界自然基金会（WWF）、全球环境基金（GEF）、国际绿色和平组织（Greenpeace）等。人们对地球环境的担忧，归因于人类活动过度对自然的影响，归结为防止温室效应的继续恶化和二氧化碳减排问题。对于环境质量、生态安全问题的关注，经过学术研究、市场推动、政策鼓励、立法程序、国际协调过程，形成了国际机制认可的《气候变化框架公约》和与之相关的《京都议定书》等一系列国际文件，确立了三种灵活机制，包括"联合履约"（joint implementation，JI）、"清洁发展机制"（clean development mechanisms，CDM）、"国际排放交易"（international emission trade，IET）。"绿色金融"在很大程度上体现了社会组织对于促进金融资源优化配置的意义，经

---

[1] ［英］康芒（Michael Common）、斯塔格尔（Sigrid Stagl）：《生态经济学引论》（金志农等译），高等教育出版社2012年版，第202~210页。

第五章 金融资源优化配置中的创新：金融资源与社会组织

过专家论证、国际谈判过程，世界各国将防止地球温室效应问题技术化为"碳减排"问题，并设定了减排指标，由此使二氧化碳排放权成为一种稀缺的资源，具有了商品的属性，形成了碳排放权交易市场，进而为金融要素参与环境保护提供了契机。[①]

碳排放权交易本质上是一种金融活动，排放权交易将金融资本与基于绿色技术的经济实体更为紧密地联系在一起，这既使金融资本直接或间接投资于创造碳资产管理的项目与企业，又使来自不同项目和企业产生的减排进入碳金融市场进行交易，被开发成标准的金融工具。中国金融机构开发的碳金融产品也不在少数，"绿色金融"由理念转化为经济实践，特别是转化为创新融资的实践，是非常令人欣喜的。中国的银行业通过"绿色信贷"达到改善生态环境、减少温室气体排放、提高资源利用效率的效果，发挥着金融的优化资源配置功能，一些银行业务领域涉及水处理、大气污染治理、固体废弃物治理、土壤修复、清洁能源、环保产品制造等节能减排的各个领域，并在金融机构内部实行精细化管理和全流程管理，2012年主要银行节能环保、新能源等战略新兴产业贷款余额1.8万亿元。[②] 兴业银行是中国首家承诺采纳"赤道原则"（the equator principles, EPs）的银行，国内首创以经核实的减排额度（certified emission reductions, CERs）收入作为还款来源的碳信贷模式。兴业银行几年来的"绿色金融"实践随着国家节能减排政策的重点转移而经历了能效融资、节能+减排（温室气体）、节能+减排（主要污染物）、绿色金融等几个阶段，可以看出金融产品创新的动力机制。在兴业银行现行的绿色金融主题下，主要包括以下领域：低碳经济领域——先进产能建设（技改、新建项目）；循环经济领域——节约资源（包括小、尾矿等生产资料，减量、再利用、循环）；生态经济领域——环境保护、生态修复，节能环保设备、产品，绿色标准项目。以上领域涉及电力、冶金、化工、能源、建筑节能、交通、通用节能技术改造、水环境治理、废气治理、固体废弃物治理及综合利用、物理污染防治等行业和领域的项目。该行为这些领域和项目设计了信贷类和非信贷类两大类产品，包括项目融资模式、项目企业节能技改融资模式、节能服务商（EMC）融资模式、公用事业服务商融资模式、节能减排设备供应商融资模式、节能减排设备生产商融资模式、金融租赁融资模式、清洁发展机制（CDM）融资模式。兴业银行营销"绿色金融"产品的成果，也显示了金融机构促进金融资源优化配置成效：截至2013年3月，兴业银行为节

[①] 魏一鸣、王恺、凤振华、从荣刚：《碳金融与碳市场——方法与实证》，科学出版社2010年版，第2~6页。

[②] 王召：《银行业要学会做好绿色信贷加减法》，载于《上海证券报》2013年6月20日（A8）。

能减排领域累计提供融资 2 432 亿元，实现了极为突出的节能减排目标，体现了"绿色金融"的社会效益和银行自身效益的统一。① 金融机构发展碳金融业务时经常与社会公益组织联合，或者直接参与组建社会公益组织，以收到提升环保意识、凝聚合作共识、整合金融资源的效果。上海浦东发展银行发起设立了国内第一个自愿减排联合组织平台——生态城绿色产业协会，发布了建设低碳银行倡议书；光大银行联合北京环境交易所推出了"绿色零碳信用卡"，推出了低碳公益信托理财产品；中国银行推出了 EPA 排放保证金保函的反担保函，办理了国内首笔 CDM 项目碳交易融资及配套掉期业务。② 各类金融机构纷纷开展碳金融业务，体现出活跃的金融市场和要素市场具有推动金融产品创新的动力和内在机制。

七、新颖灵活的"供应链金融"

在经济日益全球化的情况下，企业降低成本的压力与全球原材料、能源和人力资源成本不断提高的矛盾，使产业链中的核心企业不能仅关注外包的区域选择，而降低成本的需要使核心企业对上游企业延长账期、对下游企业压货的动机大为增强，这样的策略要想付诸实施，必须以不提高上游和下游企业的成本为前提，存在很大难度和不确定性。这使得供应链融资（supply chain finance）成为一种重要的策略选择。

供应链组织模式的产生有着深刻的社会经济背景，原来制造业普遍采用的纵向一体化模式，不能适应经营灵活性的需要，使许多企业采取联合投资、结盟及技术许可等形式外包低附加值环节、剥离非核心资产，集中资源并专注于核心竞争力。由各个成员组成的供应链网络，其内涵是企业及社会组织之间的一种制度安排，是为了通过合作创造价值，从而实现竞争利益分配，供应链的本质就是一种网络组织。在这种产业组织模式下，企业之间的关系呈现出网络化的格局，形成了以核心企业为主导的"虚拟社区"，以核心企业为中心的多向链接、网状交错的多维结构，从而形成具有伴生关系的合作共赢的企业群。供应链在货物供应、商业信用、信息共享、技术支持和市场开拓等一系列因素的共同支撑基础上，可以形成经济活动有机联系和多维一体，促进资源的整合。③ 供应链要形成"权威"和稳定的合作关系，往往要发挥社会组织的作用，以同业公会、行业协会、联谊会、企业家俱乐部、"战略合作联盟"等各类社会组织的形式出现，起

---

① 俞凤琼、李云帆：《兴业银行发力"绿色金融"》，载于《中华工商时报》2013 年 6 月 7 日（B02）。
② 吴星亭：《中国低碳经济发展：银行业的责任和努力》，载于《中国金融》2010 年第 24 期。
③ 王国刚：《金融业的回归之旅》，载于《上海证券报》2014 年 1 月 24 日（A1～A2）；王玲：《租金视角下供应链竞合的价值创造途径》，载于《商业经济与管理》2010 年第 4 期。

到正式的公司治理所无法实现的特殊作用,实现供应链内部的协调一致,包括进行专用性资产联合投资、联合治理计划、共享信息、共同解决问题、联合制定战略、共同开发产品、事先确定规模等。在供应链内部建立协调机制,其中一项内容就是融资事项的协调。

供应链中的上下游企业虽然可以由资金实力雄厚的核心企业安排资金营运,但是由金融机构参与融资更具有效率性和专业性。"供应链金融"可以将资金流整合到供应链管理中来,为供应链各个环节的企业提供商业贸易资金服务,还可以为供应链弱势企业提供新型信贷服务,这对于供应链中的中小微企业发展尤其具有重要意义,从而提高金融资源的运用效率,形成新的融资模式。

围绕这一融资模式,金融机构可以形成成体系的金融产品,主要是信贷类的金融产品,具体包括:对供应商的信贷产品,如存货质押贷款、应收账款质押贷款、保理等,也包括对分销商的信贷产品,如仓单融资、原材料质押融资、预付款融资等,金融机构还可以提供财务管理咨询、现金管理、应收账款清收、结算、资信调查等金融服务,形成了系列化的金融服务产品,[1] 可以为供应链不同环节的各类企业所选择运用。

八、金融衍生产品

人们的经济活动能够创造价值,但是经济活动本身存在不确定性和风险,这种不确定性和风险经过有效组织,也能创造新的金融产品,形成新的融资优势,发挥金融所应具备的风险管理功能,金融衍生品(financial derivative products)的发展过程就说明了这一现象。所有的风险都可以被设计成金融衍生产品,然后再作为商品卖出去,金融衍生品就是将金融产品从基础资产市场中提炼出来而设计成的一种新工具。这就形成了金融资源的"创造"过程,其实是人们在运用经济资源进行经济活动中遇到不确定性风险并规避这些风险时,将其原有资源与金融要素相结合而形成新的金融资源,是金融资源的进一步开发过程。金融机构通过金融工程把大量的风险资产从基础资产中分离出来,按投资者偏好分拆、重组、包装后出售,其实进行的是金融资源组织工作。美国通过衍生品市场等市场机制的综合作用,形成了以直接融资和风险管理为特征的金融模式,并向全世界推广,使其获得了巨大的经济利益。[2]

---

[1] 深圳发展银行、中欧国际工商学院"供应链金融"课题组:《供应链金融——新经济下的新金融》,上海远东出版社2009年版,第25~28页。

[2] 姜洋:《衍生品的影响和作用》,收录于祁斌主编:《未来十年:中国经济的转型与突破》,中信出版社2013年版,第41~61页。

金融衍生品种类多样，有商品类、股票类、债券类、利率类、外汇类、信用类衍生品，美国仅场内市场商品类的金融衍生品就超过 1 000 种。中国目前的金融衍生品仅有商品期货、股本权证、国债期货、利率远期、外汇期货、可转换债券、融资融券、股指期货等有限的品种，应在实体经济和基础产品市场稳步发展的前提下，积极研究和推出新的交易品种，以发挥其促进风险管理、价格发现和资源配置的金融功能。金融衍生品市场的逐步发展，为企业提供了大量投资、避险的金融产品，信用衍生品成为投资者有效分离、转移和对冲信用风险的重要工具。[①] 融资行为本质上是信用行为，制约融资的重要因素就是信用不足，所以开展信用产品的创新，开发信用衍生品即信用违约互换产品（credit default swap，CDS），是一种金融资源开发行为，能够促进融资的有效进行。中国传统的融资方式仍然是贷款，占到社会融资规模的一半。这种局面使得金融风险在银行体系内部大量聚集，由于业务结构、资产结构单一，商业银行缺乏有效途径将原已聚集的风险向外转移出去。CDS 是信用衍生品市场上使用最为广泛的一种信用衍生产品，可以使买方对信用事件（credit event）引起的某项资产损失寻求保护，转移信用风险。将 CDS 产品引入中小微企业信贷领域，可以促进金融业更多地关注中小微企业发展，促进金融资源优化。中小微企业由于其本身存在的规模小、不规范、信用水平低、业务周期性强的特点，使得金融机构对中小微企业的信用数据难以充分获取，而其道德风险水平又比较高。发展 CDS 市场之后，日益发展的信用评级服务，会反过来促进中小微企业信贷 CDS 市场的逐步成长，个体的 CDS 价格可以为整个信贷市场提供基于不同区域、各个行业、不同规模、各种产权形式的中小微企业的信用和财务状况的比较标准，可以促进中小微企业达到金融服务门槛的进程，优化中小微企业信贷资产证券化的运行环境。CDS 具有对银行信贷资产违约风险提供保险的功能，通过 CDS 可以在不影响原有融资关系和客户关系的前提下，将信用风险予以锁定和转移，有助于降低银行的系统性风险，为商业银行主动进行资产负债匹配管理提供了新的工具，从而有助于商业银行提高风险管理能力和盈利能力、资产回报率。

第六节　金融机构创新

金融机构是实现融资的载体。在推动金融机构进行业务创新的同时，应积极创造条件，促进金融机构创设。金融是国家严格管制行业，创设新型金融和准金

[①] 冯光华：《推动信用衍生品市场健康发展》，载于《中国金融》2010 年第 22 期。

第五章 金融资源优化配置中的创新：金融资源与社会组织

融机构，必须突出创新发展的理念。目前金融业内所说的"新型金融机构"，主要是指中国银监会借支持"新农村"建设之机推出的"四类涉农金融机构"，包括村镇银行、贷款公司、农村资金互助社和小额贷款公司。截至 2013 年年末，全国共组建村镇银行 987 家，贷款公司 14 家，农村资金互助社 49 家；小额贷款公司增加到 7 839 家，贷款余额 8 191 亿元。

小额贷款公司。小额贷款公司是中国信贷政策的重要创新，民间积累的闲置资金通过组建小额贷款公司和放贷行为，并通过少量向金融机构批发资金，实现了向实体经济的融资，从而成为新的金融资源。小额贷款公司一般由民营资本创办，定位于向城乡微小企业、农户提供小额贷款。在办理小额贷款过程中，可以经由市场机制灵活确定利率水平。由于激发了民营资本的积极性，小额贷款公司发展迅速，成为小型金融机构的"生力军"。小额贷款公司是国家政策放松的产物，在严格的金融机构市场准入情况下，小额贷款公司成为由国家统一出台政策、地方政府监管的一类准金融机构。因为是"试点"，各个地方对于这一政策机遇的把握程度不同、发展理念存在差异，使得小额贷款公司成为金融资源的新热点。这包括三个方面：第一，小额贷款公司发展快慢，决定了动员民间资本进行融资活动的程度。第二，发展理念如何，决定了是否能够吸引许多域外资金前来开办小额贷款公司。这一机构可以成为吸收外商直接投资的有效方式，从而使一个地区形成"资金洼地"效应，香港的亚洲联合财务公司就在深圳、沈阳、重庆、天津、成都、云南、大连、北京、上海、哈尔滨组建了小额贷款公司。第三，试点的规范发展、健康有序的程度，包括规避非法集资、暴力催债、放高利贷的风险，决定了国家会将什么样的新型金融机构准入权下放给地方政府行使，在很大程度上影响着各个地方的金融资源组织化水平。

贷款公司。贷款公司是由银行业金融机构发起设立的以自有资金发放贷款的新型金融机构，与小额贷款公司所办业务类似，均以其灵活高效、小额分散的方式经营，以贷款为主，同时可以经营票据贴现、资产转让和结算等金融业务。包商银行全资设立的惠农贷款公司，探索了灵活定价、整村信用评级、村支书担保、自主创新、丰富信贷产品等信贷管理技术和营销策略，形成了独特的经营定位和良好的经营成效。[①] 贷款公司与小额贷款公司的不同之处在于，贷款公司的主发起人是银行，成为银行的一个贷款窗口，监管部门要对其发放金融许可证，实施审慎监管。这些特点使其业务方式与小额贷款公司有许多不同之处。

农村资金互助社。农村资金互助社主要由乡镇、村的农民和小企业入股，属

[①] 陈立宇：《贷款公司模式是落后地区发展普惠金融的更好选择》，载于《中国金融》2010 年第 16 期。

于互助性机构。农村资金互助社虽然规模一般都很小,但其内生于农村地区,贴近农民和基层,经营灵活高效,对于农业种植、畜牧养殖、农村经济发展、农民创业具有特殊的意义,有利于满足农村地区的多元信贷需求。① 农村资金互助社特别设计了民主表决程序和社员自由退社的制度,使其合作制的特点更为鲜明。但是,由于农村资金互助社受历史上农村合作基金会的影响,并实行严格准入、审慎性监管,所以发展极慢,现有几十家机构相对于广大农村,其覆盖面和功能微乎其微。

村镇银行。境内外银行资本、产业资本、民间资本到农村地区投资、收购、新设银行业金融机构便是村镇银行。村镇银行经营吸收存款、发放贷款、办理结算、同业拆借、代收代付等业务。村镇银行均设在县级以下,具有金融服务效率高、业务方式灵活、决策快的特点。与小额贷款公司相比,村镇银行的市场准入门槛不是很高,两者控制风险的制度设计是有区别的。小额贷款公司不限制股东资格(或限制不多),而采取限制负债来源(不准吸收公众存款,只允许按资本额的50%向银行融资)的办法控制风险;村镇银行不限制负债来源(可以吸收公众存款),而采取限制股东资格(银行等金融机构要作为主发起人)的办法来控制风险。

中国在金融市场化加速发展和产业结构优化升级过程中,大量积聚的民间资本具有投资于金融领域的强烈冲动。这种优化金融资源的市场需求有其合理性,是产业经济与金融资源需要协同发展的正常表现,然而经过各方面包括各类社会组织积极推动所推出的以上四类新型金融机构,仍然无法解决民间资本广泛进入金融领域的问题,甚至可以说,这只构成金融机构向民间资本开放的一小块天地,只相当于金融业为民营资本开启了一条"门缝",新型金融机构种类仍然不够丰富。而且现有这四类新型金融机构的管理政策仍然不够灵活,制度设计存在缺陷,金融管理创新仍然不够,实际经营中也存在业务拓展能力不强、集约经营水平低下、风险防范水平不高等问题。这样的局面,根本无法实现民间资本经由正规金融机构的资本化转变。没有众多新型金融机构的创设,特别是位于金融市场低端和前沿位置的小型金融机构的创设,就谈不上所谓"多层次信贷市场体系"、"多层次金融市场体系"。美国社区银行数量占到全部银行数量的绝对比重,在20世纪80年代、90年代和21世纪,比重都在八成以上,社区银行分布在美国的各个地区——不论是发达地区还是落后地区。由于社区银行贴近客户,个性化金融服务优势突出,许多金融创新都是由社区银行推动的,在对地方经济发展服务、对中小微企业服务、对农业服务、对当地社区服务方面发挥了不可替

---

① 沈杰、马九杰:《我国新型农村金融机构发展状况调查》,载于《经济纵横》2010年第6期。

第五章　金融资源优化配置中的创新：金融资源与社会组织

代的作用。美国的社区银行具有明显的自然演进特征，是随着市场经济发展而不断创新发展的。① 中国金融资源错配中所形成的银行流动性紧张与社会流动性宽松并存的局面，使大量民营资本寄希望于国家在深化金融改革、放松金融管制时，允许设立"民营银行"、"社区银行"，既解决中小微企业融资困境，又为大量民营资本走入正规金融提供渠道，从而优化金融资源。但是，民营资本、各类社会组织、学术机构等所期盼并极力推动的这一制度性渠道，却极难打开。

中国在金融市场化迅速发展的过程中，反而创新金融机构不足。这一问题的核心不是"垄断"、"管制"、"权力寻租"、"既得利益"这些词汇可以概括的；创新金融机构不足只需一个词汇概括，就是"理念"。各自为政的金融监管机关将金融机构准入作为本专业最为重大的事项，其实是陷入了自设的误区，缺乏市场化的监管理念，而一味地阻止、拖延民间资本创设金融机构的申请，这是不符合法律规定的，是对民间资本进入金融领域积极愿望的漠视。对于采取市场化准入政策，理论界和金融业界有许多主张，② 但是一些主张仍然缺乏实施的操作性和完备性。理念的转变和提升完全可以解决这个问题，就是依法允许民间资本兴办各类金融机构，只是要按照"竞争性准入"的原则操作，既顺应了民间资本的发展需要，又可在实施过程中达到作为制度设计者的金融监管机关的初衷，这就是激励相容的理念。在实施中，关键是要设计好如何"竞争"，即如何将制度设计者的想法在民间资本"竞争性准入"金融领域的过程中得以实现，而且通过公开招标、拍卖许可证等有效方式，可以解决公共权力"寻租"（rent-seeking）问题，使市场、行政、法律几个方面的问题在有效操作中得以同步解决。这是创新金融机构的制度性措施。

第七节　金融监管创新

充分发挥金融功能并保持金融行业的稳定性，是金融监管的主要目标，全球金融危机对金融监管提出了新的要求，并且形成了兼顾金融稳定、市场效率及监管创新的新思路。借鉴全球金融危机的教训，金融监管的监管目标、监管内容、监管理念、监管重点、监管方式、监管机制、监管法规、监管环境，都需要做适当调整和创新。尤其要注重对各类新业务的监管，使金融监管者和社会组织配合

---

①　彭建刚等：《中国地方中小金融机构发展研究》，中国金融出版社2010年版，第139~155页。
②　夏斌等人的观点是要进一步加快金融业对内充分的市场化过程，逐步减少对金融机构、金融产品市场准入的实质性限制，基本确立各类金融机构能够依市场规则自由准入和退出的机制。参见夏斌、陈道富：《中国金融战略2020》，人民出版社2011年版，第392~394页，第437~440页。

进行依法监管与行业自律，健全金融市场制度，以应对世界和中国金融市场环境的巨大变化。中国目前所采取的通过体系化的法律法规来规制金融市场行为的模式，对于控制市场风险较为有效，但却以限制市场自由度为代价，不利于促进金融业务创新和金融机构综合竞争力的提高。① 按照提高监管效率、充分发挥金融功能、确保稳健发展的监管目标和提高金融监管的容忍度、亲和力的要求，金融监管者的监管行为要从管理金融机构具体经营行为中解脱出来，重在制度构建和制度实施。

一、监管目标

金融监管的一体化模式是国际金融监管发展的明显特征。对金融市场发展特定阶段的中国来说，机构型监管（institutional regulation and supervision）仍是适合中国政府治理传统的监管模式，应结合功能型监管（functional regulation and supervision）、目标型监管（regulation and supervision by objectives）的必要功能，合理设定金融监管目标。应确立以发挥金融功能、维护金融稳定为监管目标的中心任务，以金融市场稳定、金融机构稳健、维护投资者利益、维护消费者权益为重要支点的监管目标体系。由于金融业创新发展的基本特征，金融监管体系必须与金融业改革发展相适应，金融监管者应具有识别金融业重大发展趋势的能力，并随着金融业的演变而动态地、前瞻性地调整监管框架和手段，以有效防范系统性金融风险。应坚持监管中创新、创新中监管的理念，形成创新适度超前、监管积极跟进的格局，使被监管的金融机构稳健发展。金融监管应把握实体经济发展与现代金融发展的关系，优化金融功能，防止"金融空转"和"监管套利"。②

二、监管内容

监管的加强往往来自于痛苦的经历和灾难性事件。吸取"次贷危机"的教训，美国金融改革法案（多德—弗兰克华尔街改革和消费者保护法）就将金融监管的重点放在改革金融体系问责制和透明度，以及解决"太大而不能倒"问题、保护纳税人利益、保护消费者利益方面，③ 不仅把所有具有系统重要性的金融机构纳入宏观审慎监管的框架之下，而且提出了更高的资本充足率、杠杆限制

---

① 林采宜：《上海自贸区激发金融监管理念根本性变革》，载于《上海证券报》2013年10月24日（A2）。
② 刘利刚：《泛金融化下的监管创新》，载于《中国金融》2010年第16期。
③ 冯宗敏、曾智萍：《美国金融改革法案终成法律》，载于《中国金融》2010年第16期。

和风险集中度等要求。① 应扩大监管范围，把金融创新产品、跨国金融机构、金融服务公司等纳入重点监管对象，尤其要关注金融衍生品市场、场外市场的监管，形成对金融市场、金融机构、金融产品等各个领域的监管全覆盖。重视金融机构行为监管，对金融机构执行有关法规、制度情况进行合规性监管，维护金融市场竞争秩序，公平对待金融市场参与者。

三、监管理念

监管理念对金融监管具有重要的引领作用。一是更多地采取市场化的监管理念。充分发挥社会中介机构、金融行业自律组织、金融机构内部控制制度、社会信用体系、市场运行规则等市场力量的作用，采取金融部门主管、行业协会自律、中介机构鉴证、各类社会组织参与、社会公众监督等方式并举的措施，更多地采用市场化的监管方式。二是更多地采取制度化的监管方式。运用法律、法规、规章、制度、规范、指引等不同层次的法规制度，形成体系健全的监管框架。三是在金融监管中突出激励相容理念。金融监管者不仅从监管目标出发设置监管措施，同时应当参照金融机构的经营目标，将金融机构的内部管理和市场约束纳入管理的范畴，引导这两种力量来支持监管目标的实现。② 四是提高金融监管的容忍度和亲和力。通过金融监管者与金融机构之间的密切配合、良性互动，形成金融机构愿意接受监管、主动接受监管的局面。

四、监管重点

重点监管金融市场、金融机构的业务，尤其是创新型金融产品。稳步推进金融创新，防范金融风险，注重中小投资者的利益保护，加大金融机构信息披露的透明度，保障投资者和消费者的权益。

五、监管方式

监管创新要求金融监管者重在制定规则、被监管者按照规则行事这一监管方式。改变金融监管者对金融机构管控过多的局面，改变行政化的监管方式，从干

---

① 王振中：《建立适合中国的宏观审慎监管机制》，载于《中国金融》2010年第13期。
② 邓艾、任万鹏：《激励相容理论在金融监管中的效用探析》，载于《中国商人（经济理论研究）》2005年第6期。

预金融机构具体经营行为中解脱出来,放开于法无据的各种行政性审批和审核,监管行为由事前防控改为事中、事后监督,发挥市场力量对金融资源配置的决定性作用。作为重要的市场经济主体,金融机构充分而有效的信息披露是发挥市场约束作用的前提。通过公开披露信息的机制,让市场全面及时地了解金融机构的真实状况,从而根据稳健性要求来约束金融机构的经营行为。监管机构的重要任务,是制定金融机构的信息披露标准,并约束金融机构按照所制定的标准进行信息披露。

六、监管机制

明确监管职能,将应当纳入金融监管范围的金融市场、金融业务、金融机构、金融产品、金融行为均纳入有效监管范围。明确监管机构,建立统一的监管部门,建立上下级政府协调顺畅的监管机构体系。在实现监管部门统一之前,健全各个监管机构之间的信息共享和配合机制。建立金融监管协调机制,形成金融监管机关与其他政府部门、社会各界的协调机制,提高监管效率与水平。

七、监管法规

应完善监管法规,对于新型金融机构、金融业务,包括私募股权投资基金、金融控股公司,通过立法方式将其确定为监管内容,形成明确的监管法律依据和监管框架。根据中国区域广大、政府分级行政的特点,建立统一立法、分级监管的体制,形成不同层次的监管主体。

八、监管环境

中国金融业的开放是不以任何人的意志为转移的,中国将面临全新的金融监管环境,那就是日益开放的金融市场体系。全球金融危机中,中国的金融体系没有受到严重冲击,其中一个原因就是中国的金融业融入国际市场的程度不深,中国一直坚持虚拟经济与实体经济发展状况相适应的原则,才使得中国的金融业没有受到重创。[1] 但是,这一市场环境势必发生很大变化。面对更为开放的金融市场条件,需要努力营造有利于金融监管的外部环境,促进金融监管效率的提升。金融监管环境又具体包括市场环境、社会环境、舆论环境、政策环境、守法氛围

---

[1] 郑慧:《加强和改进我国金融监管的政策建议》,载于《光明日报》2010年1月20日(11)。

等方面。

按照激励理论（The Theory of Incentives），监管机构与金融机构因为金融监管法律而确定了一个强制合同（forced contrast），监管机构在监管金融机构时本可以只围绕自身的行为目标行事，无须照顾金融机构的潜在效率损失；而事实上，监管理念的创新，要求理性的金融监管机制设计必须满足代理方即被监管的金融机构的参与约束条件，让被监管者愿意和主动接受监管，提高金融监管的容忍度和亲和力。让被监管的金融机构真正愿意和主动接受监管，可以带来其自身所追求的期望效用，使监管机构和被监管的金融机构双方均可实现自身最大化效用。以金融市场的稳定和风险可控，作为对各方均为有利的目标。金融体系的演化需要金融监管体制做出及时的动态调整，金融监管也应积极主动加强对金融创新的研究，为金融机构进行金融创新提供一定的空间。[①] 这是监管环境的重要组成部分。

第八节　金融服务创新

现代经济运行模式的发展经常需要"融资工具集成商"来提供组合金融服务，北京金融资产交易所（CFAE）就提出了这一金融市场发展定位。在金融服务创新方面，金融服务联盟和金融超市都具有组合金融服务的功能，金融功能区和金融特区则通过金融制度创新开发金融资源，集中体现了金融资源集聚态势。

一、金融服务联盟

金融服务联盟是各类金融机构发挥各自优势，以促进融资为目标，以与其他金融机构、金融服务机构、各类社会组织签订合作协议方式建立的合作组织。金融服务联盟以合作共赢为准则，以自发形成为主，也需要组织化的推进，体现了金融资源系统中各类要素在竞争与协同过程中促进系统功能完善的过程。组建金融服务联盟有利于各类金融机构利用好金融资源的组合特征和优势，发挥好金融机构自身的集约经营特色，尤其是发挥各类社会组织包括金融同业公会、融资促进协会等在促进金融资源优化配置中的推动作用。

金融服务联盟至少包括以下八类：

第一，银担合作服务联盟——银行机构与担保机构为达到融资条件而订立契

[①] 李妍：《金融监管制度、金融机构行为与金融稳定》，载于《金融研究》2010 年第 9 期。

约的联盟。融资性担保机构为经济主体提供担保后，银行即认为达到了自身的贷款条件，可以顺利发放贷款、实现融资。江苏银行连云港分行的信用联盟体，就是银担合作服务联盟的体现。银担双方在公平合作过程中应努力形成风险共担、利益均衡、有效进行风险管理的机制，实现双方权利和义务的对等。在银行机构转变经营理念、积极开展风险管理的基础上，融资性担保机构应加强风险识别和风险控制，做优担保行业品牌，形成自身的金融资源组织优势。①

为了建立更加完善的风险分担机制，在银行与担保机构合作的基础上，可以再加入再担保机构。再担保机构通过与银行机构、担保机构合作，可以发挥增信、分险功能，推动融资开展。东北中小企业信用再担保公司就开发了批量类业务，包括批量再担保、集合债、集合票据、集合短期融资券、集合信托担保等，实现了担保、再担保业务的"批量化"，其实是将零碎、分散的金融资源组合为优质金融资源的过程。

第二，金融创新服务联盟——直接融资与间接融资机构组成的服务联盟。由风险投资机构、创业投资机构、银行、券商订立，针对企业成长的不同阶段，分别由风投机构和创投机构投资、银行贷款、发债融资、推进上市、资本运营等几个金融服务领域组成全体系的金融服务。其创新之处在于，将间接融资与直接融资有效结合，为企业提供全阶段的融资服务，实现金融与产业发展的结合。

第三，批发金融与零售金融服务联盟——由银行与贷款公司、小额贷款公司分别作为资金批发者和资金零售者组成的金融服务联盟。将资金批发、资金零售有机结合起来，有利于形成多层次信贷市场体系，是从机制上解决对中小微企业金融服务的措施。有人认为，银行与小额贷款公司双赢合作的模式可以达到十种之多，包括：以直接融资为主的合作、以联动营销为主的合作、以联合贷款为主的合作、以贷款保障为主的合作、以建立区域中小微企业信用数据库为主的合作、以小额贷款公司业务管理系统为主的合作、以专项评估为主的合作、以制度设计和产品开发为主的合作、以业务培训为主的合作、以市场拓展为主的合作。②

第四，银保金融服务联盟——由银行与保险公司利用各自网点、人员、产品的不同优势形成的联合营销、业务代理、资金托管、资金营运及人员培训、营销宣传等附属业务的服务联盟。一些保险机构和银行机构还采取贷款赠保险等方式，实现了产品的同步营销，发挥着融资和社会稳定双重功能。

作为现代金融业的重要组成部分，保险业与经济发展有着密切关系，保险通过风险转移和风险补偿功能对经济发展形成促进作用。保险业与银行业、证券业

---

① 李莉：《银担合作的机制创新》，载于《投资北京》2013年第2期。
② 李宏权：《银行与小贷公司新型合作模式探索》，载于《当代金融家》2012年第3期。

第五章 金融资源优化配置中的创新：金融资源与社会组织

和其他金融产业有着密切关联关系。保险、银行、证券之间的竞争和互补关系是产业之间协调发展的常态，在这种相互竞争、相互融合、相互渗透中，金融业作为一个整体，对经济发展的促进作用才得以形成。国外一些学者分析了保险业和其他金融产业的关联问题，其中韦伯等（Webb et al.，2002）在索洛的新古典经济增长模型中加入银行、寿险和非寿险变量，利用1980~1996年间55个世界主要国家的数据分析，发现保险业和银行业对经济发展都具有显著的推动作用，同时发现保险和银行交互项对经济增长也具有预测性，证实了银行保险的交互效应，虽然目前中国的这一交互效应尚不明显，[①] 但是通过金融资源的优化配置措施，经过政府机构、各类社会组织和金融机构间的协调推动，通过组建金融服务联盟的方式促进银行业与保险业之间的合作，是具有现实意义和长远意义的发展策略。

第五，银证金融服务联盟——由银行与证券公司利用各自网点、人员、产品的不同优势形成的联合营销、业务代理、资金托管、资金营运及人员培训、营销宣传等附属业务的服务联盟。这一服务联盟也具有客户资源共享、金融服务价值提升、统筹间接融资和直接融资的作用。

第六，直接融资服务联盟——由财务顾问、券商、律师、会计师、私募股权投资基金或风险投资机构组成的专以挖掘各类上市资源、开展资本运营操作为目标的服务联盟。

第七，对外金融服务联盟——由银行机构与出口信用保险机构组成，出口信用保险机构通过开立出口收汇保单、应收账款保单的方式，为涉外企业提供风险保障，实现银行机构的融资。

第八，银银合作服务联盟——银行与银行之间利用各自优势组成的联合金融服务契约。主要体现在银团贷款或联合贷款、金融创新以及资金营运、产品开发与营销、客户资源共享、网络优势共享、结算清算、业务代理、员工培训等业务领域。银银合作服务联盟表明金融市场的参与者不仅强调在共同所处的系统中进行竞争，还强调各自优势互补和功能协同，避免盲目的恶性竞争，体现着一个地区金融合作文化的发展程度。

笔者以银团贷款为例。银团贷款反映了一个地区金融行业合作意识的浓厚程度。银团贷款既可以为重大项目提供有效融资支持，提高银行的放贷能力，并分散贷款风险，降低贷款的后期处理成本，同时可以将金融机构之间的竞争关系转化为合作关系，避免金融行业的"内耗"，形成合作共赢的局面，是组织金融资

---

① 吴洪、赵桂芹：《保险发展、金融协同和经济增长——基于省级面板数据的研究》，载于《经济科学》2010年第3期。

源的有效措施。

二、金融超市

金融超市类似于商品超市，是融资方式的集合形式，可以在金融资源优化配置过程中发挥融资沟通的平台作用。金融超市的设立，浓缩了经济社会对于金融创新的基本要求，即高效、便捷、丰富的金融服务。商业经营模式的转变、组织管理形式的变化、产业链条的细化、金融市场的变革，以及信息技术全方位地营造信息化社会，都令金融服务向可得性、多样化、便捷性、个性化、综合化、定制化发展，由金融服务"专营商店"向"超级市场"转变。[①] 金融超市在发达地区的江苏、西部地区的青海和东北的黑龙江都有积极的实践形式，试图以此整合金融机构的产品和服务，为具有成长性的中小微企业提供一站式、批发式、一揽子金融服务。

金融超市体现了金融资源优化配置理念的突破。与普通超市售卖一般商品一样销售金融产品，可以使顾客获取丰富多样的融资服务，提供了满足不同类型融资需求的交易平台和沟通渠道。客户需要的小额贷款，如同商品超市中的日常生活用品，随用随有——只是在商品超市中，超市只认权威机构发行的钞票（也即信用的纸面代表），而在金融超市中，需要有健全的机制确认客户的信用水平——两者在本质上都是搭建起了适宜的信用结构。拥有信用就有权利得到融资，这是"普惠金融"（inclusive finance）理念的核心，普惠金融应当在金融超市中得以实现。金融超市对于信用不足的客户可以再提供担保方式，促进融资的实现。在金融超市中，小额贷款应当成为一种门市业务，满足条件的即时办理。客户需要的保险产品由保险公司或保险经纪公司马上提供，这如同商品超市中的五金日杂。客户需要的证券投资业务由证券经纪公司和托管银行立即提供。再向高端发展，客户有风险投资、私募股权投资需求，可由金融超市通过提供财务顾问，引荐投资机构在进行尽职调查后提供，这如同商品超市中增加了点餐服务。如果企业适合进行整合上市，则金融超市引荐给券商和会计师、律师等各类中介机构开展前期工作。客户尚未被组织起来的投资理财、资产管理、保险保障、风险管理、财务顾问、信息咨询等金融服务，皆可由金融超市开发出来。金融超市这种初级的金融市场组合形式，也是发现高端融资渠道的方式之一，这类似于小超市发现了客户的购车、购房需求一样，只因商品超市原来就有信息优势，提供房产中介、代办车辆购置服务也是可能的。

[①] 牛锡明：《财富管理是银行经营转型的方向》，载于《中国金融》2011年第8期。

第五章 金融资源优化配置中的创新：金融资源与社会组织

北京金融资产交易所在建立不良金融资产交易服务平台过程中，就探索建立了一个"虚拟超市"，起到汇集各类金融资产供求信息、形成以经纪商制度为核心的流动性较强的运营模式、集合不良资产的经常性处置和集市专场处置及投资银行处置等多种方式、建立合作各方之间激励约束的战略协作关系、提供市场化的电子交易系统等多方面作用，在优化资产交易功能的同时，还能拓展出基础金融资产的选择和分类、信息聚集整理、股权债权托管、资产竞价估值、金融创新和基于电子化信息共享技术手段的风险控制与监测等多种功能。[①] 在这一运作中，体现了金融超市这一新型金融机构优化金融资源配置的必要性和重要意义。

三、金融特区

中国金融改革发展往往与特殊的金融政策联系在一起，主要体现在"先行先试"政策上，海南岛开发开放、浦东新区开发开放、天津建设滨海新区无不以"先行先试"为核心政策要素，形成了特定区域依托特殊金融改革发展政策实现金融创新的局面。金融领域的先行先试有利于形成金融资源集聚效应突出的金融功能区，还可能形成"金融特区"，成为离岸金融中心，成为对接全球资本市场的有效载体。[②]

金融功能区体现了金融资源的集聚效应，是世界各国和国内重点城市建设金融中心的着力点。为应对全球金融一体化带来的机遇和挑战，可以在一国划定金融特区，建立离岸金融中心，设立离岸金融平台，实现国内投资者与国际资本市场的有效对接。以欧洲美元（Eurodollar）为代表的离岸金融市场（Offshore Finance Market）发展，已经为国际金融中心发展注入了全新的理念。经过金融危机冲击，伦敦依然是全球举足轻重的金融中心、全球外汇交易量最大的地方。在中国推进人民币国际化过程中，英国就借助这一"外力"，在西方大国中率先与中国签署双边本币互换协议，培育伦敦离岸人民币业务中心，借此巩固其经济强国地位。[③] 随着人民币国际化进程的加快，本身作为离岸金融中心的香港，发展人民币离岸中心最具潜力，香港本土、国际投资者和内地企业、金融机构，均可利用不断创新的金融产品，在香港利用人民币金融平台进行融资。[④]

---

　　① 万涛：《北金所董事长熊焰：打造中国金融资产超市》，载于《21世纪经济报道》2013年2月1日（11）。
　　② 吴满宇、汪孜博、韩韬、孙弢：《金融特区》，载于《金融世界》2012年第3期。
　　③ 王勇：《人民币离岸业务成了伦敦一张新王牌》，载于《上海证券报》2013年7月4日（封12）。
　　④ 吴静：《香港离岸人民币市场——香港推进人民币国际化面临三大挑战》，载于《金融世界》2012年第3期。

在一国之内建设"金融特区",可以施行境外制度规则和业务模式,境内机构可以购买境外资产,实现境外融资,从而使离岸金融业务得到充分发展。深圳经济总量接近香港,但尚未发展成为国际金融中心,其产业升级面临难题,形成了"特区不特"困境。于是借助前海"深港现代服务业合作区",依托国家赋予的"比经济特区更加特殊的先行先试政策",在金融创新方面陆续实施一系列政策:拓宽境外人民币资金回流渠道,构建跨境人民币业务创新试验区;允许香港银行对前海企业发放人民币贷款;建立前海股权交易中心;前海银行机构发放境外项目人民币贷款;前海企业在港发行人民币债券;设立前海股权投资母基金;港资和外资股权基金可在前海做资本金结汇、投资、基金管理等方面的创新;降低香港金融机构入驻前海准入条件,境内外金融机构在前海设立国际性管理总部等。[①] 这些措施有利于形成拓展深港国际合作的双向平台,香港能够获得广阔的经济腹地,深圳可以实现现代服务业集聚。可见,通过制度创新、金融产品创新、金融机构创新,能够形成新的金融资源,构建起金融业创新发展的新型体制。

---

① 郭璐等:《前海特区提速》,载于《财经国家周刊》2013年第13期。

第六章

"有形之手"的作为：
金融资源的政府组织

在金融资源优化配置中，各类经济主体和政府机构及各类社会组织中，只有政府机构的组织优势最为突出，政府这只"手"最有力。金融发展只能在良好的外部环境中实现，这需要政府机构提供一系列制度安排，用句冠冕堂皇的话说，"金融资源优化配置是一项系统工程"，需要政府机构和各类经济主体、社会组织、金融机构、金融监管者协同行动，政府金融工作的主要目标和核心内容就是促进金融资源组织化发展，弥补金融资源配置的市场失灵，提高融资有效性，因此笔者独辟一章讨论政府机构在促进金融资源组织化发展中的作用和作为。

第一节 "大政府"的兴起及政府职能定位转变

一、经济社会发展与政府职能定位

人们经常抱怨政府规模需要精简、政府效率总是不高，客观事实却是，"大政府"正在兴起。"大政府"的兴起，经过了漫长的历史、政治的演变过程和文化传统、国际竞争、社会变革、经济波动、立法程序的推动。钱德勒（Alfred D. Chandler）在其《看得见的手——美国企业的管理革命》（*The Visible Hand*）中，对美国企业的治理结构发展做了历史性的考察，发现美国的资源配置组织形式由最初的家庭作坊这种生产单位，发展为业主制的古典企业，之后进一步发展为合伙制企业，再到有限责任公司和股份有限公司，而且出现了跨区域、跨行业发展的变革趋势。与企业管理革命的发生过程相伴，政府机构在经济中的作用逐步调整，形成了政府机构影响持续扩大的局面。在初期的时候，为了维持市场经济体制，联邦政府和基层政府主要为现代工商企业的产品和服务建立市场，政府机构对企业决策的影响不大，这种影响是间接性的；税收水平制定得比较低，政府机构对现代经理式的企业和产业部门只具有"最低限度的影响"，联邦政府和州政府主要在维护小型竞争性企业方面有更大的帮助，在反垄断方面发挥出更积极的作用；"大萧条"和"二战"之后，"政府在经济中的作用急剧扩大了"；官方采购的扩大，使联邦政府成为美国生意企业最大的顾客；当然，"对于现代工商企业的扩展和持续成长来说，政府在维持充分就业和高额总需求方面所起的作用，比政府的直接采购具有更为重要的意义"，政府机构采取一种有系统的政策来维持需求量，支持了大量的销售市场，因为"私人经济没有能力维持一种复杂的、高度分化的、大量生产和大量分配的经济的持续成长"；政府在维持经济成长和稳定中所起到的作用被逐步接受，人们认识到了政府支出与经济发展水平之间的相关关系，政府机构成为唯一能够制止经济恶化的机构，逐步形成了将联邦政府定位为保持充分就业和高额总需求量的责任者的立法，美国的"联邦政府乃是作为一种最后手段的协调者和分配者"。① 企业治理结构的演变以及经济环境等的变化，引起了政府机构职能定位的转变，表明政府机构职责定位、政府机构作用领域、政府机构规模大小、政府机构行政方式与经济社会发展的新的外部环境相适应。近些年来"新公共管理"理念的兴起和政府机构在社会政策和社会管理、突发事件和应急处置、宏观经济和金融市场稳定等方面的作用，更加显示出经济社会发展对政府机构职能的推动作用。

二、"大政府"的宏观背景

西方国家"新公共管理"运动的发展，逐步形成了"大政府"的格局。这一局面的出现有特殊的宏观背景，主要是全球化这一趋势对各国政治经济和社会运行的深刻影响，带来了经济体系融合、国家政治权威扩展、民族文化削弱等多方面影响。② 全球化不仅使各国经济运行与行政管理、社会政策紧密难分，政府机构的使命更大，责任也更大；也使政府治理的国际协调极为必要，世界主要国家共同应对全球金融危机便是明证；经济全球化形成了治理全球化、规则一体化的趋势，给各国政府管理体制带来了巨大冲击，使"新公共管理"运动成为世界性潮流，不仅发达国家，而且不同发展水平、不同政治体制、不同民族宗教的

---

① ［美］小艾尔弗雷德·钱德勒（Alfred D. Chandler）：《看得见的手——美国企业的管理革命》（重武译），商务印书馆1987年版，第582~587页。

② George A. Steiner, John F. Steiner, *Business, Government, and Society: A Managerial Perspective, Text and Cases* (11e), New York: McGraw-Hill/Irwin. 2006: 384 – 387.

第六章 "有形之手"的作为：金融资源的政府组织

许多发展中国家，都加入到这一潮流中来。

"大政府"出现的宏观背景主要体现在三个方面：一是全球化带来发展机遇，也形成巨大挑战。各民族国家更多地利用稀缺资源以加快自身发展，使世界各国对国际市场的依存度增加，加剧了经济波动的风险。发达国家同样面临着竞争压力，福利制度艰难为继，全球化也导致其国内政策环境发生变化，各国政府的征税权力被大大削弱，原有的行政模式使政府处理失业和各类社会矛盾的能力受到更大限制。二是社会转型加快发展。西方国家陆续进入后工业化社会阶段，服务业比重提高，社会上中产阶层人数剧增，生活水平显著提高，环境和可持续发展等公共议题受到重视，社会多元化，价值多样化，社会运行的不确定性增加，各种社会矛盾层出不穷。这种局面使原有公共部门的角色、组织结构和管理方式难以适应需要，出现了公共服务质量下降、政府机构公信度下降、政府机构与社会的矛盾日益突出的局面。三是经济困境与财政危机的深刻影响。西方国家长期以来实施的政府过度干预经济的政策，造成国际经济普遍陷入滞胀境地，失业率居高不下，国际收支失衡，财政危机严重，不得不着手推行旨在发挥市场积极作用、调动社会参与的公共部门内部的管理创新。①

三、政府职能定位的转变

政府规模大小的衡量标准难以确定，人们所得到的政府规模大小的结论经常大相径庭。人们常用财政支出规模、公务人员数量来衡量政府规模大小，如果按照财政支出占 GDP 的比例来衡量，中国的这一比例虽然上升较快，但与其他国家相比仍有很大差距，中国仍属于"小政府"范畴，因为许多国家的这一比例都在 50% 以上。② 出于限制政府规模的需要（也有政党争斗的因素在其中），美国政府支出预算法案争执曾多次导致"政府关门"，但是面对经济危机冲击、失业率居高不下、制造业下滑、社保体系不完善这些经济问题，以及飓风和暴雪的抢险救灾、恐怖袭击等突发事件，人们首先想到政府应承担处置责任。这就形成了极为矛盾的局面：平时人们对政府抱怨不断、攻击不绝，认为政府过多地干预了市场运行，对市场产生了替代和"挤出效应"，破坏市场经济中的公平原则，而且这类抱怨越是激进，越能吸引公众注意力，越能博取支持；但同时，社会经济运行中发生任何变故或意外事件，不论原有法律是否赋

---

① 马方：《新公共管理全球化的动因分析》，载于《东北师大学报（哲学社会科学版）》2009 年第 1 期。

② 王立勇：《财政政策效应：理论研究与经验分析》，中国人民大学出版社 2010 年版，第 88 页。

权政府应对，人们都寄希望于政府出面解决难题，政府机构即使因为授权不足而正常发挥市场机制的作用，也会遭受公众的普遍质疑。原来人们希望社会经济运行中"感受不到政府的存在"，现在是希望有事情时政府无所不在、"随叫随到"。这体现为社会公众对政府机构履行宏观经济调控、社会管理、风险防范、突发事件应对的职能，有着很强的公共需要，尤其是全球金融危机发生后，人们对政府机构积极作为以克服市场的盲目性，发挥政府稳定市场预期的功能，形成了更多的共识。

不论政府规模如何衡量，重塑政府机构应向优化职能转变，这是必须实现的目标。因为简单地进行政府机构精简，比不上优化政府职能具有更为重要的意义。新公共管理运动的兴起，形成了政府机构定位于"整体政府"的趋势。[1] "整体政府"（whole-of-government）有多种说法，"协同政府"（joined-up-government）和"全面政府"（holistic-government）都被广泛使用。"整体政府"的含义主要来自于职能日益广泛的政府机构定位，它既包括中央行政部门不同政策领域之间日益增加的横向协作、部委与其代理机构之间的内部纵向协作以及地方机构在提供公共服务时进行的协作，包括决策的整体政府与执行的整体政府，也包括横向合作或纵向合作的整体政府；同时"整体政府"改革的实施可以是一个小组、一级地方政府，也可以是一个政策部门。波利特（Pollit）提出了一个定义："整体政府"是指一种通过横向和纵向协调的思想与行动以实现预期利益的政府治理模式，这包括规避相互掣肘的行政措施、更好地联合使用稀缺资源、促使某一政策领域中不同利益主体的团结协作、为公民提供无缝隙而非分离的服务这四个方面的具体内容。

政府机构的各项职能中，经济职能越来越显得重要。传统理念中的完全竞争的市场经济是根本不存在的，在现代经济中，经济结构不均衡风险问题越来越离不开政府调控。政府机构"有形的手"无时无刻不延伸于经济领域之中。政府职能中的经济职能，主要在于提升经济运行的规模效益，拓宽经济主体的联系渠道，引导经济运行产生集聚态势，促进各类资源优化配置，解决经济运行的无序和市场失灵问题。随着经济金融化发展，现代经济运行呈现新的特点，社会财富日益金融资产化，经济关系日益金融关系化，金融对经济发展的作用日益突出，金融动荡不断爆发产生了严重危害，于是政府机构经济职能的重点也在转变，金融政策日益成为经济政策的核心。[2] 中国以中央政府为主导逐步推进的经济体制改革，就是政府利用其在资源配置中的绝对主导地位，自上而下主动推动的制度

---

[1] 曾维和：《"整体政府"论——西方政府改革的新趋向》，载于《国外社会科学》2009年第2期。
[2] 杨涤：《金融资源配置论》，中国金融出版社2011年版，第33~45页。

供给行为，以解决计划经济体制僵化的制约，在金融领域的逐步改革也是政府与其他市场力量共同推动金融市场化、优化金融资源配置的过程，这既避免了市场自然演进的时间成本，又避免了激进化改革带来的震动。① 作为中国金融市场体系的塑造者，在促进金融资源组织化发展过程中，政府自然处于主导地位，这是中国金融资源优化配置的主要背景。

四、政府经济职能中的组织化水平

政府机构所履行的经济职能，都可以归纳为提高经济运行的"组织化水平"的职能。从系统论的观点来看，整个社会作为一个复杂的系统，为了使社会系统达到并充分发挥其预期的功能，使系统从组织无序、效率低下达到组织有序、功能充分发挥的过程，便是社会组织化发展过程。② 从本质上看，促进金融资源组织化发展是为了使金融资源系统达到并充分发挥其预期的功能，使金融资源系统从组织无序、效率低下到组织有序、功能充分发挥的过程。因此，组织化水平是政府机构经济职能的主要着力点。农业生产中的组织化水平提升，是发展现代农业的根本性措施；工业化生产中的计划，经济社会发展中的规划，促进经济活动的规则化和规范化，都是促进经济活动有效开展的重要措施。

笔者以农业为重点加以例证。现代农业的重要特点是要素投入的集约化、资源配置的市场化、生产手段的科技化、产业经营的一体化。在现代农业经济中，农民为了更好地实现、保护和促进自身经济利益，提高参与市场竞争的能力，可以通过内部合作和外部联合的形式形成各种经济组织。当今世界发达国家，尤其是农业发达国家，尽管农业人口占全国人口的比例很低，但他们绝大多数是各种各样的农民组织的成员。在欧洲第一农业大国法国，绝大多数农场主参加了产前、产后领域的合作组织；德国所有的农户都是合作经济组织的成员；绝大多数荷兰农民甚至至少是三四个合作经济组织的成员；在日本，村村都有农民组织，户户参加农民组织；世界第一农业大国美国的经济合作组织数量众多，每6位农场主中就有5位通过合作经济组织获得必要的生产资料供应、农产品运销加工和其他服务。总之，农业发达国家的农民组织化程度都非常高。中国的农民组织化程度极低，有研究将中国农民组织化程度量化为5.7%，中国农业仍然是以分散农户为主体的传统组织结构。③ 农民组织化是农民联合起来形成各种经济和政治

---

① 皮天雷、郝郎：《金融发展的"中国模式"探析——基于"中国之谜"与制度变迁的视角》，载于《财经科学》2011年第9期。
② 胡仙芝等：《社会组织化发展与公共管理改革》，群言出版社2010年版，第10页。
③ 袁铸等：《农民组织化的国际比较及其启示》，载于《特区经济》2010年第7期。

组织的行动和过程，以加强农民在生产经营过程中的分工与协作程度。① 中国发展现代农业经济，应在农业生产和经营中努力改善经营模式，通过发展农村合作经济组织、建立农业合作社、农机合作社、营销合作社、多种经营合作社、农民协会等方式，提高农业生产经营的组织化水平。农村合作经济组织的组建形式、组织类型、服务内容、利益联结、发展模式等各个方面，都可以多元化，国外农村合作经济组织的业务范围就涉及农民生活的各个方面和农业生产的各个领域，呈现出多元化的业务模式。② 发展农村合作经济组织，可以体现政府机构的组织推动、政策引导、制度构建等方面的关键作用。农村合作经济组织的建立，有利于推动农业生产经营的多项功能完善，包括把从事各种农业产业的农民按行业组织起来，共同参与市场经营，在较大的范围内优化资源配置；促进农业规模经营，解决农业分散生产与统一市场的矛盾；进行标准化生产、依法经营，维护农民自身利益；对农民进行科技推广和劳动技能培训，提高农民整体素质，提高农民的市场意识；形成农产品精深加工企业产业化经营的基础；为农产品产销提供中介等全面的社会化服务；促进新型生产资料和新型农业技术选用；成为金融机构向农业产业融资的组织者和担保主体。在这个过程中，就将农业生产经营中不断提升的组织优势，转化为促进发展的融资优势。

农村金融资源具有"分类相聚"的特征，更加说明提高农村金融资源组织化水平的必要性。民间借贷资金流动方向显示，农村金融资源并不是一致地从富人流向穷人，也不是一致地从穷人流向富人，而是表现出较强的"正向分类相聚"（positive assortative matching）性质，在相对发达地区，分类相聚特征表现得更为明显。③ 这一特征给金融资源优化配置的启示，就是可以更多地将原本分散、零碎的金融资源，组织成为生产经营规模更大、对金融的承载能力更强、风险程度可知可控的金融资源。可以促进合作金融性质的金融机构更多地走入农村金融市场，打破农村资金流动的壁垒，形成农村的生产经营资源与金融资源的有效结合。有研究表明，农村地区绝大部分农户并不存在特别的信贷申请困难，这是因为农户居住相对固定，信息较容易获取，通常能找到担保人或者抵押物来满足数额不是很大的信贷需求，反而显示出农村信贷需求不足的趋势。④ 这就是通常所说的"农民更讲诚信"，表明分散的、零碎的金融资源需要

---

① 程同顺：《中国农民组织化研究初探》，天津人民出版社2003年版，第13~15页。
② 陈楠、郝庆升：《发达国家粮农生产经营组织化模式比较及在中国的适用性》，载于《世界农业》2012年第1期。
③ 张海洋、平新乔：《农村民间借贷中的分类相聚性质研究》，载于《金融研究》2010年第9期。
④ 钟春平、孙焕民、徐长生：《信贷约束、信贷需求与农户借贷行为：安徽的经验证据》，载于《金融研究》2010年第11期。

第六章 "有形之手"的作为：金融资源的政府组织

经过政府机构、金融机构、农民合作组织、企业进行金融资源优化配置工作，实现集约的融资。

政府机构在实现其经济职能的过程中提高经济运行的组织化水平，将政府的组织能力投入到金融资源优化方面，可以实现行政资源的金融化与资本化。中国独特的行政管理体制使中国的各级政府掌握了大量的资源及资源配置权，恰当地利用这些资源和将行政权力合理合法地转换成可交易的"金融权利"，有利于促进政府经济职能目标的实现。政府促进金融资源优化配置的作用具体体现在以下五个方面：第一，政府机构将发挥规划作用，从建设金融中心的定位到规划和具体组织建设，政府机构是建设金融中心的蓝图描绘者和组织者。第二，政府机构将在优化金融生态环境、完善相关保障政策方面发挥重要作用。第三，行政手段作为一种重要的资源配置方式，将在引导金融资源合理配置方面发挥积极作用。如通过有效的政策创新金融组织、吸引金融机构、吸引高素质金融人才、加强资本运营、引导金融资源向农村流动等。第四，政府机构通过健全法律、政策引导措施，促进社会组织发育，健全金融市场体系，形成金融资源的市场组织机制。第五，政府机构作为政策的制定者和宏观调控者、作为监管部门对金融市场的运行进行监管，保证金融市场平稳有序发展。

政府促进经济运行的组织化与政府定位为公共物品提供者的角色并不矛盾，也不是"与民争利"的作为，恰恰是促进公共利益的一项重要措施。政府机构这个组织具有独立的意志、独立的利益、特定的目标，只是其利益更代表公众群体，不会因为促进经济运行的组织化而损害别的经济主体的利益。有一种观点认为，政府资源就是金融资产（如同货币、存款、股票、债券），是以政府权威与信用为基础，以广义的债权债务关系为纽带所产生的权益证书，当政府机构将这些金融资产与非政府机构或社会公众进行广义的交换，可以借此来刺激、启动、规范、引导、强化民间的经济行为和投资行为，实现政府所期待的社会综合目标。这即是政府资源的金融化目标。北京 CBD 信托计划、上海外环隧道信托计划、重庆在全国银行间市场发行"市政资产支持证券"，都是政府资源在资本化过程中所使用的创新金融工具。[①] 在我们面临全球化不可阻挡、金融化日益深入、发展环境进一步优化的新形势下，政府机构采取积极有效的引导措施，会为金融业的顺利发展打下良好基础，有利于妥善处理好发展、创新、规范的辩证关系，使金融资源为我们开启更为美好的前景。

---

① 于江：《信托：创新自由因子——专访中国信托业协会专家理事李宪普博士》，载于《当代金融家》2007 年第 8 期。

第二节 金融政策推动

从政府机构的公共职能来说，提高经济运行的组织化水平，优化金融发展环境，以及消除金融市场中的信息不对称问题，都可以作为公共物品，通过政府机构的公共政策和公共行为来加以实现，使得促进金融资源优化配置的责任不可避免地主要由各级政府机构来承担。

一、发挥政策导向的推动作用

政府机构通过政策引导和公共财政投入，会形成明确的政策导向，这对于金融资源优化配置具有积极的意义。政府机构公共资源的充分利用，可以形成金融资源优化配置的突出效果。财政资金的直接投入不如通过财政贴息方式所形成的融资需求更为有效，后者能够产生更明显的融资促进作用。公共财政项目以其未来可预期的现金流为依据，再加上财政补贴政策的引导作用，有利于形成金融机构积极跟进投入的局面。如廉租房项目，原来金融机构认为其收益率低，不愿参与。实际上，廉租房虽然不如商品房项目盈利率高，但是没有过高的市场风险，而且不会形成政策性风险，再加上公共财政资金的贴息补助等效果，综合比较起来，是金融机构愿意积极参与的项目，只要将此类资源组织得当，既可实现政府机构的政策导向和融资目标，又能产生良好的社会效益。

政府机构为了发展金融事业，会实施导向性的政策，优惠政策就成为金融功能区加快发展的重要支撑。北京市在金融街建设过程中，通过提供各项优惠政策和便利环境，鼓励金融机构前来投资和设立办事机构，加快了金融产业集聚，目前国内金融机构大都将总部建在金融街。黑龙江省"金融招商"成效显著，境内外金融机构日益青睐其地缘优势、资源优势和发展潜力，摩根大通银行（J. P. Morgan）、东亚银行（BEA）、汇丰银行（HSBC Bank）、法国兴业银行（Societe Generale）、韩亚银行（Hana Bank Korea）等国际一流金融机构纷纷前去展业，促进了当地金融业和经济的对外开放。引进金融机构需要发挥各方面合力，黑龙江省就与中国银监会、中国银行业协会联手，成功组织了外资银行"龙江行"活动，给外资银行形成了良好的发展导向，使黑龙江省成为"吸金之地"。[1] 为提

---

[1] 李播：《外资银行陆续抢滩进驻 我省再打造"吸金之地"》，载于《黑龙江日报》2011年11月9日（1）。

高招商引资效果，黑龙江省出台了对引进的金融企业给予一次性资金补助的政策，这些政策不仅是吸引境内外金融机构入驻的政策措施，而且是改善金融生态环境的重要补充，反映了各级政府机构为金融业加快发展构建良好外部环境的政策导向。

二、完善金融管理体制

由于中国行政管理体制的逐步变革及政府分权的发展，各级政府机构促进金融资源优化配置的职能应做出细分。中国的金融业处于中央政府严格管制之下，但是投融资体制的变革，使地方政府的利益日益相对独立化，地方政府往往利用其政治影响力和对地方经济的控制力，从中央政府和金融部门获得更多的金融资源。这需要将中央政府的宏观调控目标与地方政府更着力于促进融资发展的目标结合起来，实现各级政府在金融资源优化配置中的协同效应。

各级政府应当充分利用激励相容机制促进金融资源优化配置。政府机构对金融机构注资、补贴，监管部门监管金融机构的日常业务、新增机构、收购兼并、开拓新兴业务的过程中，应当为经营管理状况良好的金融机构提供更为宽松的发展环境，形成鼓励优良金融机构更快发展的机制，这会在客观上促进绩差金融机构改善经营，从总体上促进金融业稳健发展。根据经营实力、经营业绩、风险管理能力的不同，授予金融机构范围不同的新兴业务许可，实施差别存款准备金率，都是建立正向激励、实现激励相容监管的有效办法，可以发挥公共政策有效引导金融资源优化配置的作用。

促进金融资源优化配置，金融机构是重要的主体。金融机构开展业务营销，除了实现其自身的商业利益，还应当建立有效的金融运行机制，强化金融机构对中小微企业、"三农"、战略性新兴产业的融资服务。可以通过制度确保部分金融机构准确定位，将其服务目标主要指向这些领域，使金融机构充分发挥金融资源优化配置的主体作用。

三、优化货币政策操作

稳定的通货环境是非常重要的金融资源，因为货币稳定可以体现融资促进功能。金融与经济的相互依存关系，使金融体系具有"内在顺周期性"（inherently procyclical），即在经济扩张时期，如果缺乏内在的制约机制，将导致金融资源配置不均衡问题日益累积，而在经济总体运行逆转之后，金融资源积聚的失衡将剧烈地体现出来，使经济和金融运行遭受重创，加剧金融体系的不稳定性，形成更为严重的经济和金融的收缩。由于金融创新的不断衍生、金融监管的缺位、货币政策把握不准,全球金融体系呈现出内在顺周期性不断加强的局面,加剧了实体经济的波动和金融体系的不稳定。① 中央银行应该对经济和金融运行早做预期,相机采取灵活的货币政策调控经济,是预防经济周期性波动和风险冲击的重要关口,是稳定通货环境的必要措施。

中央政府制定和实施积极有效的宏观金融调控政策,对于金融体系稳定具有重要意义。金融宏观调控政策是国家在金融领域中所采用的各种政策措施的总称,它具体包括货币政策、信贷政策、利率政策、储蓄政策、银行管理政策、资本市场政策、保险市场政策、外汇政策和黄金政策等。货币政策是中央银行通过调整货币供给总量以及调控利率的各项措施,达到特定或维持政策目标的宏观调控手段。利用一般性货币政策工具,可调整货币供应量,为产业经济发展提供适合的宏观氛围,通过区别对待的利率政策,可以对不同产业进行鼓励或限制,引导资金投向,起到优化资源配置的作用。

货币政策本身具有相机抉择的特点,需要根据短期和长期经济形势发展变化,适时调整货币政策的调控节奏和力度。如果经济形势发生很大变化甚至是转折性变化,就需要及时改变宏观金融调控的方向,改变政策基调。货币政策对宏观经济的调控,很大程度上是通过影响信贷资金投放、资本市场松紧、利率水平高低实现的,准确把握国家货币政策变化,是企业界、投资者、各级政府机构、金融监管者,特别是金融机构极为关注的焦点。

在全球金融危机发生前后,中国货币政策就经过了多次调整变化。美国次贷危机爆发后,中国及时做出调整,推出4万亿投资计划以及一系列扩大内需的刺激措施。实行了适度宽松的货币政策,加大金融支持经济发展的力度。2009年年末,广义货币供应量 M_2 余额为 60.6 万亿元,同比增长 27.7%,增速比上年高 10 个百分点;狭义货币供应量 M_1 余额为 22 万亿元,同比增长 32.4%,增速比上年高 23.3 个百分点;新增贷款 9.6 万亿元,同比多增 4.7 万亿元。② 2010年,中国经济朝宏观调控的预期方向发展,国家继续实施适度宽松的货币政策,但加强了货币政策的"灵活性"和"针对性"。1月份开始,中国人民银行连续6次上调存款准备金率,累计上调3个百分点,意在控制流动性,提高资金使用成本,管理通胀预期。2010年年末,广义货币供应量 M_2 余额为 72.6 万亿元,同比增长 19.7%,增速比上年低 8 个百分点;狭义货币供应量 M_1 余额为 26.7 万亿元,同比增长 21.2%,增速比上年低 11.2 个百分点;人民币贷款余额同比

---

① 杜朝运、毕柳:《金融体系的顺周期性与逆周期监管》,载于《金融教育研究》2013年第26期。
② 中国人民银行:《2009年第四季度中国货币政策执行报告》。

第六章 "有形之手"的作为：金融资源的政府组织

增长19.9%，增速比上年低11.8个百分点，同比少增1.65万亿元。[①] 到了2011年，宏观经济形势又发生了很大变化，国家货币信贷政策又有很大调整变化。受全球流动性宽松和中国国际收支顺差较大等因素影响，2011年总体上流动性供给偏多，在实体经济没有过热的情况下，资产价格居高不下，食品和居住类价格上涨推动消费物价指数（CPI）不断攀升。物价调控和抑制通胀成为宏观经济调控的关键词，实施稳健的货币政策，社会融资规模下半年增长放缓，全年社会融资规模为12.83万亿元，比上年少1.11万亿元，新增人民币信贷7.47万亿元，同比少增3 901亿元。[②] 货币政策从"适度宽松"转为"稳健"，新增信贷总量的减少，影响微观经济融资。

货币政策受国际金融形势影响，也是为了应对这种不利影响而实施的。到了后危机时代，全球金融形势更加变幻莫测，给中国经济带来多重影响和冲击，存在着巨大的潜在风险。2010年全球经济在年初较快复苏后重新归于疲软，全年增速为4.6%，其中美国、欧盟、日本经济增长率为2.5%、1.8%和3.5%，新兴市场则形成了巨大反差，增长速度达到7%以上。虽然全球经济有复苏迹象，但跨国投资只有金融危机前的一半左右，制造业远未达到危机前的水平，发达国家失业率依然较高，主要发达国家的经济状况继续拖累全球经济复苏，特别是发达国家与新兴市场的复苏不均衡（只是到了2014年才出现增长主体重新转移到发达经济体的势头），欧洲主权债务危机引致国际金融市场爆发新动荡，对全球经济与金融发展带来新的挑战，资本市场不稳定，原油和金属、铁矿石、食品等重点商品价格急速上涨，都对全球经济和金融形势带来了影响。受这些影响，中国经济面临诸多风险，从而适时适度调整了货币政策走向。一是通货膨胀风险。全球经济复苏推动跨境资本的风险偏好大幅提升，尤其是美国推行的"量化宽松"货币政策和低利率政策，致使全球流动性进一步泛滥，既引发套利性货币交易（carry trade），引导跨境资金大幅流入经济复苏前景良好的国家，推动其资产价格的上涨，又致使农产品和能源价格暴涨，加大进口成本，形成输入型通货膨胀，加剧中国成本推动型通货膨胀的形成。[③] 通货膨胀的形成导致居民生活价格上涨，使中国这样一个情况复杂的大国增添诸多社会问题。二是资金过度流入风险。中国经济保持快速增长的良好势头，以及为抑制流动性而采取的逐次加息政策，引起大量跨境资金从发达经济体回流，在推动中国经济增长的同时，也带

---

① 任统：《2010年金融运行分析》，载于《中国金融》2011年第3期。
② 中国人民银行：《2011年第四季度中国货币政策执行报告》。
③ 也有人认为，美国货币政策变量引起中国物价的变化程度要小于对中国产出的影响，其实不论影响大小，美国量化宽松货币政策确实加剧了中国物价的波动。参见陈晓莉、孙晓红：《美国数量宽松货币政策对中国宏观经济的影响分析》，载于《经济科学》2012年第1期。

来了诸多风险。全国性的房地产价格高企,自 2009 年第二季度起资产风险泡沫势头就开始显现,跨境资金流入带来的人民币本币升值过快,降低了中国的出口竞争力。三是欧洲主权债务危机持续升级。希腊发生主权债务危机后,陆续向区域内的西班牙、葡萄牙、爱尔兰、意大利、英国等越来越多的经济体传导,引发国际金融市场的剧烈波动,使欧洲经济总体走势极不明朗。① 日本发生的强烈地震,对日本经济造成的沉重打击和对其贸易、债务、基础设施、制造业体系、投资者信心等众多方面的冲击是极为深远的。中国的经济与国际经济紧密相关,据国际货币基金组织(IMF)测算,欧美外需每下降 1%,中国 GDP 就会下滑 0.28 个百分点,中国经济已经与国际经济紧密联系在一起了。随着发达国家经济下滑,中国经济运行也面临下行压力,中国 GDP 增速在 2011 年第一季度达到 11.9% 的高点之后,连续 6 个季度下降,到 2012 年第三季度降到 7.4%,国家再次采取刺激政策,通过融资和投资使 GDP 增速在第四季度回升到 7.9%,可是接下来 2013 年的前两个季度又出现下滑。在流动性过剩、通货膨胀预期居高不下的背景下,中国的货币政策回归"稳健",主要采取上调基准利率和存款准备金率等措施,逐步收紧通货。2009 年 7 月至 2010 年 12 月期间,中国上调存款准备金率的幅度较大,达到 300 个基点;2011 年又 6 次上调存款准备金率,使大型金融机构的存款准备金率高达 21.5%,充分体现出货币政策的从紧程度。为应对欧洲主权债务危机持续发酵带来的不确定性、扩大内需和转变经济发展方式,国家在 2012 年又将稳增长放在首位,开始下调存款准备金率,货币政策方向逆转,2013 年年中的"钱荒"以后,中国继续采取稳增长的政策,货币政策持续保持稳健,并努力盘活资金存量,② 使 2013 年度 GDP 增长勉力维持了 7.7% 的增速。

  国家通货状况稳定和币值稳定、金融行业运行稳健、金融产业强大、国际金融影响力增强,本身就形成了重要的金融资源。③ 其主要机制在于信心,为社会公众形成稳定可靠的预期,促进交易的正常进行和信息的充分沟通。宏观金融稳定是金融资源优化配置的基本前提。近些年来,货币政策理论存在着从"货币数量规则"到"中性货币政策"的转变过程。④ 在格林斯潘(Alan Greenspan)担任美联储主席的初期,一直沿用其上任沃尔克(Paul Volcker)时代以货币数量为中介目标的货币政策操作体系,但是格林斯潘发现,货币主义的学说在货币

---

① 彭文生、姜欣欣:《欧债危机笼罩下的 2012 年全球经济》,载于《金融时报》2012 年 1 月 9 日 (009)。
② 吴敬琏:《重启改革是唯一出路》,载于《上海证券报》2013 年 11 月 6 日 (A1~A2)。
③ 梅新育:《融资渠道也是影响力》,载于《中国金融》2011 年第 3 期。
④ 彭兴韵、施华强:《伯南克变革的基本方向——兼论美国货币政策的演化》,载于《国际经济评论》2007 年第 3 期。

第六章 "有形之手"的作为：金融资源的政府组织

政策的实践方面很难真正取得成功，于是自1993年起，力求实行"中性"的货币政策，转回以联邦基金利率（Federal Funds Rate）作为中介目标。在这一政策体系中，使"真实利率"对经济既不起刺激作用也不起抑制作用，使经济以其自身的潜能在低通货膨胀下持久稳定增长。确定真实利率的主要依据是经济的真实年增长率，美联储认为，美国劳动力的年增长率约为1.5%，生产率年均增长率约为1%，其潜在的年经济增长率约为2.5%，美联储的货币政策操作任务就是通过调整利率，使年经济增长率稳定在2.5%左右的潜在增长率水平，实现稳定物价和经济增长的双重目标。伯南克（Ben Shalom Bernanke）在2005年就任美联储主席后，支持货币政策操作的透明性，认为更加透明的货币政策可以促进货币政策制定者与外部信息获得者之间的对话，降低了金融市场的不确定性，有助于稳定公众对长期通货膨胀的预期，有助于经济增长与稳定。在明确宣布了具体数值的通货膨胀率或其目标区间的基础上，可以减少公众对货币政策不确定性的预期，更有效地稳定公众对通货膨胀的预期。于是伯南克任职期间的美联储在宏观经济金融形势研判、量化宽松货币政策实施（特别是QE2）等方面充分对外沟通，并在政策声明中不断强调对于利率的前瞻性指引。美联储提升政策透明度的原则，目前已为世界上越来越多的中央银行所采纳。2014年年初新任主席的耶伦（Janet L. Yellen）保持了政策连续，在结束量化宽松政策后，仍实行高度宽松的货币政策，使超低利率维持期限长于市场预计的期限，并使美联储与社会公众的沟通成为影响经济的一个独立、有效的政策工具。[①]

借鉴这些经验做法，中国在货币政策操作中，应逐步建立起宏观审慎的监管理念，发挥货币政策的逆周期调节功能，形成经济主体的稳定预期。宏观审慎管理制度应纳入金融风险、金融稳定的相关因素，这包括两方面内容：一是审慎的逆周期监管框架，二是完善货币政策框架。[②] 通过比较可以发现，"预先收紧"（preemptive tightening）的货币政策比"预先放松"（preemptive easing）更有利于防止金融资源配置失衡的累积而造成更大的危机因素，在中国这样宏观经济的结构性矛盾非常突出、金融市场体系尚不完善、利率和汇率生成机制不健全以及信息充分性没有真正到位的情况下，增强货币政策的预见性和稳健性，适度超前地采取宏观审慎调控措施以加强金融资源优化配置，可以为金融体系顺畅运行建立良好的宏观环境。中国人民银行2011年采用"社会融资规模"作为宏观调控的中间目标，并且向社会公布宏观调控的力度和方向，在相当大的程度上提高了货币政策的透明度。

[①] 吴培新：《耶伦的政策哲学及所面临的挑战》，载于《上海证券报》2014年2月11日（A1）。
[②] 张亦春、胡晓：《宏观审慎视角下的最优货币政策框架》，载于《金融研究》2010年第5期。

在通货状况稳定的基础上,健全利率和汇率生成机制,进一步提升金融资源丰富程度,使金融资源具有了国际化的影响力。利率市场化是为了形成有效的金融市场供求均衡价格,使资金供给者和资金需求者各自得到相应的资金收益、支付合理的资金使用成本,并使利率弹性逐步增强,提高宏观调控的有效性。与此同时,应当形成稳定的汇率,也即稳定的本币对外价格。人民币汇率形成机制改革已经走过了几个阶段,自1994年开始,先后实行了汇率并轨、保持币值稳定、有管理的浮动,逐步形成了以市场供求为基础、参考一篮子货币进行调节的有管理的浮动汇率制度。人民币汇率形成机制问题,由于国际经济、金融危机、大国关系等因素,形成了全球瞩目、各方分歧的局面。中国经济与世界经济已经紧密联系在一起,人民币与其他主要国家货币不经过合适的汇率生成机制并自由兑换,是不切实际的想法,对经济发展和对外交往会形成制约。与经济大国地位相适应,中国要在国际经济规则制定权、优化贸易条件、稳定金融市场秩序方面保持更有利的地位,推进人民币的完全可自由兑换是不可逆转的方向,人民币国际化是必然选择。人民币最终成为可自由兑换货币和国际重要的外汇储备资产选择,以及中国外汇储备的有效运用,会给中国带来通货环境稳定、资金流动性增强、跨境资本流动便利、经济国际化,这些方面形成的金融资源优化,尤其是作为金融资源核心要素的资金的流动性增强,会使金融效率大为提高。人民币国际化是一个艰难复杂的过程,面临着货币政策独立性、资本自由流动和汇率稳定性这个三元悖论。人民币国际化要经过周边化、区域化、国际化三个阶段,分别承担贸易结算货币、部分国家储备货币、国际储备货币的职能。在这个过程中,应当明确人民币国际化目标,明确汇率改革的渐进步骤,在长期的实践中稳妥实施,逐步增强人民币汇率弹性,努力保持人民币汇率基本稳定,为各类经济主体经贸活动提供稳定的预期,形成良好的经贸环境。目前人民币国际化已经取得一些成效,[①] 中国陆续与韩国、中国香港、马来西亚、白俄罗斯、印度尼西亚、阿根廷、冰岛、新加坡、新西兰、巴基斯坦、阿联酋、土耳其、澳大利亚、巴西、英国及欧盟、瑞士等国家和地区签订了货币互换协议,规模达到26 000多亿元人民币,人民币在周边国家和地区得到广泛使用,境外流通规模不断扩大,处于由周边化向区域化发展的阶段,进入全球交易货币前十位并可能上升至全球第三大贸易货币,[②] 而且人民币国际化的长远发展与国内金融体制改革紧密相关,[③] 同步推动人民币国际化、健全货币价格形成机制、完善金融市场体系,有利于金

---

① 李婧:《人民币国际化研究》,首都经济贸易大学出版社2014年版,第223~298页。
② 张锐:《人民币打开在国际市场的辐射空间》,载于《上海证券报》2013年9月12日(A2)。
③ 贺力平:《人民币国际化的前景》,载于《经济经纬》2013年第4期。

融资源优化配置。

金融资源优化配置的政策环境，与国家宏观政策环境紧密相关。政策优势可以转化为金融资源优势，是中国区域经济发展战略的突出特点。近年来，全国已有20多个区域经济被上升为国家战略，包括西部大开发、东北老工业基地振兴、"中部崛起"、天津滨海新区开发开放、福建海峡西岸经济区、上海国际金融中心和国际航运中心、海南旅游岛、广西北部湾经济区、辽宁沿海开放带、山东半岛蓝色经济区、安徽承接产业转移示范区、浙江海洋经济发展示范区、贵州扶贫开发攻坚示范区，以及最新推出的中国（上海）自由贸易试验区等，在这些区域发展政策中，金融政策都是重要内容。金融政策在原有的体制基础和监管框架下，采取"先行先试"的方式，创新金融主体，发展新型机构，拓展金融创新领域，成为带动区域发展的重要内容甚至是主要力量，全国形成了国家批准的近30项区域性金融改革，最具代表性的世界首创的上海自由贸易试验区，包括离岸结算、货币自由兑换、利率市场化、金融业对外开放、融资方式创新等金融领域众多重大改革创新的内容。[1] 各个地区可以在争取特殊的区域经济政策过程中，融入金融资源优化配置的内容，以金融业改革发展"先行先试"为核心，准确定位本地金融发展方向和战略，创设新型金融组织机构，抓住机遇推动原有金融机构体制创新和跨越式发展，完善区域金融发展环境，形成地区优势、经济资源与金融资源的有效结合。

第三节　金融发展规划引领

发展规划在促进金融资源集聚过程中具有重要的引领作用。政府机构通过规划职能，可以引领金融业发展方向，破解金融业发展难题，促进金融与经济和谐发展。中国近阶段金融业改革发展的主要任务是健全金融体系、推进体制改革、加强产品创新。在完善金融体系方面，应进一步完善金融市场的微观体制，促进金融业发展转型、体系重构与功能完善。[2] 这些，均可通过政府规划职能加以明确。

金融资源优化配置涉及一个经济体、区域、城市的金融业发展定位，"金融中心"和金融功能区都是备受瞩目的发展目标。政府机构超前规划对于金融中心和金融功能区建设具有关键作用。金融中心按照其影响力和功能，分为国际金

---

[1] 屠新权:《上海自贸区肩负更高国家使命》，载于《上海证券报》2013年9月6日（A1）。
[2] 宋立:《"十二五"金融改革与发展的战略重点》，载于《金融博览》2011年第1期。

融中心、全国性金融中心、区域性金融中心、功能性金融中心等不同层级。各个地方应该根据自身发展条件，准确确定自身发展方向和功能定位。一个国家可能拥有多个金融中心，并且各个金融中心的定位会有不同。金融资源优化配置需要发挥各地特色，重庆市通过建设金融市场和要素市场，形成了建设长江上游金融中心和票据结算中心的独特定位。青岛市金融业发展的独特之处是提出了发展财富管理业务，建设金融聚集区和区域性的财富管理中心。① 大连市经由辽宁沿海经济带建设而提出建设区域性金融中心目标，特别突出了产品定价中心、资金清算中心、金融创新中心、市场信息中心等核心功能。② 上海市经由《国务院关于推进上海加快发展现代服务业和先进制造业建设国际金融中心和国际航运中心的意见》、自由贸易试验区政策而确立其建设国际金融中心的目标，并上升为"国家战略"。

中国以及主要经济区域的金融业发展定位，包括上海建设国际金融中心目标的确定，体现了国家发展规划的功能。国家"十二五"规划明确了继续深化金融体制改革、推动金融业开放和发展的总体方向，提出要构建组织多元、服务高效、监管审慎、风险可控的金融体系，不断增强金融市场功能。应在风险可控的基础上放松金融准入管制，以市场机制促进金融资源配置均衡，促进市场化的金融主体充分发挥金融功能。金融要更好地为加快转变经济发展方式服务，从战略目标上看，中国金融应发展成为全球最具影响力的金融增长极。③

重视政府机构的推动作用，对于经济欠发达地区建设金融功能区提供了政策思路。在经济发展尚未达到特定水平的情况下，政府机构应抓住金融市场发展的契机，利用相应城市或地区在地理位置和经济环境等方面的优势，设立一个或多个金融商务区或金融服务功能区，通过提供各项优惠政策和发展便利环境，鼓励金融机构前来投资及设立机构，加快金融资源集聚与金融产业集群的形成进程。在确定金融中心战略和城市功能定位后，政府部门应成立专门的规划研究机构，实行高起点规划、差异化定位，制定具有自身特点的发展目标和实施方案，有效推动金融功能区建设。北京金融街的开发和建设，首先是得益于政府机构的战略规划和政策支持以及国务院、北京市的积极支持，使金融街吸引了更多的资金与企业，为保证金融街的健康、迅速发展提供了政策保障。

规划金融资源优化配置的发展目标，除了紧密结合本地经济发展实际和独特优势，还需要系统化实施。以黑龙江省为例，可以形成多个"金融板块"，从而

---

① 白光昭：《努力打造财富管理中心》，载于《中国金融》2010年第22期。
② 段小茜：《制度安排、功能强化与大连区域性金融中心建设》，载于《中国金融》2010年第16期。
③ 吴晓球：《中国构建国际金融中心的路径探讨》，载于《金融研究》2010年第8期。

第六章 "有形之手"的作为：金融资源的政府组织

走出特色发展道路。第一，可以农业产业化为重点，发展"农村金融板块"。系统化实施的措施包括：与种植业、畜牧业同步，发展多种新型农业经济，创新融资方式和领域；进行农村金融体系创新试点，探索林权、土地承包经营权、住宅等动产和各类不动产的抵押和质押办法；推进农村信用体系建设，优化农村信用结构；依托广泛发展的农民专业合作社，将种植、养殖、加工、农机、水利、商贸、市场、物流、旅游等涉农行业的经营行为普遍提升为金融资源；创新农村金融组织体系，创设小型涉农银行、贷款、信托、租赁机构、农村资金互助社、担保专业合作社，推进农村金融体制改革，发展定位于农村金融和集约经营的区域性金融机构；发展农业保险，为农牧业生产和农村经济社会提供"稳定器"；发展农产品交易市场，时机成熟时建立电子交易市场和交易所，开发上市期货交易品种，设立农产品期货交割库，规范农产品定价机制，活跃农产品要素市场。[①]第二，可以对俄经贸、卢布定价为重点，发展"对俄金融板块"。系统化实施的措施包括：依托现有区域性金融机构，确立以促进对俄贸易为重点的发展战略定位，形成金融与对外贸易的紧密结合；开发人民币和卢布本币结算账户、信用卡、跨境汇款、结售汇、现钞兑换、信用证、保函、境内卢布融资等多种特色业务品种；依托国家日益深化的跨境人民币业务改革措施，开展人民币国际结算、人民币国际融资业务，发展人民币离岸市场，支持企业"走出去"；立足于区域外汇交易市场建设，在人民币与卢布交易中体现前沿省份引领发展的特点，建立专门的外币（卢布）交易中心，形成配合全国银行间外汇市场的区域性外汇交易市场，形成小币种（卢布）外币定价中心。当地的哈尔滨银行就将"对俄金融"作为本行的战略发展方向，成为国内人民币对卢布的最大兑换机构，并经中国人民银行批准成为全国首批银行间外汇市场人民币对卢布交易做市商。第三，可以制造业为重点，发展"制造业金融板块"。系统化实施的措施包括：推动银团贷款，组建金融服务联盟，促进金融行业与制造业的互惠合作；大力发展融资性担保机构，提高制造业企业的有效抵押、担保水平，创新抵押担保物品种；以核心企业的经营优势和信用优势为基础，积极发展供应链金融；通过政策引导方式加快发展产业投资基金；在制造业内的并购重组方面充分发挥金融机构的资本运营功能。第四，可以能源和资源为重点，发展"资源金融板块"。系统化实施的措施包括：推进金融机构与大型企业开展战略合作，促进产融结合；推动资源整合重组，加大资源优势转化为金融资源的步伐，更多地利用资本市场融

---

① 王朱莹：《粳稻期货今日低调上市 开门红可期》，载于《中国证券报》2013年11月18日（A16）。

资；依托丰富的森林资源、碳汇资源构建全国性的碳交易市场；① 发展私募股权基金、风险投资基金、创业投资基金，促进融资和投资协同发展。以上这些系统性措施，涉及金融机构、金融业务、金融体系、金融市场、资本运营，需要政府金融管理部门、金融机构、中介机构、其他社会主体共同推动。

政府机构在从宏观上对本国、本地区、本市金融业进行准确定位和长远规划的基础上，还应努力组织实施。从上海启动国际金融中心建设所做的工作可以看出，政府机构在促进金融资源集聚中所起的核心作用。②

第一，明确工作任务，落实责任部门。明确了推进上海国际金融中心建设的重点工作，内容涵盖金融市场体系建设、金融机构体系建设、金融产品和业务体系建设、金融对外开放、金融服务体系、金融发展环境、航运金融七个方面。上海建设国际金融中心，既包括国际金融中心普遍需要的金融市场健全、金融机构集聚、金融产品丰富、金融环境优化等内容，也包括航运金融这样独特的功能定位，是结合其自身特点而实施的。

第二，健全推进机制，形成工作合力。上海建设国际金融中心是国家战略，需要建立国家和地方政府协调配合的推进机制。建立了国家有关部门推进上海国际金融中心建设的协调机构，形成了部际协调机制；成立了上海推进国际金融中心建设领导小组和推进小组及办公室；完善了上海市政府与国家金融管理部门、重要金融机构的战略合作机制，上海市政府与中国保监会、中国社会科学院、新华社、国家开发银行、进出口银行、工商银行、农业银行、中国银行、建设银行、交通银行等签署了战略合作备忘录，并形成了对接上海国际金融中心建设的工作机制。

从此可以看出，促进金融资源优化配置，协调工作极为重要。在国际金融中心建设这样的重大问题上，特别是涉及国家金融管理、中直金融机构、地方政府等各个方面的协作关系，加强金融资源优化配置过程中的协调配合是取得成效的关键。

第三，加强金融创新，推进"先行先试"。启动了跨境贸易人民币试点、外商投资股权投资管理企业设立试点；开展了信用保险保单融资试点；螺纹钢、线材期货品种在上海期货交易所挂牌上市；银行间市场推出中小企业集合票据；完善上海航运价指数。

第四，优化发展环境，营造良好氛围。上海市出台了地方性法规《推进国际金融中心建设条例》，优化金融发展和金融生态环境，加强金融风险的防范和预警。制定了支持金融业发展的政策措施，出台了《上海市集聚金融资源加强

---

① 周逢民：《构建黑龙江省碳汇金融体系》，载于《中国金融》2011 年第 9 期。
② 方星海：《上海金融发展报告（2010）》，上海人民出版社 2010 年版，第 3~6 页。

金融服务促进金融业发展的若干规定》，设立金融发展资金、金融人才奖、金融创新奖。

第五，深化金融改革，完善金融国资管理。制定了深化上海金融国资国企改革的指导性意见，重点推进上海市属金融企业市场化改革和开放性重组，发布了市属金融企业国有资产监督管理办法、法人治理实施办法、业绩考核评价实施办法等政策性文件。推动市属金融企业制订三年行动计划，明确发展定位、发展目标和发展措施，推动市属金融国资国企资源优化配置和重组上市。

经过十多年的努力，上海国际金融中心建设取得了重要进展，上海已经基本确立了以金融市场中心为主要特征的国内金融中心地位，并正在向国际金融中心迈进。上海市的金融要素市场体系日趋完善，全国性的证券交易、银行间同业拆借、外汇交易、黄金交易、大宗商品交易和商品期货、金融期货等市场都有设立，是中国内地金融要素市场最为集中的地区。形成了门类齐全的金融机构体系，新型金融机构纷纷入驻，带动了金融产业、金融业务创新，提升了上海市金融业的国际化水平。逐渐成为国内金融资产的交易中心和定价中心，形成了中国各大要素市场资源集聚的"洼地"，而且金融发展环境日益完善，拥有较强的金融资源吸引力。[①]

第四节 优化金融生态环境

政府是优化金融生态环境的主体力量，发挥着推动者、协调者、制度构建者、失信惩戒者等诸多关键性作用，其中综合协调、制度构建、失信惩戒功能是其他各类主体无法做到的。应以加快推进经济体制的市场化、法制化为目标，推进诚信环境建设。

第一，继续深化以国企产权、政企关系、企业监督约束机制为主要内容的企业体制改革，健全企业治理结构，优化市场体系，为维护金融生态平衡创造良好的微观经济基础，形成良好的市场环境。

第二，深化金融体制改革，建立和完善金融机构的激励机制和约束机制，促进金融产业与其他产业的和谐互动，这对维护金融生态的平衡至关重要。

第三，在全社会范围内开展信用观念宣传教育，加强信用文化和信用制度建设，建立信用奖惩机制，营造良好的社会环境和信用环境。

[①] 陈铭仁：《金融机构集聚论——金融中心形成的新视角》，中国金融出版社2010年版，第188~190页。

第四，完善相关法律法规，在尽快出台市场经济体系相关法律法规的同时，更重要的是必须严格执法，为金融生态的良性发展提供强有力的法律保障，形成良好的法制环境。

第五，综合运用财政政策、货币政策和产业政策，加强对宏观经济运行的调控，防止经济的过热与过冷，保证经济稳定发展，形成良好的经济运行环境。

第六，政府机构积极有为，完善有关政策，健全公共服务体系，发挥好公共财政资金的引导效应，为金融生态环境改善提供良好的服务环境。

一个经济体系的金融生态环境，由各个区域的生态环境组成。近年来，地方政府与区域金融发展的关系呈现新的特点，[①] 主要体现在地方政府与区域金融发展的关系逐步转变为以管理服务金融发展为主，成为金融改革发展的重要推动者，区域金融发展政策成为地方政府重要的经济调控手段，地方政府成为防范化解金融风险的主要力量。在优化区域金融生态环境中，地方政府可以有许多作为，包括制定和实施金融业发展规划，提出配套政策，提供良好的政策环境，推动地方各类金融机构业务合作、产品创新、互利共赢，推动区域性金融机构深化改革，发展新型金融机构和各类金融市场组织，加快形成多元化的区域性金融机构体系。尤其是推动信用体系建设的主要任务，需要由地方政府来完成，其中包括建立信用信息归集、交换与共享机制，推动征信体系的完善和有效运作。

政府机构在促进金融资源集聚和提高区域金融市场化程度方面，一项重要措施是推进金融功能区建设。金融资源集聚是一个市场过程，金融功能区建设需要依托众多历史文化和经济因素的集聚作用，伦敦金融城就浓缩了千年历史。金融功能区是与经济发展相适应的，这个功能区一般依托传统的商务区发展，同时与新兴商业的发展相结合。商业的发展、商业区的形成是一个长期的过程，金融功能区的建设也需要相当漫长的时间，从国际金融中心建设经验看，有时金融功能区、金融中心的形成，甚至以百年以上的时间为条件。在这个漫长的过程中，厚重的商业文化、悠久的历史传统，有利于促进金融功能区发展。国内外大多数金融功能区都位于城区中心、黄金地段，这体现了商业文化和金融文化的积累，这样的传统优势有利于吸引金融机构入驻。

第五节　引进金融机构和活跃金融市场

市场主体的增加有利于活跃金融市场。引进金融机构即"金融招商"，是政

[①] 周道许：《地方政府在区域金融生态建设中的作用》，载于《中国金融》2010年Z1期。

府机构培育金融市场的重要措施。

一、政府机构主导招商

政府机构在招商中所发挥的作用,一直为社会高度关注。

首先,贸易促进是政府经济职能的一部分,也是国际惯例。随着中国经济市场化的深入发展,各地之间的竞争日趋激烈,为了吸引各种资源,各级政府通过搞好基础设施,提供优惠政策,为资金落地提供良好的公共服务。[①] 香港商业如此发达,其贸易促进机构所起的作用极为突出,香港贸易发展局(HongKong Trade Development Council)就是专责推广对外贸易的法定机构,其有效途径之一是展览,围绕国际授权、时尚、图书、美食、酒类、医疗、珠宝、影视、电子产品、礼品、玩具、文具、婴儿用品、时装、纺织品、钟表、眼镜等展开,这些展览内容既包括香港的优势制造业,也包括服务业、旅游业、高端消费业等与香港独特定位相关的内容,体现了政府机构营造优良发展环境的初衷和成效。

其次,一个地区特色优势有必要集中展示,招商政策协调只能由政府机构完成。一个地区需要自己的合法代表将其独特优势集中展示,集中发布其特色、优势和重大经济发展战略,履行"搭建平台"的职能,采取形象展示、会议推介、多方对接、自主缔约的方式,并以企业为主体开展招商。项目"落地"涉及的公共服务,如建设规划、产业规划、用地审批、旧区拆迁、项目与周边关系处理、相关产业协调、优惠政策落实等,均须由政府机构完成。在园区、示范区、合作区这类招商发展的创新形式中,政府机构既作为管理部门,也是公共服务的直接提供者,更需要以政府机构为主导进行综合协调。

再其次,区域合作发展对政府机构招商提出了明确需求。招商是资本在区域间调整分布格局的促进机制,经常是经济不发达地区从经济发达地区吸引投资。经济发达地区资金富集后,必然要遵从追求利益的规律,向经济不发达地区逐波进行产业转移,如上海、浙江这样的发达地区与东北地区、中部省份、西部地区虽相距遥远,但具有明显的互补性,合作程度逐步加深,完全可以形成紧密的、互利共赢的合作关系。作为创新发展的新形式,近些年出现的"飞地经济"(the enclave economy)模式所涉及的项目规划、建设、管理、土地使用、税收分成,需要经济发展存在落差的两个相互独立的行政区域共同进行协调和实施,以促进

[①] 张恒龙、秦鹏亮:《由"经济建设型"向"公共服务型"政府模式的转型——基于 FDI 省际面板数据的实证分析》,载于《求是学刊》2013 年第 4 期。

资源优化整合、区域产业梯度转移和发展集聚经济。①

最后，经济后发展地区需要由政府机构主导招商。经济后发展地区政府机构以加快发展作为政绩引领，会形成以招商促发展的局面，并由政府机构更多地发挥主导招商、配置资源的作用。当下中国的政府转型应当进行，但"无为而治"只是一种理想状态，竞争发展就是对于资源的竞争。中国经济的快速发展就得益于调动了地方积极性，地方财政日益增强的支配能力是其根源。② 随着地方间竞争的日趋激烈，地方政府公共物品供应的责任更趋重要，提供优质公共物品已成为地方政府间财政竞争的主要手段，其实际效果有利于优化投资环境，有利于实现各个地方之间竞争发展的格局。

二、引进金融机构的主要作为

每个地方都有其独特优势和发展机遇所在。从金融资源的角度看，这些独特优势，皆可转化为融资优势和金融资源，借以引进金融机构。中国目前处于后工业化的起步阶段，仍有许多地区处在工业化过程中。工业化阶段的主要特点是产业上以第一、第二产业为主，第三产业比重仍然较低，金融业增加值占第三产业的比重也比较低；从生产要素看，资源要素与其他要素仍需要紧密结合，尤其是资源要素与资金要素结合，能够产生强大的发展动力。

金融资源集聚发展的内涵非常丰富，它既是金融资源的配置过程和配置结果，又是区域金融系统在结构、功能、规模和发展水平上时空有序的演化过程，还包含了金融资源与区域地理环境和社会人文环境以及实体产业相互融合、相互影响、相互促进的过程，理应为政府机构所高度重视。③ 引进金融机构以活跃金融市场，能够形成促进融资的有效机制，即运用市场机制促进一个地区金融市场有效性的机制。金融市场有效性一直是困扰人们的难点问题，金融机构的增加、金融资源数量的增长以及金融竞争的活跃，可以提高一个地区的金融市场效率。

活跃金融市场需要细加谋划，善用巧劲，通过市场机制解决金融难题。"金融招商"就是这一问题的集中体现。之所以说"四两拨千斤"，而不言"千斤搏千斤"，是因为人们经常感到自身没有千斤之力，也无须用千斤去搏千斤。金融招商就是活跃金融市场、发挥"鲶鱼效应"的有效措施。近些年来，全国性股

---

① 冯云廷：《飞地经济模式及其互利共赢机制研究》，载于《财经问题研究》2013年第7期。
② 何晓星：《再论中国地方政府主导型市场经济》，载于《中国工业经济》2005年第1期。
③ 陈铭仁：《金融机构集聚论——金融中心形成的新视角》，中国金融出版社2010年版，第22页。

第六章 "有形之手"的作为：金融资源的政府组织

份制银行、规模较大的城市商业银行、外资银行以及大型国有商业银行、保险公司，还有期货公司、租赁公司、信托公司、基金管理公司、PE机构（私募股权投资基金）和会计师事务所等中介机构，均处于业务扩张时期，与各方面合作发展的意愿非常迫切。借此机会多引进机构，加快自身发展，就是金融资源的提升过程。

以外资银行为例，其在开展传统银行业务和创新业务方面具有丰富经验，这些经验的释放和外溢，使本地区商业银行能更多地掌握先进经营管理理念，提升金融产品开发能力和金融服务水平，活跃本地金融市场，产生"鲶鱼效应"与"外溢效应"，尤其是在当地金融机构存在严重的激励与约束不对等、业务开拓与风险责任不对等问题的情况下，更有利于将金融市场创新发展的新风气引入，产生良好的金融资源优化作用。米什金（Mishkin, 2000）认为，外资银行由于能够在全世界范围内获取资金，具有更加分散化的资产构成，所以面临的风险较小，可以促进发展中国家的金融发展。克莱森斯、德米尔古克-肯特和赫伊津哈（Claessens、Demirguc-Kunt & Huizinga, 1988）研究表明，外资银行进入带来的竞争压力导致当地银行部门效率的提高，即经营成本降低，存贷款利率差减少。[1] 从这个意义上说，与银行业合并重组、新创设金融机构、设立金融与要素市场、优化诚信环境等措施相比，引进外埠金融机构，尤其是引进市场形象突出、营销方式灵活的外资银行，对一个地区优化金融市场环境，是投入不大而收效明显且迅速的方式。

从全国来看，尽管外资银行进入中国的水平不断提升，但在总体上仍然适度，外资银行进入推动了本土商业银行效率的提升。[2] 在中国金融资源快速增长、金融体系加速完善的过程中，外资银行竞相进入中国成为明显趋势，众多后发展地区毫无疑问需要引进外资金融机构，达到提高经济开放度的目标，实现金融资源的引进、聚合和提升。

上海在建设国际金融中心的过程中，加快金融业对外开放是重要内容，借引进大量外资金融机构，以引进国外金融业的丰厚资本、先进理念、创新产品，优化金融服务，活跃金融市场；可以扩大境外投资者参与上海金融市场的规模和水平，扩大上海金融市场的交易规模和融资能力；可以通过合资设立证券公司、基金公司等方式，发挥金融业体制创新因素的积极作用。到2009年年底，落户上海的外资法人银行就已达到20家，另有众多中外合资证券公司、中外合资基金

---

[1] 世界银行（Nicholas Stern et al.）：《全球化、增长与贫困——建设一个包容性的世界经济》（陈伟等译），中国财政经济出版社2003年版，第70页。

[2] 张金清、吴有红：《外资银行进入水平影响商业银行效率的"阈值效应"分析》，载于《金融研究》2010年第6期。

公司、外资保险公司，而且经营效益良好。①

第六节　创新金融机构和争取金融牌照

在金融业高度管制背景下，金融牌照是稀缺资源，争取金融牌照成为促进金融资源提升的一项重点内容。金融业加快发展、金融资源的集聚、重要融资项目的实施，都需要金融机构作为载体。

一、利用政策机遇创设金融机构

中国金融机构已经数量众多，2013年年末，银行业机构包括政策性银行2家（及国家开发银行），大型商业银行5家，股份制商业银行12家，城市商业银行145家，农村商业银行468家，农村合作银行122家，农村信用社1 803家，邮政储蓄银行1家，金融资产管理公司4家，外资法人金融机构42家，信托公司68家，企业集团财务公司176家，金融租赁公司23家，货币经纪公司5家，汽车金融公司17家，消费金融公司4家，村镇银行987家，贷款公司14家以及农村资金互助社49家，银行业共有法人机构3 949家，从业人员355万人。新创设的银行业金融机构主要是农村商业银行、农村合作银行、村镇银行、外资银行法人机构等银行业机构和企业集团财务公司、金融租赁公司等非银行金融机构。

近些年来，全国性股份制商业银行只新组建了渤海银行，这成为天津市创新发展的重要引擎；其他股份制商业银行方面，通过收购兼并的方式，组建昆仑银行、平安银行；合并重组的银行主要有徽商银行、江苏银行、吉林银行、龙江银行、华融湘江银行。金融牌照的取得，是金融业加快发展的重点。举例来说，龙江银行是四家原有城市商业银行（城市信用社）合并重组而成，包括大庆市商业银行、齐齐哈尔市商业银行、牡丹江市商业银行、七台河城市信用社。龙江银行组建后，定位为"面向三农，面向中小，面向地方经济"，开展农业供应链金融、社区金融服务，有利于将当地企业、个人、农村的现有资源调动起来。② 组建龙江银行成为黑龙江省金融资源整合提升的战略举措。

金融机构的创设、金融牌照的取得，需要诸多主客观条件。创设金融机

---

① 方星海：《上海金融发展报告（2010）》，上海人民出版社2010年版，第3~6页，第124页。
② 易宪容：《从龙江银行经验看地方商业银行业的发展》，载于《人民论坛》2011年第27期。

第六章 "有形之手"的作为：金融资源的政府组织

构，需要符合国家金融政策导向，需要与地方经济社会发展状况适应，需要金融监管机关的大力支持，需要依法合规操作并符合商业化运作的模式，而且需要付出相当的成本，才可能获得被批准的机会。在历史上高风险城市信用社清理整顿过程中，只要愿意付出成本的，便可借机组建城市商业银行（比如上海市商业银行、哈尔滨市商业银行），后来陆续以城市命名（比如上海银行、哈尔滨银行），其中一些银行又经过合并重组，发展为区域性商业银行。另有契机是金融改革和特殊的金融政策，一些地区被赋予"先行先试"的改革政策，在金融领域采取了创新发展的措施，实现了金融业的跨越式发展。上海市在建设国际金融中心的过程中，就充分运用国家优惠政策，在原有试点的基础上，明确提出了多个种类的金融业试点措施，包括支持银行、证券、保险、信托公司加快发展，大力促进投资银行、基金管理公司、资产管理公司、货币经纪公司、融资租赁公司、企业集团财务公司、汽车金融公司等机构集聚发展；推动金融企业开展综合经营试点，引进金融控股集团；鼓励发展各类股权投资企业（基金）。其中非常重要的突破是允许外商投资于股权投资管理企业，形成了资本项下外资进入的一个便捷通道。

中国的金融机构创设与金融业务创新紧密相连。比如，股指期货的推出便催热了期货公司。股指期货具有风险管理、价值发现、提高市场流动性和优化市场资产配置等功能，在推进这项创新的过程中，需要对创新金融产品的供给方（交易所）、需求方（投资者）以及中介机构方（期货公司和证券公司）进行全面系统的监管安排。[1] 股指期货经历了9年研发、4年筹备、3个月准备，于2010年4月正式启动，形成了中国的金融期货市场。作为中介机构，国内期货公司、证券公司积极参与股指期货的推出，拓展了金融中介服务领域，也丰富了金融市场品种，催生了指数基金等新型投资主体和投资产品，使"简单的指数也能成为资产管理配置超市"。[2] 经过长达18年的沉寂，国债期货在2013年年中时获国务院批准，重新登陆金融市场，为利率市场化和资金价格发现提供了基础条件。[3] 这些都是调动各方面积极因素，通过政府主导、市场配合的机制，完善金融市场体系，丰富金融产品，创设金融机构，实现金融资源的创新发展。

---

[1] 中国证监会股指期货上市工作领导小组办公室：《股指期货上市记录》，载于《中国金融》2011年第8期。

[2] 陆志明：《简单的指数也能成为资产管理配置"超市"》，载于《上海证券报（基金周刊）》2013年3月17日（15）。

[3] 陈辰：《国债期货18年后重启》，载于《参考消息（北京参考）》2013年7月15日（4）。

二、促进金融市场准入的均等化发展

金融机构是金融资源的核心,促进金融资源优化配置,必须确保现有金融机构监管有效、发展稳健、准入有序,同时完善金融行业准入制度,创新发展新型金融机构。应适度放宽金融业准入标准,尤其是应放宽银行业准入门槛,允许民间资本更顺畅地投资金融业,丰富金融业的投资来源渠道。放宽金融业准入标准,不是放宽设立金融机构的投资者的标准,反而应当通过"竞争性准入"机制,提高投资于金融机构的参与者标准,让合格投资者进入金融领域,形成专业化优势,这是完善金融行业准入制度的核心。以"竞争性准入"这项准入制度创新为基础,积极稳妥地进行竞争性准入实施方案制订、公开公正公平操作、加强组织协调、完善制度设计工作,加上金融机构定位监管政策配合,既积极发展优质金融机构,实现金融政策导向,又能优化金融市场结构。应积极发展小型金融机构,尤其是发展零售金融机构,形成金融批发业务与零售业务的有效组合。研究设立存款公司,专营存款业务,其存款来源必须全额存入中国人民银行或进入银行间同业市场。应积极推进金融产品创新,发展产业链金融业务,发展加工制造业产业链金融、农业产业链金融等产业链长、经济关联度高的产业链金融业务。对于不同发展阶段的企业,实现多种融资形式的组合,促进产业经济对金融业的有效承载。

三、创设区域性金融机构

发展金融机构可以借助地方的政策优势和政府机构的组织优势。融资性担保机构目前由地方政府负责监管,促进担保业发展,组建新的担保机构,创新担保方式,是提升金融资源的一项措施。黑龙江省、宁夏回族自治区整合了区域内的担保机构,分别组建了黑龙江省鑫正担保集团、宁夏担保集团,为中小微企业和农户贷款提供担保,不仅解决了中小微企业贷款难的问题,也降低了小额贷款机构和银行的风险,使区域内的金融资源得以有效整合。[①] 对于小额贷款公司、担保公司、典当行这样的地方政府负责监管的准金融机构和企业,市场上和金融业界有不同看法,认为存在非法集资风险和扰乱金融秩序的可能,其实可以通过发展理念创新、准入制度创新、监管体制创新的方式,通过"竞争性准入"、"市场化监管"的方式,规避其可能存在的不利影响,发挥其促进金融资源优化配

---

① 王曙光、王东宾:《民族金融与反贫困》,载于《中国经济》2010年第11期。

置的积极作用。

四、探索区域性金融国资管理体制

中国目前国有金融产权被分割，没有明确的专门机构监督管理国有金融资产、履行出资人职责，尤其是众多地方性金融机构的国有资产管理，产权分割、出资人缺位、监管运营角色混同等问题，造成金融资产的产权虚置。[1] 完善区域性金融企业的国有资产管理体制，可以为区域性金融资源整合优化和资本运营提供制度基础。上海地方国有资本是较早进入金融领域的，肩负了培育金融市场功能、发展壮大金融产业、服务上海经济社会发展的使命，促进了上海金融业充分竞争，推动了上海金融业发展，同时自身也不断发展壮大，目前拥有多种类型的金融企业：商业银行3家，分别是浦东发展银行、上海银行和上海农村商业银行；证券公司4家，分别是国泰君安证券、申银万国证券、海通证券、东方证券公司；保险公司4家，分别是太平洋保险集团、大众保险、安信农业保险和长江养老保险公司；基金管理公司3家，分别是华安基金、富国基金和申万巴黎基金；综合类公司2家，分别是上海国际集团、爱建股份；另外还有华鑫证券公司、天安保险公司、5家财务公司和上汽通用汽车金融公司。上海市出台了进一步深化国资改革促进企业发展的意见、推进金融国资和市属金融企业改革发展的若干意见等政策规定，明确提出了建立分类分层国资监管体系，推进产业与金融结合，制定了市属金融企业国有资产监督管理等制度办法，确定上海市金融服务办公室受托履行金融国有资本出资人代表职责，并负责对市属金融企业的管理。为进一步做强地方所属金融国有企业，上海市提出发展改革的主要目标是：通过开放性重组，吸引一批处于行业前列的国内外著名金融机构入驻，培育若干家主业突出、具有全国性影响力的市属骨干金融企业，逐步壮大金融机构体系；通过深化资本补充机制、法人治理机制、选人用人机制、激励约束机制改革，把市属金融企业建设成为现代金融企业；通过建立健全目标明确、统一协调的金融国资管理体制，加强金融国资监管，推动金融国资布局优化。除了上海市之外，也有一些地方比如成都市为加快建设西部金融中心和壮大金融产业而明确了金融国有资产管理体制。[2]

---

[1] 谢毅：《金融国有资产监管体制问题分析》，载于《国有资产管理》2011年第12期。
[2] 赵一蕙、孙放：《上海国资新一轮改革起航 混合所有制有望迈大步》，载于《上海证券报》2013年12月18日（封三）；张学文：《成都调整金融国资管理体制》，载于《四川日报》2011年11月16日（09）。

五、促进金融机构整合发展

金融机构的合并重组、联合做强，一直是中国金融业改革发展的重要步骤，尤其是区域性金融资源整合与优化的重要措施。这以安徽省将原有众多城市商业银行、城市信用社合并重组为徽商银行最具代表性，首创了中国银行机构合并重组并加快发展的新模式。新的银行通过健全治理结构、优化业务管理流程、加强集约经营、完善管理体制和运行机制、加强业务能力建设，经过合并重组、规模扩张、引进战略投资者和预设上市发展目标，为城市商业银行扩张发展和区域性金融资源集聚探索了新的路径。区域性金融资源的整合操作，需要依法合规并充分调动市场参与的积极性，预设上市目标便在客观上设计了各方利益倍增的机制，可以平衡原有股东、地方政府、战略投资者、员工等各方面利益，实现各方的利益均衡和共赢。宁夏回族自治区除了重组区域性金融机构，将银川市商业银行更名为宁夏银行之外，又将全区农村信用社合并重组为黄河农村商业银行，是除四大直辖市外首家组建省级农村商业银行的地区。

金融资源的整合与优化，加上金融控股公司的运作，会形成更为有利的局面。金融控股公司可以作为金融企业实现业务多元化战略和资本运营操作的有效组织形式，成为许多国家增强金融业竞争力的有效手段，成为金融机构发展的主流趋势。中国台湾作为不断加大金融业对外开放的经济体，面对外资金融机构不断涌入带来的竞争压力，将金融控股公司作为实现金融业跨业经营的主要组织形态，于 2001 年出台了《金融控股公司法》，之后陆续核准的金融控股公司有华南金控、富邦金控、国泰金控、开发金控等 14 家，每一家控股公司有 10~20 家金融子公司。[①] 台湾的金融控股公司都由大型金融集团整合而成，谋求提升集团的资源整合等综合效益，取得有利的竞争地位。

中国的金融控股公司在制度上仍属空白，但许多金融机构、准金融机构、实业集团、投资集团，均构建了金融控股公司的架构，借助于能够预期的政策出台机遇，提升整体的金融资本运营能力。中国的金融控股呈现两个特点：一是历史上形成的类似金融控股模式的企业，包括光大集团、中信集团、中银集团等；二是实业集团逐渐扩张并争取金融牌照而形成的类似金融控股的企业，包括平安集团、海航集团、中国石油、上海国际集团、华融资产管理公司等。平安集团早已确立综合金融战略，最终拥有了金融业"全牌照"，形成了涵盖保险、银行、信托、证券、资产管理、基金、期货、不动产、交易所等业务形

[①] 邵敏：《台湾金融控股公司及其经济影响》，载于《中国金融》2010 年第 11 期。

第六章 "有形之手"的作为：金融资源的政府组织

态并向互联网金融、第三方支付领域延伸的金控集团，还通过平安科技、平安数科、平安金科、平安新渠道等多个共享平台实现"一个客户、一个账户、多个产品、多种服务"的综合金融服务目标，使其集团内部的有效资源得以充分整合，实现金控集团内各产业的协同效应。① 海航集团的海航资本控股有限公司是其核心产业板块，在优化配置集团资源的基础上形成了综合金融服务提供者，拥有投资银行、金融租赁、保险、信托、证券、期货、基金、保理等多个金融业务领域，基本形成了完整的金融产业链条，② 控股和参股的金融机构具体包括：渤海租赁公司和皖江金融租赁公司等多家租赁公司、渤海国际信托公司、新光海航人寿保险公司等三家保险公司、联讯证券公司、东银期货公司以及投资管理公司、融资性担保公司、保理公司、保险代理公司、保险经纪公司等。金融控股公司也是许多省级地方政府积极争取的金融资本运营平台，对于形成金融资产和股权的投资融资、资本运营操作，形成金融资源的整合和优化，具有极为重要的意义。

六、农村金融领域的改革发展

农村地区的生产经营活动中，集约化生产、规模化经营、产业化运作、互助式合作使得生产经营活动中的资金聚集、资金融通、产业链金融、订单金融、信用提升、信用担保、信贷和保险组合金融等新型金融产品与金融服务不断出现，形成了金融资源与农业生产经营资源的新型组合和拓展，是金融资源组织化发展的新特点。农村金融发展符合国家政策导向，为进行金融资源优化配置提供了独特优势。

优化农村金融资源备受关注的方面是农村金融机构准入。为激励农村金融资源优化配置，国家政策已经做出倾斜，创设了新型农村金融机构（村镇银行、小额贷款公司、贷款公司、农村资金互助社），出台了按照贷款余额的2%给予定向财政补贴的政策。针对农村金融资源配置失衡问题，应努力构建多元化、多层次的农村金融体系，加强农村金融资源优化配置，将农村金融资源合理配置到农业产业化的各个环节。从这四类新型金融机构看，村镇银行、贷款公司、农村资金互助社这三类机构在制度设计上都存在不少问题。其中，村镇银行、贷款公司制度设计的主要问题是必须由金融机构作为主发起人、持有最大比例的股份，

---

① 潘玉蓉：《中国平安：中国金控大样本》，载于《证券时报》2013年5月31日（A5）。
② 冀欣、张烁：《土地储备与金融造血 未来"大海航"模式猜想》，载于《21世纪经济报道》2013年6月17日（010）。

造成这两类机构演变成为大银行基层网点的简单延伸;农村资金互助社由主管银行业监管的银监会负责,仍坚持审慎性监管,其监管标准过高而形成"牛刀宰鸡"的局面,其实农村资金互助社监管应采取宽松监管、自律为主的办法。在四类新型金融机构中,小额贷款公司之所以受到民间资本的热烈追逐,并在政策、监管、业务方面不断创新,就是由于采取了国家统一出台政策、国家和地方划分监管责任的办法。改变这四类新型金融机构发展不均衡的局面,应当将小额贷款公司与贷款公司合并为贷款公司这一类机构,允许企业、个人等民间资本或者金融机构作为主发起人。尤其重要的是,要重新设定村镇银行的准入政策,允许以民营企业为主体发起设立,但要设立于农村地区,并将业务领域明确定位为"三农"和中小微企业;为了规避民间资本直接投资于村镇银行可能带来的金融业务管理、风险防范经验不足问题,可以经由小额贷款公司途径实现向村镇银行转型,允许经营状况良好、信誉卓著、规模实力强的小额贷款公司直接转制为村镇银行。[①]

应统筹城乡金融资源优化配置措施。以不断提高农村金融资源占有率为目标,在城乡之间进行合理分配与结构优化,建立以城带乡、以工助农、工业反哺农业的农村金融资源优化配置的长效机制,形成农村金融资源回流机制,引导金融资源合理配置在优质高效的农业产业化领域。完善金融机构功能,准确定位涉农金融机构的业务领域,转变经营观念和经营模式,完善自身经营体制和运行机制,建立起多层次普惠型的农村金融服务体系。应加强农村金融生态环境建设,计量分析表明,贷款累计回收率对农村金融资源配置效率具有显著的正向影响,而其他指标对金融资源配置效率的影响并不显著,加强农村诚信环境建设是优化农村金融生态环境的重点,[②] 应开展农村征信,归集农户信用信息,进行信用户、信用村、信用乡评选,将评选情况作为授信融资的依据,以小额信用贷款为主体的信用融资方式提升农村金融资源。

各类涉农金融机构应通过积极措施定位农村金融服务市场。农村信用社系统仍是农村金融服务的主力,业务发展出现了新的积极变化,体现在贷款额度不断提高,贷款期限有所延长,贷款对象有新拓展,抵押担保方式积极创新,服务设施大为完善。要使农村信用社永远定位在农村金融领域,需要采取一系列制度化

---

① 小额贷款公司行业有转制为银行的强烈愿望,但是如果不能"直接"转制为村镇银行,民营资本是没有动力的,这是村镇银行制度设计缺陷所致;既然这样,小额贷款公司不应当将改制为村镇银行当作首要目标。国务院 2012 年 3 月批准设立温州金融改革试验区,就将小额贷款公司转制为村镇银行作为重要政策措施,可惜未见实现。

② 向琳、李季刚:《中国农村金融生态环境优化研究——基于金融资源配置效率的实证分析》,载于《西部论坛》2010 年第 3 期。

措施。农村信用社可以通过改制为规范的股份制金融企业、引进战略投资者、化解历史形成的不良资产、健全治理结构等措施，组建为规范的定位于农村金融的现代金融企业。应通过合理的产权结构设置，强化其定位"三农"、服务基层。在改制重组中应合理设置股权结构，坚持股权分散化，吸收众多中小股东、农业企业、农户入股，使其股权结构适应服务"三农"的市场定位。增强资金实力，规范经营行为，畅通结算渠道，继续拓展农户小额贷款、联保贷款等特色信贷业务，发挥农村信用社在涉农金融服务中的主体作用。

合作制经济组织的快速发展是农村经济组织化发展的重要趋势。顺应这一发展趋势，可以开展多种模式的信用合作，发展新型合作制金融机构。[①] 一是扶贫资金互助社模式，以财政扶贫资金为主，辅之以农村的自愿入股资金，为成员提供资金服务的非营利性互助组织，是财政资金的信贷化运作形式，形成金融资源的拓展。二是信用共同体模式，将众多中小微企业、个体工商户、农户等资金需求者集合起来，以集合信用的方式参与金融机构借贷活动的互助性资金融通组织，以集体担保基金担保、连带责任保证、地域连接或"产业链接"等方式促进信用增进，可以获取更多的外部金融资源和金融服务。三是农村资金互助社模式。这是中国银监会推出的农民和小企业发起设立的社区型信用合作组织。

第七节　推进企业上市和加强资本运营

中国资本市场的稳定发展，使上市公司日益成为中国经济体系的重要组成部分，上市公司市值一度超过 GDP 总值，2013 年年末为 23.91 万亿元，占 GDP 的 42.03%；主营业务收入占 GDP 比重不断提高，2013 年度为 47.56%（见图 6-1）。企业通过上市，可以拓宽融资渠道，改变单纯依赖银行贷款间接融资的局面，改进企业资产负债结构，加速各类经济资源向优势企业集聚。推动了一批企业壮大成长。中国企业（含港台企业）2014 年进入《财富》世界 500 强的达到 100 家，较上年又增加 5 家（2013 年就较上年增加了 16 家），上榜数量仅次于美国，这种局面的形成，既与资本市场的助推作用有直接关系，也能看出推动企业上市融资对于一个国家、一个经济体的重要意义。

[①] 刘伟林、李征：《我国农村信用合作模式及发展路径》，载于《中国金融》2011 年第 1 期。

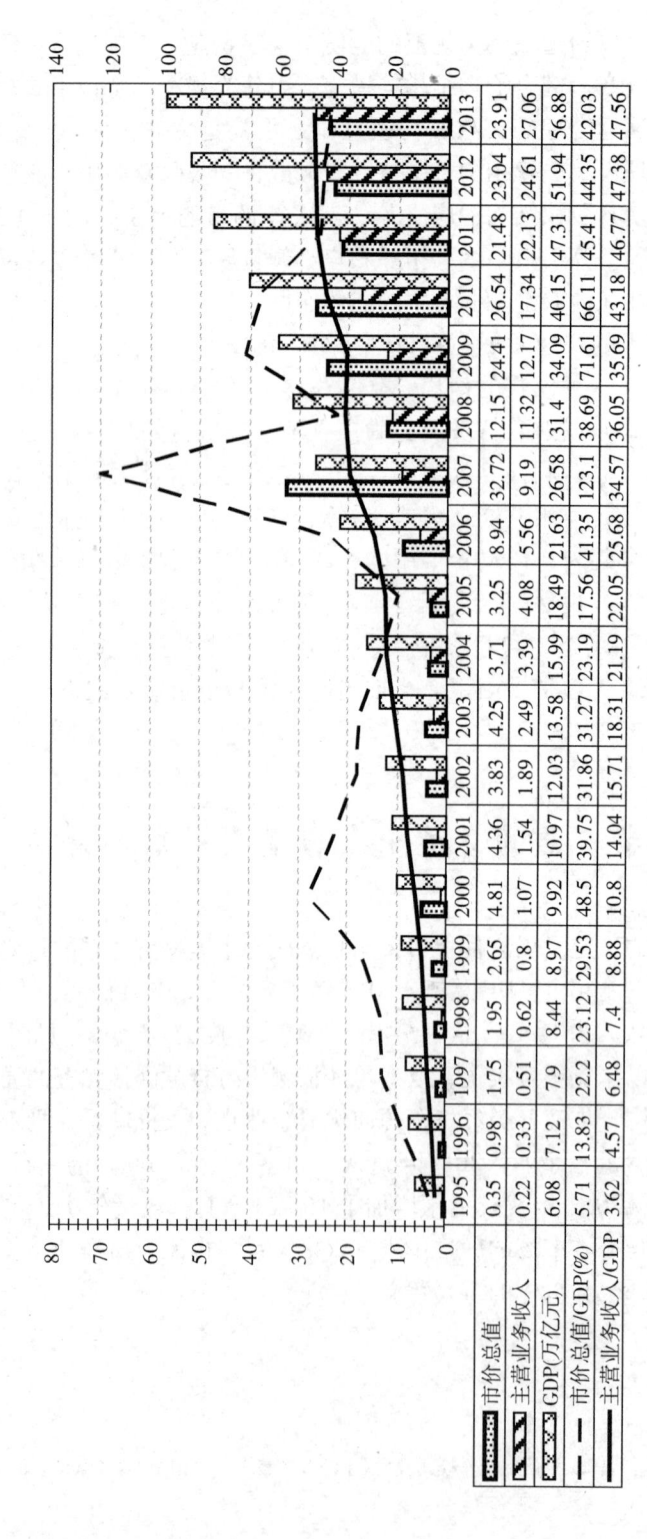

	1995	1996	1997	1998	1999	2000	2001	2002	2003	2004	2005	2006	2007	2008	2009	2010	2011	2012	2013
市价总值	0.35	0.98	1.75	1.95	2.65	4.81	4.36	3.83	4.25	3.71	3.25	8.94	32.72	12.15	24.41	26.54	21.48	23.04	23.91
主营业务收入	0.22	0.33	0.51	0.62	0.8	1.07	1.54	1.89	2.49	3.39	4.08	5.56	9.19	11.32	12.17	17.34	22.13	24.61	27.06
GDP(万亿元)	6.08	7.12	7.9	8.44	8.97	9.92	10.97	12.03	13.58	15.99	18.49	21.63	26.58	31.4	34.09	40.15	47.31	51.94	56.88
市价总值/GDP(%)	5.71	13.83	22.2	23.12	29.53	48.5	39.75	31.86	31.27	23.19	17.56	41.35	123.1	38.69	71.61	66.11	45.41	44.35	42.03
主营业务收入/GDP	3.62	4.57	6.48	7.4	8.88	10.8	14.04	15.71	18.31	21.19	22.05	25.68	34.57	36.05	35.69	43.18	46.77	47.38	47.56

图 6-1 中国资本市场发展状况

资料来源：笔者根据《中国统计年鉴》、《中国证券期货统计年鉴》历年数据整理。

虽然国家已经决定企业上市由审核制改革为注册制，以发挥各类市场主体的积极性，使发行程序更加便捷和标准化，定价机制更加市场化，但是这项改革运行顺畅的过程将比较漫长。针对资本市场体制仍不完善的现状，在发展中国资本市场的过程中，必须坚持市场化改革方向，正确处理政府与市场的关系，合理界定政府职能边界，实现由政府机构审批企业上市向市场决定企业上市的转变。[①]中国证监会2013年11月改革新股发行体制，就将坚持市场化方向、强化信息披露、审核更加透明高效作为主要内容。

促进已上市公司资产重组，是用好资本市场、提升金融资源的积极措施。当上市公司业绩不佳、经营不善时，其他竞争公司可以通过并购的方式取得控制权，为资产置入、经营转型、业绩提升打下基础。因此，有效、活跃的公司控制权市场制度是提升上市公司"壳"资源利用效率的有效机制。这种机制使现有上市公司管理层存在极大的压力，有利于提高管理层的约束力，降低由于委托—代理问题而产生的成本和损失。实证研究表明，激活公司控制权市场，可以显著提高公司的市场价值，是改善公司治理水平、提高企业价值的重要途径，尤其是对解决民营企业中的代理问题更为有效。[②] 由于控制权市场的放开，使得管理层的压力并不局限于并购事件的真正发生，这一机制有利于公司治理水平的提高和经营绩效的提升。

第八节　优化配置金融资源的用心和用情

金融资源优化配置的措施体现在理念、思路之中，其中很多措施的目的是为着协同意见、充分沟通、达成共识、凝聚力量。推进一项事业，首先要从"理念"、"认识"、"共识"、"态度"入手，这是极为特殊的现象，在其他领域中确实不多见，在其他领域中没有那么多难以沟通的问题，没有那么多需要凝聚共识的事情，没有那么多合作共赢的体现。

事业发展需要同心协力，中国历来认为"二人同心，其利断金"，孙子兵法说"上下同欲者胜"，外国学者也认为"成功的秘诀就在于让底下的人跟你上下同欲"。让不同的人向着同一方向努力，事情才能做成，这就是"软实力"。"硬实力"跟"软实力"的结合就是"巧实力"，能够形成改变世界的"原动力"，

[①] 中国证监会：《中国资本市场发展报告》，中国金融出版社2008年版，第95页，第129页。
[②] 陆瑶：《激活公司控制权市场对中国上市公司价值的影响研究》，载于《金融研究》2010年第7期。

这就需要吸引别人、说服别人、影响别人。①协调是艺术，在任何组织、运行机制中，协调无所不在。全球化、信息化的世界，社会的多元、价值取向的分歧、机会主义过度发展，使各类经济主体各行其是、聚讼纷纭、威信不立。金融行业属于条块分割最为严重的部门，促进金融资源优化配置需要做大量协调工作，首先是金融机构、金融监管者、政府金融管理部门的理念新颖、和谐相处，在相互配合中发展金融事业。

金融资源具有促进发展的重要意义，金融功能充分发挥、融资行为有效进行，有着相当程度的公益性，融资不应仅仅是创造"财富"、"掘金"、"吸血"的过程，而是创造价值、实现功能的过程。②这也与金融机构和金融家的命运息息相关，金融机构和金融家不再是令人厌弃的"肥猫"（fat cats），而是受人尊敬的行业和群体，通过有效的制度设计使金融机构与金融家积极作为并获取适当激励也属正当。③但是，中国当前的融资困境显示出各方面存在的动力机制问题，包括金融机构的激励机制、金融机构从业人员的动力机制，包括金融监管理念、金融监管机关工作人员的动力机制，包括各类社会组织促进创新的动力机制和各类经济主体真实提供信息的动力机制，以及政府机构促进金融资源优化配置的动力机制。归根结底是如何通过相关各方积极努力，改变金融机构激励约束双重弱化的局面，促进金融功能日益优化。

在金融资源优化配置过程中发挥核心作用的政府机构，金融工作中的此种局面，与行政人员只需按照规则行事的常态是迥异的。造成这样的信息不对称、想法不统一的局面，不仅是社会的自由和开放、思维方式的多元，根本原因在于机制体制不顺、条块分割极其严重，使得各方面人士关于金融资源优化配置的立场、态度、思维方式存在极大的差距，凝聚共识成为金融资源优化配置的前提，成为政府金融管理部门的主要工作内容，却又表述不清这些作为的意义，因为同是金融行为的参与者，不同主体存在着立足点的巨大差异，给金融业的创新发展带来了许多"内耗"，地方金融管理体制存在的职能分散、职责定位宽泛而矛盾、管理"扯皮"等问题越来越突出。④从地方政府金融管理部门凝聚各方共

---

① 于祥明、陈其珏：《约瑟夫·奈：软实力，改变世界的原动力》，载于《上海证券报》2013年12月19日（A1）。

② 中国金融部门与制造业之间的利润鸿沟不断扩大，2012年工、农、中、建、交五大商业银行营业收入和利润占中国500强企业的比重分别为60%和35%，而268家制造业企业分别仅占41%和20%，出现"金融热、实体冷"和"金融空转"的趋势。参见张茉楠：《纠正金融资源错配刻不容缓》，载于《中国证券报》2013年9月27日（A05）。

③ 贪求利润和高薪并导致全球金融危机的华尔街金融家就被称为"肥猫"。参见刘晓峰、曹华：《"肥猫"、股价与市场均衡：一个理论模型》，载于《经济学》（季刊）2011年第1期。

④ 王大贤：《尽力发挥地方政府金融管理的正能量》，载于《上海证券报》2013年3月20日（封12）。

识、推进金融业发展的有效工作中,可以体现出"感情人"的重要意义。人们常说公务人员的"行政人"特性,新公共管理潮流的发展,使得公务人员具有了"经济人"的某些特征;除此之外,便是公务人员的社会责任、文化传统、成就意识,使其完全拥有"感情人"的基本特征。"用心"、"用情"的公共行政行为,使得金融事业发展凝聚着公务人员的辛勤,在促进金融资源集聚过程中,形成政府机构对服务环境和发展环境的有效提供。

第七章

金融资源优化配置的机制：
金融资源的制度组织

机制是从根本上解决问题的办法。解决发展问题要研究发展的机制，对金融资源这一复杂性科学的确定性、规律性以及不确定性做出分析并经世致用，需要最终从机制范畴着手。[①] 一个经济社会形成的复杂系统的自组织功能愈强，所保持和产生新功能的能力就愈强。金融资源优化配置就体现了这一良好前景，各类经济主体共同促进金融资源组织化发展，会使金融资源系统的功能日益优化。形成良好的促进金融资源优化配置的机制，需要建立相应的制度体系，因为经济运行机制的基础是制度，良好的制度具有激励功能，这体现了制度的决定性作用。这些制度将从微观金融运行、金融市场体系、金融管理制度、社会鉴证制度、公共行政体制、金融资源优化配置机制等多个方面，形成前后衔接、宏观与微观相结合的制度体系。

第一节 激励相容的制度体系

机制问题的基础和核心是制度构建，制度化措施是促进金融资源优化配置的系统性办法和根本性措施。金融制度的不断完善，就是为了解决金融运行中所存在的激励问题。

[①] 美国经济学教授迪顿也发现，大量经济学实证研究都忽视了对机制的研究，这是让人担心的，而要想了解发展，就得去研究发展的"机制"。参见［美］安格斯·迪顿（Angus Deaton）：《理解经济发展的机制》（杨昕雨译），收录于《比较》（第55辑），中信出版社2011年版，第72~86页。

第七章 金融资源优化配置的机制：金融资源的制度组织

一、机制设计理论及其意义

机制设计理论（Mechanism Design Theory）是沿着制度经济学（Regulatory Economics）的方向发展的，最初由赫维兹（Leonid Hurwicz）开创。人们分析经济学广泛应用的许多重要理论和分析工具，包括委托—代理理论（principal-agent theory），都是机制设计理论的重要组成内容。机制设计理论认为，资源配置机制是需要研究的未知变量，而不是给定的假设，机制设计者的主要目标是设计某种制度安排以达到某个既定的目标。这一理论的框架可以归纳为经济环境、行为假设、经济机制、均衡结果、评估比较等几个部分，主要是通过某种制度安排的有效运行，使所有参与者的最佳策略和最大化利益都能够顺利实现，并且参与者与制度设计者都能达到激励相容的结果。让—雅克·拉丰（Jean-Jacques Laffont）深化了这一理论，将激励问题引入信息不对称条件下规制问题的分析中来，因为现代经济体系中广泛存在的信息不对称，制约了大量经济行为的顺利进行，具有私人信息的个人应当显示自己的偏好，这就是显示原理（revelation principle）的作用，故任何一个社会组织的间接机制等价于一个激励相容的直接机制。[①] 拉丰对规制者和被规制企业的目标约束、信息结构和可选工具进行分析，分析双方的行为和最优权衡，描述最优规制机制的特征，为设计最优规制政策提供理论指导，而且发现政府行为的目标不能主要放在解决信息不对称问题方面，而是应当放在优化资源配置方面。

运用委托—代理理论框架分析政府行为和制度构建，具有深刻的理论意义及重要的现实意义。委托—代理理论研究的是"委托人"和"代理人"之间的关系。当然，这两个主体并非法律意义上的概念，而是以经济交易中的各方是否具有信息优势来划分的，经济交易中拥有信息优势的一方为代理人，另一方为委托人，两者之间可能产生的问题是"代理人问题"（agent problem）。代理人问题是指代理人的目标函数与委托人的目标函数不一致，加上存在不确定性和信息不对称，代理人的行为有可能偏离委托人的目标函数，出现代理人损害委托人利益的现象。在面对信息不对称问题的情况下，委托人要根据自身能够观测到的不完全信息，通过设计有效的机制来奖惩代理人，以激励其选择对委托人有利的行动。激励制度的本质是通过契约设计来减少因信息不对称带来的道德风险、竞争不足以及寻租等问题，可以通过设计合理的制度来克服传统政府行为中存在的缺陷，

---

① ［法］让-雅克·拉丰（Jean-Jacques Laffont）、大卫·马赫蒂摩（David Martimort）：《激励理论》（第一卷）（陈志俊等译校），中国人民大学出版社2002年版，第14~15页，第31~32页。

给予被制度约束的各类经济主体提高内部效率的激励,从而提高市场资源配置效率。① 具体地说,制度设计要有利于各类市场主体真实表露信息,根据制度设计者的初始目标来选择对自身最为有利的行动,在决定相关变量时具有较大程度的相机选择权,按照这样的选择便可得到足够的激励,从而使各类经济主体的行动有利于资源的优化配置。

二、金融制度中的激励机制

金融制度的主要功能在于通过降低金融市场上的不确定性来影响人们的预期,从而对金融市场上的各类主体产生激励,也影响着金融资源的配置和使用。金融活动表现为资金从盈余者流向短缺者的过程,这一过程的核心问题是激励问题。② 金融机构和金融业务这种制度设计,连接了储蓄主体和投资主体,即拥有资金的储蓄者没有投资机会或者投资能力,拥有投资机会和投资能力的投资者又没有足够资金,两者必须通过合作,才能将闲置资金转入生产经营活动,以实现资源的跨期配置。这一融资过程,经过金融机构和金融体系而实现,因此存在着双重不确定性:一是储蓄者与金融机构之间是否存在信息不对称问题——为解决这一问题,政府机构和监管部门加强金融行业管制和日常监管,树立金融机构信誉,使金融机构这一稀缺金融资源的价值得以充分发挥,并完善金融机构运行的激励和约束机制;二是金融机构与投资者之间是否存在信息不对称问题——为解决这一问题,金融制度体系确立了诸多金融机构、融资产品的创新,建立便利交易的金融要素市场体系,并促进投资者表露其真实信息、提升其信用水平,形成完善的社会信用体系。这些都是金融资源的组织化措施。

金融制度有多个层次的内容,这包括金融法律法规和货币政策、金融市场体系和运行规则、国家金融政策和金融监管政策、金融机构行为规范、金融机构内部激励约束制度等。金融制度安排中包括了各类金融机构、各类金融市场和要素市场、金融工具和金融产品、金融法规和金融监管、政府机构和公共服务,以及社会信用体系、金融环境等,这些制度设计都是为了解决信息不对称和委托—代理问题。金融制度能够解决激励问题,是因为金融制度确立了有效的"激励结构",金融制度和金融市场运行规则是各个经济主体共同认可的规则,共同认可的规则才能产生共同的信息流,金融活动的效率才能得到提高。金融机构在进行资金运用过程中,也要求资金需求者披露信息,在社会信用体系的约束功能作用

---

① 杨建文:《政府规制:21世纪理论研究潮流》,学林出版社2007年版,第20~26页。
② 吴军、何自云:《金融制度的激励功能与激励相容度标准》,载于《金融研究》2005年第6期。

下，可以缓解由此可能产生的委托—代理问题。

三、金融制度设计中的激励相容理念

激励相容机制是一项重要的制度安排，强调制度设计者为了达到自身的政策目标，采取诱使经济主体按其自利性要求做出行动的措施，使私人的行动符合制度设计者的目标。在金融资源优化配置中，激励相容机制的实施使各方参与者实现共赢目标，强化了融资体系有效性。

金融运行机制问题是一个整体，是一个体系，是金融资源所涉及的各类矛盾的全局性解决之道。为了解决制约金融体系运行和金融资源发展的信息不对称和委托—代理问题，在健全金融体系各项制度过程中，应当充分借鉴机制设计理论和激励相容理念，通过市场化的方式，使制度的合理设计能够满足各类市场主体的需要，主动进行信息披露，促进金融体系中激励和约束机制的均衡，形成金融资源优化配置的促进机制。

第二节　健全金融法律体系

健全金融法律体系，加快立法进程，形成金融机构依法设立、金融监管依法进行、金融运行得到依法保障的局面。

作为金融资源的组成部分，金融机构的创设和金融牌照的发放是政府权力的一部分。政府机构在金融资源优化配置中承担着双重角色：既是能否使某类金融机构创设、能否使某类金融业务开办的批准者，又是推进金融资源整合优化的组织者，这都体现出政府机构的组织优势。

法律制度因行为而生，具有滞后性。[①] 不间断的金融创新使全国性的金融立法进程不可能非常及时，需要结合金融创新的步伐、新型金融机构和金融业务的特点，发挥地方立法的功能，如小额贷款公司的管理办法、融资性担保公司的管理办法、股权投资基金的管理办法、优化区域金融发展环境的办法，就纷纷由地方政府出台，有的上升为正式的地方法律，上海市就出台了《推进国际金融中心建设条例》。

[①] 制度经济学家凡勃伦（Veblen）早就关注了制度滞后问题，明确提出这一问题的是美国学者马克·塞特菲尔德（Mark Setterfield）。参见周冰、靳涛：《制度滞后与变革时机》，载于《财经科学》2005年第3期。

第三节　金融运行制度

一、完善金融市场体系的机制

中国的金融市场体系仍然不够完善，多层次金融市场体系仍未完全到位，金融市场仍以信贷市场为主体，直接融资规模偏小，中国直接融资比重在2012年时上升至17%，但难与美国（70%）、韩国和英国（均超过50%）等相比，而且资本市场运行机制不够健全。[①] 由"多层次信贷市场体系"、"多层次资本市场体系"、"多层次保险市场体系"以及"多层次利率和汇率市场体系"所组成的多层次金融市场体系，仍未达到充分发展和规范运行的程度。对照发达国家经验，中国的资本市场发展仍然滞后，是尤其需要加快发展的。

通过资本市场的规范发展，有利于实现企业价值发现功能，实现更高程度的市场化融资，促进企业融资功能提升。在资本市场出现以前，中国的企业缺乏有效的定价机制，企业的价值估值通常基于企业的净资产，在很多情况下不太考虑企业的无形资产，而在国有企业的股权或资产转让过程中缺少竞价、交易平台，企业的资产评估、价值估值的方法、程序、评估结构都不够透明，难以取得与企业价值基本相符的市场价格。在资本市场完善的条件下，企业的价值主要由其未来盈利能力来决定，而不仅由其净资产来决定。一家企业的未来盈利能力越强，可预期产生的现金流越大，企业的现期价值就越高。经过20多年的艰难发展，资本市场使大批中国企业得到了价值发现和价值重估，为企业金融资源优化配置和企业融资优势的发挥，提供了有效的市场机制。上市公司价值倍增效应和比照效应的存在，为那些仍未走入资本市场的公司提供了未来进行资本运营的范本，也提供了给予其价值衡量的基准。资本市场的健康发展，是中国众多企业价值重估的最为重要的市场机制，中国企业与资本市场结合的过程，也是公司治理、激励机制、信息披露、透明度、独立董事、投资者保护等一整套有效的制度完善的过程，在很大程度上就是中国经济的现代化过程。为使中国顺利走过发展"瓶颈期"，推动经济转型，改变中国金融体系结构失衡这一最大弊病，使金融资源越来越多地通过市场化方式配置，必须促进资本市场健康发展，发展以资本市场为核心的金融市场体系，形成主板、中小板、创业板、"新三板"和区域性股权市场、券商柜台市场共同构成的"正金字塔型"的多层次资本市场框架，为经

[①] 王广宇：《破解中国直接融资难题》，载于《第一财经日报》2013年7月22日（A6）。

第七章 金融资源优化配置的机制：金融资源的制度组织

济主体提供多元化融资服务。[①] 中国未来的金融市场体系中，资本市场会越来越重要，商业银行的信贷市场会越来越不重要，大型商业银行会更多地转向做资本市场业务。资本市场健康，会为整个宏观经济体系提供优良的竞争机制，是使中国保持经济市场化前进方向和竞争实力的重要机制。

多层次资本市场体系的建立，提供了上市公司与私人公司（私营企业）进行价值比较的方式和渠道。将私人公司与上市公司、拟上市公司、店头交易公司的业绩、经营实力、品牌优势、市场表现、净资产规模、管理能力、渠道优势、抗风险能力、现有市值进行衡量，有利于将各类关联企业、同业竞争者、上下游企业的价值进行横向比较，促进企业的价值发现和价值重估，实现其融资能力的提升。为了促进这一机制的健全，在加快推进多层次资本市场体系建设的同时，应健全企业价值评估制度。企业价值评估的核心目标是发现价值，为市场参与者提供有价值的信息、提供鉴证服务，同时帮助企业和投资者实现价值。

随着金融全球化发展，国际资本连接为一个整体，跨国企业并购成为普遍现象，跨国资本市场运作并不少见，远远超出一国资本市场的领域，使资本市场成为跨国并购的重要实现载体。这一局面的出现，有利于企业价值在国际的均衡估价和公允估价。中国企业评估制度与国际惯例有不小差距，在欧美等国，中介机构的资产评估业务大部分属于企业的不动产评估，企业价值评估的主要服务对象是并购重组。国际通行的评估准则（尤其是《国际评估准则》中的《指南4——无形资产评估指南》和《指南6——企业价值评估指南》），均将企业的市场价值作为评估的主要目的，提出了企业价值评估的主要方法，包括资产基础法、收益法和市场法。企业价值评估主要采用的收益法又包括两种主要方法，即资本化法和现金流折现法，在合理确定资本化率或折现率的基础上，关键看企业的预期收益和发展前景；市场法是将未上市企业与已在股票市场上挂牌上市的类似企业进行比较，以确定未上市企业的估值。中国在进行企业价值评估方面要走的路还比较长，因为企业界和金融市场对于各类评估方法的选取及其权威性认识不一。中介机构协会组织及政府主管部门虽然也发布了一些指引和意见，包括中国证监会为规范上市公司重大资产重组行为所发布的管理办法，虽然提出了企业价值评估的规范框架，但其权威性和实施效力仍未显现，仍需要在企业实践、资本市场发展的基础上，经由中介机构行业协会上升为业务指引和准则、政府及立法机构上升为法规的基础上，才能实现企业价值评估的公允合理，为促进企业金融资源的提升创造更好的制度条件。

---

① 祁斌：《未来十年：中国经济的转型与突破》，中信出版社2013年版，第63~96页；祁斌：《资本力量推动中国崛起》，载于《上海证券报》2014年1月21日（A1）。

二、完善信贷市场体系的机制

完善多层次信贷市场体系的重要机制，是建立批发金融与零售金融相结合的融资体制。应从制度上鼓励大型金融机构经营资金批发业务，由大型金融机构带动一批小型融资机构发展。监管政策上允许大型金融机构将批发于小型融资机构资金所形成的不良资产的容忍度，提高到相当于大型金融机构直接发放中小微企业贷款的水平。大型金融机构应通过业务方向和业务形式的准确定位，将自身建成批发金融机构。当前典型的例子是商业银行与小额贷款公司的合作，特别是通过组建批发金融与零售金融服务联盟形式所形成的融资机制，促进了多层次信贷市场的建立。这种融资形式尤其适用于像国家开发银行这样分支机构数量不多、发债融资能力很强的金融机构，其来源于政策性银行的历史，使其经营小额信贷这种具有公益特性的金融产品更有初始动力。如果大型金融机构将一笔大额贷款，比方说1亿元，投向了一家企业，这笔贷款形成坏账的可能性远远大于大型金融机构将这1亿元经由众多专业的小型融资机构发放给几十家甚至上百家小微型企业可能造成的资产风险。这种分散风险效应、支持众多中小微企业所带来的社会效益，值得金融监管机关将大型金融机构的批发业务所形成的风险容忍度大大提高。

批发金融与零售金融服务联盟的组建，以某家全国性股份制银行与小额贷款公司的合作为例，该行属于业界翘楚，但专注于小额贷款，定位清晰，服务高效。该行以小额贷款公司为载体和创新形式，确立了与小额贷款公司互利合作的原则：充分依托小额贷款公司政府主管部门的支撑和指导，积极搭建与小额贷款公司的金融服务合作平台，因地制宜，择机介入，以增值服务为核心，以功能互补为平台，以合作共赢为目标，以贷款业务为补充，形成银行与主管部门、小额贷款公司三者之间的综合利益共同体，发挥各方优势，促进经济效益和社会效益的双提升。

应提高小型融资机构的杠杆率，使其发挥更充分的普惠金融作用。大型金融机构将资金批发给小额贷款公司、贷款公司这类小型融资机构的杠杆率，目前还处于极低的水平。这受社会各方面对小额贷款公司、贷款公司这些小型融资机构的风险控制水平持不确定态度的影响。小额贷款公司监管归各省区市政府负责，已经有许多省份实行了对小额贷款公司的评级办法，可以按照评级结果，提高大型金融机构对小额贷款公司的融资比例限制。中国银监会和人民银行原来规定金融机构可以对小额贷款公司发放不超过其资本金数额50%的融资，其实可以按照小额贷款公司的经营状况和评级结果适度提高，起码政策上可以按照其"净资产的50%"融资。在小型融资机构提高其风险控制水平的前提下,大型金融机构可以对一般企业发放杠杆率4倍左右的贷款(按企业自有资本金比例20%匡算),那就完全可以将大型金融机构对小型融资机构的融资杠杆率提高到2~3倍的水平。扩大大型金融机构对小型融资机构的融资规模,是从机制上促进整个社会融资便利程度的重要措施。

三、完善金融机构运行的机制

金融机构在通过自我组织的方式促进金融资源优化配置的过程中,是采取积极进取还是风险回避的态度,其内部运行机制影响很大。企业治理的原则是使股东、客户、雇员等各方面利益达到最佳平衡,[1] 即经济效益和社会效益的均衡。如银行开发中小微企业融资市场,贷款损失即不良资产的存在有合理性,可以有一个合理的限度。这就提出了金融机构运行的一个关键性的机制问题,即金融机构约束机制的宽容性问题,也即金融机构激励机制与约束机制的平衡问题。

这一机制设计可以借鉴创业投资基金对于融资损失合理性的宽容理念,而创业投资基金这一理念和制度对于促进创新融资起着极为重要的作用。发挥各类经济主体在金融资源中的积极作用,除了引导企业和个人创业发展、形成财富效应,也应激发金融机构的主动性。其中非常重要的一项制度是金融机构的激励机制没有很好地建立起来,金融机构约束过重、激励不足,使其展业营销和促进金融资源优化配置的积极性远未得以发挥,也造成金融机构内部各业务条线之间矛盾突出。按照国务院《金融违法行为处罚办法》,银行高管造成的风险额度较大,则给予行政处罚、剥夺金融业从业资格,这样的规定缺乏政策实施的弹性。制度的目的不在于惩罚,而在于威慑。金融机构高管人员处罚,应增加制度实施的弹性和柔性,区分情况,合理设定处罚。一是增加处罚种类,发生业务损失的,除了原有的行政处分、没收所得、剥夺从业资格等处罚种类外,应增加监管谈话、警告、停职留用、经济处罚等处罚种类。二是调整处罚标准,更多地采取监管谈话、警告、行政处分、停职留用的处罚办法。三是建立金融高管人员财产报告和登记制度,建立金融高管人员财富水平评级制度,建立金融高管人员个人破产制度,建立和完善金融高管人员财产追索制度。金融高管形成的风险损失应界定责任标准,按照形成损失的不同责任,加大经济处罚力度,由高管人员承担

---

[1] [美]罗伯特·蒙克斯(Robert A. G. Monks)、尼尔·米诺(Nell Minow):《公司治理》(第二版)(李维安、周建等译),中国财政经济出版社2004年版,第28页。

业务损失的不同比例。改变一些管理行和监管部门对金融高管人员约束机制简单化、动辄对其"撤职"的局面。四是做好金融违规违法行为的行政处罚与刑事处罚的衔接配合，对金融犯罪、金融高管人员渎职予以更加严厉的惩处。五是放宽对金融高管人员处罚的容忍度标准。贷款损失即不良资产，可以有一个合理的限度。按照原有规定，金融机构的管理人员在新增不良贷款比例超过1%时就会遭受处罚，国家政策反复重申要提高对中小微企业不良贷款的容忍度，国务院2013年下半年在《关于金融支持经济结构调整和转型升级的指导意见》、《关于金融支持小微企业发展的实施意见》中仍在反复强调要采取差异化监管政策，中国银监会也对金融机构发放小微企业贷款另外放松了2个百分点的监管标准，但是总体上看金融监管政策和金融机构内部管理一直不够灵活宽松。所以，对中小微企业不良贷款比例的容忍度应当灵活掌握并根据情况进行明确量化，可以将予以处罚的下限提高至5%，形成对中小微企业金融服务的差异化监管政策。六是强化对高管人员的营销和展业激励，在更大程度上实施绩效工资制度，形成金融机构内部激励机制与惩罚机制均衡对等局面。七是放宽总行对下级行、基层行的管理权限。通过这样的机制建设，使金融机构的约束机制增强宽容性，实现约束机制与激励机制的对称和均衡，从机制上调动金融机构自我组织金融资源、促进金融业务发展的积极性。

中国在金融市场化改革过程中，发展了一批中小型金融机构，按照金融资源分类相聚性特征，这些中小型金融机构成为与中小微企业合作的主要力量。由于大型金融机构在中国金融体系中的主体地位，如何推动、引导、激励大型金融机构服务中小微企业，是从根本上解决中小微企业融资难题的关键。从金融机构的内部权力分配来看，金融机构更愿意强化贷款审批权的向上集中，以规避不良资产风险，提高集约经营水平。但这一模式使银行的基层支行没有权力、缺乏动力去积极营销中小微企业，难以形成银行业绩提升、基层支行业务发展与中小微企业发展的目标协同。上级行不愿意将贷款权更多地交给基层行，主要是由于代理问题，如果发生企业向基层行行贿和地方政府干预，会造成基层行将贷款放给不具备条件的企业，从而增加银行风险和减少盈利。银行对分支机构授权，确实存在代理成本和道德风险，而且中小微企业还存在信息不对称问题。解决这一问题的关键制度是设计有效的激励机制，调动金融机构的分支机构贷款营销的积极性。在一些主要是大中型企业存在的地区，可以不向下授权，而完全依靠上级行所掌握的信息对这些大中型企业进行信贷服务；在一些只有中小微企业和农户的地区，金融机构要激励其分支机构服务客户，必须让分支行处理全部贷款申请，建立有效的激励和约束机制。其中一项重要机制，是使基层行的薪酬与中小微企业贷款业务的利润挂钩。为了让金融机构的基层分支机构处理好全部贷款申请，可以通过控股公司的形式将基层分支机构重组为独立法人机构。[①] 从金融机构促进对中小微企业服务的这项机制可以看出，通过有效的激励相容机制设计，可以实现经济社会发展目标与金融机构总体目标、金融机构的分支机构目标、基层金融机构员工个人目标有机结合，促进激励相容局面的形成，强化金融机构支持中小微企业的准确定位。

第四节 金融市场制度

一、完善产权制度

完善的产权制度是市场经济体制的前提，完善产权制度有利于形成促进金融资源优化配置的金融市场体系。这可以从机制上解决民营企业的成长问题，从总体上促进产业经济的发展。民营企业成长为公众公司的过程，是企业做大做强、产业规模扩张的过程，这期间企业既面临管理能力的提升，也面临金融资源整合与提升的问题，而且往往是突破融资"瓶颈"约束的过程。

促进民营企业成为公众公司的机制，包括许多内容：一是企业上市政策中对于个人股东限制的放松起到了财富引领的效果。中国的创业板、中小板上市，对于个人持股比例限制不多，企业一经上市，便造就诸多身价亿元的富翁，[②] 引领民营企业成长为公众公司，公司既得到所需求的发展融资，个人股东也得到了股票的大幅溢价，形成了财富的倍增效应。二是在股权结构设置、治理结构优化方面的激励措施。民营企业转型为公众公司，关键在于治理结构，基础则是股权结构设置。应建立股份有限公司的重大信息公开披露制度，股份公司的财务报告、重大经营情况向社会公开披露；对于民营企业转制为股份公司、有限责任公司和合伙制企业转制为股份公司的，放宽信贷政策准入限制，按照组建股份公司的时间长短设定不同层次的信息披露要求，同步放宽信贷和企业上市的准入限制。统一设定评价标准，由中介机构开展公司治理科学性的评价，据此确定不同的融资政策。

---

① 徐忠、邹传伟：《硬信息和软信息框架下银行内部贷款审批权分配和激励机制设计——对中小企业融资问题的启示》，载于《金融研究》2010年第8期。

② 据媒体报道，创业板开设后的3个月，就造就了142位亿万富翁；创业板开设1周年后，135家上市公司共创造92位10亿元以上的富豪；北京银行、宁波银行上市，还出现富翁高管、"娃娃大股东"现象。

二、发展合作制金融机构

发展合作制金融机构，有利于发挥体制优势。作为一种制度性安排，应积极发展合作制金融组织，发育民间金融机构。中国金融体制原来都是为大企业设计的，即使近些年来监管部门积极推动银行为中小微企业贷款，也无法从根本上解决融资难题。单纯依靠银行为企业提供融资，必然使得多数中小微企业被限制在金融服务之外。民间金融（informal finance）的兴起是合作制金融体系缺失的必然产物。中国目前的民间金融包括多种形式，有互助会（ROSCA）、合会、地下钱庄、合作基金会、典当行、私人借贷、"银背"（银行与借款人之间的资金掮客）等许多形式，正规金融（formal finance）的严格管制既使这些民间金融发挥了一定的融资功能，又是形成民间借贷危机的重要原因。中国之所以在长达30多年的时间内保持了经济持续高速成长，其主要动力就来自于投资的驱动，金融资源的优化配置居于核心地位。但是，社会现实仍然是中小微企业普遍小而散，这和主要依赖自有资本积累有关，正是各种民间融资为广大民营经济主体提供了成长资金支持。民间金融的开放，引入竞争机制，对于发挥市场机制在金融资源优化中的作用无疑起到了促进作用。

由于正规金融在偏远地区、农业、中小微企业服务中的缺位，偏远地区、农业、中小微企业的许多金融需求，只能通过非正规金融渠道或是传统的民间借贷来部分地得以满足。这些强烈的金融需求既得不到满足，又促进了高利率的存在，表明了金融市场的扭曲状况，也表明了金融资源配置的低效率状态。金融牌照的控制、金融业务的管制无法控制经济发达地区如江浙地区的民间融资潮流，虽然这些民间融资基本具备了正规金融所应有的功能，但是仍不能取得合法地位，只好在地下经营，这既带来了较高的系统性金融风险和社会不稳定因素，也难以将其纳入正规金融体系，同时表明金融监管的滞后。因此，在现有基础上积极发展民间金融机构，包括"民营银行"、"社区银行"、专业存款机构、专业贷款机构、各类股权投资机构、农村资金互助社、担保专业合作社，使原有民间融资行为逐步浮出水面，步入正规金融轨道，是金融资源优化配置的一项任务。

三、鼓励创业投资的机制

促进市场化融资的一项有效机制，是促进各类股权投资基金发展。不同阶段的创业企业，因其具有科技含量高、风险投入大的特点，所以一般难以满足银行

第七章 金融资源优化配置的机制：金融资源的制度组织

信贷要求。近些年来，产业投资基金、风险投资基金（venture capital，VC）、创业投资基金、私募股权投资基金（private equity，PE）、并购基金（buy-out fund）的日益发展，并且形成了股票二级市场上市退出的有效机制，才使得创业发展的金融支持出现了新的局面。

私募股权投资基金具有激励创业的机制。股权投资基金的发起人、管理人必须以自有资金投入基金管理公司，基金运作的成功与否与他们的自身利益紧密相关。基金管理者一般要持有基金3%~5%的股份，一旦发生亏损，管理者拥有的股份将优先被用来支付参与者，故股权基金的发起人、管理人与基金是唇齿相依、荣辱与共的利益共同体，较好地解决了公募基金经理人激励约束机制严重弱化的弊端。

促进私募股权投资基金发展，还有一系列政策因素和运行因素在起作用。既然已经认识到私募股权投资基金的活跃性和重要意义，各级政府纷纷出台促进创业投资发展的制度，通过政府引导基金（号称"基金的基金"，fund of funds，FOF）的方式，用市场化的办法，鼓励创业投资基金投入到科技含量高的战略性新兴产业。私募股权投资基金的内部运行，也需要相当有效的机制。深圳创新投资公司取得成功的一个机制是高管人员持股、分利和薪酬，这使其团队具有积极进取的精神并认真负责地筛选高质量投资项目。软银赛富基金也取得了很大成功，其经验也来自于机制，即软银赛富基金采取的是有限合伙制的体制，其主要出资者思科公司只负有限责任（有限合伙人，以出资额为限），软银中国是管理人（普通合伙人），要负无限责任，并可分享部分投资收益，管理团队在拥有小部分股权的同时也按比例承担"无限责任"，这就使基金管理人承担了很大的责任，形成规避道德风险的机制，并吸引高端管理团队有效运营投资基金。作为一种企业组织方式，有限合伙制能够合理有效地均衡合伙人内部的权利与义务，使得风险投资家的利益与被投资企业的价值增长紧密联系，这一模式使许多人认为，有限合伙制的机制是适合创业投资基金的制度设计。[①] 私募股权投资基金内部运行中还有跟投与联投的机制，深创投与同创伟业、达晨创投、国发创投、中科招商等都有过这样的组合，这种模式既是竞争与合作的组合，又有利于规避一些金融监管规定，解决国有证券公司自营投资业务不允许进行个人跟进投资的问题。深创投为了促进本公司真正发挥"创业投资"的功能，在激励管理团队投资积极性的同时，还不断优化搭配投资组合、早中晚三个阶段企业投资并进、强化风险与收益均衡、注重具有创新特质领域投资等内部制度设计。

[①] 冯宗宪、谈毅、冯涛、郭杰：《风险投资理论与制度设计研究》，科学出版社2010年版，第37~40页。

四、优化金融市场环境的机制

优化金融市场环境,核心要素在于发挥市场机制在促进金融资源配置中的决定性作用,使金融市场的价格即利率能够真实反映金融市场运行状况,即推进利率市场化步伐,通过利率这一价格体系向所有经济主体传递金融市场状况的全部信息,继续推进利率市场化定价、构建基准利率体系、完善利率调控机制诸项改革。与此同时,健全汇率生成机制,使所有经济主体形成关于货币运行和币值稳定的确定性预期,也使政府机构对金融市场的引导作用与金融市场的自我调节功能相协调。作为中国金融改革重点目标的利率市场化、汇率市场化、资本项下可兑换、人民币国际化等项任务,是彼此关联、环环相扣、互为前提的,在全国的层面上一直采取慎重推进的策略,然而在上海自由贸易试验区的"先行先试"政策中都有突破性启动,可能形成政策突破口,发挥区域示范作用。① 金融市场环境优化,金融市场功能充分发挥,有利于加强金融资源在区域之间的流动,消除区域间割据局面,真正使区域地理特征成为促进金融资源集聚的重要因素,推动区域金融中心的形成。②

金融机构数量增加,金融主体更加丰富,提供了活跃金融市场的有利机制。作为金融资源主要载体的金融机构,其数量多少基本上反映着金融资源的数量多少。大量引进外埠金融机构,包括外资金融机构,成为提升金融资源、活跃金融市场的重要措施。有不少学者从理论上和实证上提出了明确的说法,例如克莱森斯(S. Claessens et al.,2001)根据80个国家1988~1995年间7 900家银行的数据,研究了外资银行进入对国内银行的利差、赢利水平、非利息收入、经营费用和贷款损失准备的影响,发现外资银行进入水平的上升,显著降低了本土商业银行因垄断和特权而得以维系的超额利润、高经营成本,这表明外资银行进入在短期内给本地金融市场带来了强大的竞争压力。③ 进一步的研究发现,我国所开创的以持有少数股权的境外战略投资者促进国内银行经营机制转变的独特开放模式,也取得了多方面收益:促进国有银行改革、完善银行公司治理、促进竞争和改进运营模式、提高金融服务可获得性、激励金融创新、改善金融体系基础设施

---

① 严旭:《金融创新的逻辑思考与路径突破》,载于《上海证券报》2014年1月23日(A3)。
② 李林、丁艺、刘志华:《金融集聚对区域经济增长溢出作用的空间计量分析》,载于《金融研究》2011年第5期。
③ 张金清、吴有红:《外资银行进入水平影响商业银行效率的"阈值效应"分析》,载于《金融研究》2010年第6期。原文参见:Stijn Claessens, Asli Demirguc-kunt & Harry Huizinga, How Does Foreign Entry Affect Domestic Banking Markets? *Journal of Banking & Finance*, Elsevier, 2001, 25 (5): 891–911.

第七章 金融资源优化配置的机制：金融资源的制度组织

建设，外资银行进入成为完善金融市场体系的催化剂。[①]

五、金融资源与文化传统的相互促进

促进金融资源的优化配置，需要良好的社会环境，其中包括优良的文化传统。金融资源的集聚、金融功能区的最终形成，往往需要百年以上的时间，而且需要以商业文化、历史传统为依托。国家确定建设上海国际金融中心，除了上海作为中国改革开放前沿、经济中心的地位之外，还有上海独特的历史文化和商业传统的因素，从文化上说，这是上海"海派文化"积淀的成果。海派文化讲求创新，以新颖的理念、宽阔的思路、前沿的视野、务实的态度做事；海派文化具有重商传统，讲求以合理的方式追求财富，形成了社会性的进取态势；海派文化做事讲求规则，做事认真，讲究诚信，有利于赢得支持；海派文化讲求谋略，谋定而后动，提出的措施有可操作性。因此，文化也是一种"组织力"，各类经济主体因为独特的文化因素和能力资源也可形成竞争优势，具有"组织力"的各种要素，皆可转化为经济要素和金融资源，文化也可以成为金融资源的构成要素。

有人分析了英美文化的传承与现代金融体制的相互促进关系，对我们有着积极的借鉴意义。英国传统的"岛国文化"，使其既接受欧洲大陆文化的深刻影响，又保持自身特点，不被大陆文化所完全同化。由于对财富的追求和对贸易的重视，英国的商业文化占据了社会主流，公民对维护个人权利极其重视，认为个人权利不可侵犯，权利只能存在于明确和正当的程序当中，相信通过规则的建立以维护各项财产和人身权利。这些，成为英美主流文化的独特内容。

英国独特的文化传统促进了其金融体系和金融市场的发展，形成并发展为盎格鲁—撒克逊模式。这一模式信奉减少政府干预，鼓励自由竞争，推动贸易自由化和资本流动的便利化，强调发展直接融资。这一模式下直接融资有两项创新对现代金融影响深远：一是债券。对外扩张的需求使英国以债券市场为代表的金融技术和金融市场的发展领先于其他欧洲国家。二是股票。确立了以"股份制"等直接融资为主导的金融体系。美国崛起后，盎格鲁—撒克逊模式的发展更加崇尚开拓竞争。即使到了经济全球化时代，这一模式在经济方面仍然显示着巨大优势，但是也存在一些弊端，即监管缺失、金融机构过分追求短期利益等因素，带

[①] 张晓朴：《外资进入对中国银行业的影响——后评价分析和政策建议》，收录于《比较》（第38辑），中信出版社2008年版，第134~168页。

来了诸多社会经济矛盾和体制性问题。①

第五节 金融管理制度

一、完善金融监管制度

健全金融法律体系，建立起依法监管金融机构的制度体系。对于备受瞩目的金融机构创设和发放牌照问题，应该更多地按照市场化的理念，采取"竞争性准入"的方式，鼓励民间资本和优秀的战略投资者进入金融领域。逐步建立起金融业统一立法、分层监管的金融管理体制，由中央政府统一对某些金融机构监管进行立法，法律实施则由中央政府和各级地方政府分别负责，将区域性的中小金融机构、准金融机构交由地方政府监管。调动地方政府促进金融资源优化配置的积极性，将金融业的监管责任进行明确划分。金融业的监管责任不能完全集中在国家部门，也不能全部分散到地方，而应该责任明确、有所层次、分层监管。② 中国小额贷款公司的一个突破，便是引入了分层监管机制，由国家统一出台政策，省级政府机构对小额贷款公司进行监管。这一体制是中国金融业监管制度的重大变革，其创新意义在于鼓励监管创新和多样化，有利于监管竞争和金融创新。③ 除了对小额贷款公司实施统一立法、分层监管外，还有一些准金融机构、金融市场机构采取这一监管模式，融资性担保机构、各类交易场所也是国家统一立法（国家层面统一进行政策协调）、省级政府负责监管。随着中国金融业管制放松而陆续创设的"民营银行"、"社区银行"、专业存款机构、专业贷款机构、私募股权投资基金机构、合作制金融组织，仍应采取这一监管体制。经由小额贷款公司直接转制的村镇银行，也可以由地方政府监管，这些村镇银行与银监会批准和监管的村镇银行可以并行，从而形成"谁审批、谁负责"的监管责任制度。

中央政府和地方政府在相互配合以落实货币政策、加强金融管理、促进金融资源优化配置过程中，应当避免过多采取指标管理、规模控制的方式，而是采取市场化的柔性管理措施，注重发挥市场机制的作用，使政府机构的宏观目标与金

---

① 金艳丽：《英美主流文化与现代金融体制》，载于《中国金融》2010年第13期。
② 刘克崮：《小微金融需要稳定的制度架构》，载于《上海证券报》2013年11月1日（A1）。
③ 吴晓灵、焦瑾璞：《中国小额信贷蓝皮书（2009~2010）》，经济科学出版社2011年版，第154~157页。

融机构和经济主体的自主选择达成一致，实现激励相容，提高货币政策、金融管理的灵活性和有效性。应适当赋予地方政府融资权，发挥地方政府促进金融资源优化配置的积极性，实现权责利的均衡。自从2009年国务院为地方政府发债2 000亿元起，就意味着地方政府具有举债权利，地方政府举债已经名正言顺。应在合理界定各级政府职能的基础上，分别编制中央政府和地方政府的融资预算，将中央政府和地方政府的融资行为分别纳入中央财政和地方财政预算，实现地方政府"阳光融资"。[①]

二、通过金融政策推动金融业发展

中国经济体制改革的独特路径，决定了金融业发展要受到宏观政策的高度影响，金融资源优化配置要借助宽松的金融政策推动。"先行先试"制度和其他特殊的区域政策和金融政策，都对金融资源优化配置具有积极推动作用，金融资源向东部地区快速转移，形成集聚效应。[②]

可以具体分析金融业改革发展中"先行先试"政策的推动作用。浦东新区的开发开放过程，是中国"先行先试"的先导者和杰出代表。后来各个地区的区域发展政策上升为国家战略，往往也争取到"先行先试"的政策要点，但是由于时间的推移、机遇的不同、外部条件的变化、政策导向的变迁、试点内容的充实程度、实施理念的差异，其他地区的"先行先试"政策，皆没有上海浦东运用得充分。浦东新区建设成功的关键措施，是在将浦东新区科学定位的基础上，组建了四个集团，也是四个国家级开发区，即陆家嘴集团（陆家嘴金融贸易区）、张江集团（张江高科技园区）、外高桥集团（外高桥保税区）和金桥集团（金桥出口加工区），通过"资金空转，土地实转"的方式把土地注入开发集团，开发集团利用土地资本筹集资金，按照政府的统一规划要求进行开发区的形态和功能建设，开创了以企业为主体，推进浦东开发建设的模式。这是"地方政府投融资平台公司"的先行者，走出了将土地资源提升为土地资本再形成货币资本并进一步形成更高层次的土地资本和更大的货币资本的路子，由这几家集团实施了土地注资、土地储备、城市经营、上市融资、城市开发、基础设施建设、城市管理、园区规划与建设、公共服务提供等一系列运作。[③]

---

① 贾康：《在全面改革中深化财政体制改革》，载于《上海证券报》2013年11月14日（封二）；贾康：《地方债务应逐步透明化》，载于《中国金融》2010年第16期。

② 邓向荣、杨彩丽：《极化理论视角下我国金融发展的区域比较》，载于《金融研究》2011年第3期。

③ 刘昌荣：《再造浦东开发模式》，载于《上海国资》2012年第9期。

三、建立金融机构定位监管制度

金融机构准确定位是提高金融机构自我组织金融资源能力的需要。金融系统内部曾有一种不恰当的理解，认为定位中小客户、服务基层、服务"三农"这样的事情，必须由设在基层的小型金融机构来承担。其实这是一种误解和偏见，既是对金融业这一集约经营行业的曲解，又是对现代企业治理的疏忽。作为全球银行的汇丰银行（HSBC Bank），其基本定位为"The World's Local Bank"（环球金融，地方智慧），其实是全球发展、规模宏大、集约经营、本土化定位、贴近客户的理念。

形成体系健全、功能完善的金融组织体系，需要建立金融机构定位监管制度。发展众多的设在基层的小型金融机构，有利于解决国家一再倡导的支持中小微企业和"三农"的政策导向，与此同时，建立起定位监管制度后，大型金融机构同样能够很好地承担起支持中小微企业和"三农"的职责。确保金融机构准确定位，需要制度设计和机制的建立。不论是哪种类型的金融机构，不论规模大小，既然按照金融准入的导向性政策进入金融业务领域，就要按照业务发展定位监管的要求，专注于本业务领域。笔者仍以农村金融为例，分析金融机构业务定位的重要影响。社会性的资金进入农村地区，必须具备两个基本条件：一是农村具有吸引资金流入的条件，能够使流入的资金获得较高的回报；二是在潜在资金供给和资金需求之间必须具有完善的金融资源配置机制，方可实现资金的合理配置。这些资金或者借助银行以间接融资方式流入农村，或者借助直接融资方式进入农村，通过金融体系功能的发挥将资金配置到使用效率高的地方去。但细致分析，当前中国农村地区仍不能满足这两个条件。[①] 农村以外的资金能否及时有效地流入农村经济之中，首先要看有没有足够数量和结构合理的金融服务机构，金融机构的布局直接关系到农村金融资源的配置效率，而且必须使现有涉农金融机构将其业务定位明确地指向农村金融领域，才可实现农村金融资源的优化。

强化对中小微企业金融服务的机制也与此类似，应当建立创业投资、风险投资、私募股权投资与银行贷款的分工配合机制。实现这一机制，需要以融资收益率高低为指导。具体地，应使贷款融资的收益率最低，而使直接融资的收益率处在较高的水平上。对于银行的贷款利率，应当扩大利率向上和向下浮动的空间，开展对企业成长期的评估，在初创阶段的中小微企业，上浮利率水平可以提高，

[①] 周孟亮、李海燕：《中国农村金融的资源配置功能》，载于《湖南农业大学学报（社会科学版）》，2008年第12期。

发生风险的容忍度可以提高，风险拨备水平必须提高。

金融机构服务中小客户、服务基层、服务"三农"的准确定位，可以经由八个渠道实现：一是金融机构章程约定，因为章程是金融机构的"基本法"，通过章程明确其定位，就为有效实施这一定位确立了法律依据；二是股权结构设置，实现股权分散化，强化金融机构所有者对金融机构的约束；三是股东选择，定位为中小、基层、"三农"的金融机构，应当更多地选择与金融业务定位相关度高的企业和个人为其股东，实现股东对金融机构的影响和引领；四是业务内容的细分，确定中小、基层、"三农"业务占业务总量的比重及各类业务之间的比重，这一比重也应在章程中明确规定；五是产品设计，设计出与其定位相适应的金融服务品种；六是按照流程银行管理方式优化内部管理，促进内部业务部门的配合衔接；七是优化治理结构和管理体制，实行扁平化管理，提高决策效率，扩大对基层支行的门店业务授权；八是健全激励和约束机制。因此，强化为中小、基层、"三农"的金融服务，并不是通过金融机构规模做小、层级放低这一唯一渠道能够实现的，现实地看，这一制度安排也不能有效解决基层金融薄弱的问题，重点仍然是有效引导和监管金融机构的定位。为提高金融机构的经营效益，实现集约经营目标，金融机构在确定合理定位的基础上，恰恰应提升金融机构的服务层次，以此提高金融资源的效能。

确保金融机构准确实施其定位，应将金融机构业务定位纳入监管范畴，建立定位监管体系。金融监管部门应确定金融业务定位监管的原则和内容，形成专门的监管指标和监管措施，推动金融机构健全内部治理机制和激励约束机制，实现金融机构业务定位目标。

四、完善市场鉴证体系

鉴于融资难题的根源在于信息不对称，有必要发展一类信用中介机构，使其更好地发挥信用水平鉴证作用，提供信用水平的市场鉴证机制。

第六节 金融资源优化配置的机制

一、促进金融资源优化配置的四项机制

通过对金融资源优化配置的动力要素分析，可以找到金融资源优化配置机制的设计路径。金融资源优化配置的动力要素，主要来自于内生动力要素和外生动

力要素两个方面。

内生动力要素主要来自于企业和个人寻求融资以追求自身发展的利益需求，当然也来自于金融机构展业发展的需求。企业、个人和金融机构的内生动力要素，即这些经济主体对金融资源优化配置的内在需求。企业、个人和金融机构对自身利益和事业发展的追求，主要取决于个体特征、文化特征、环境特征，其中尤为重要的是从法律上健全对财产权利的保护制度、从文化上鼓励创业发展和对财富正当追求的理念。在此基础上，外生动力要素作用于企业、个人和金融机构的内生动力要素，才会对金融资源的优化配置产生积极效果，形成供求的匹配和均衡。用制度经济学（Regulatory Economics）的观点分析，外在性的制度安排能否促进金融资源的优化配置水平，取决于其与内在性制度安排相适应的程度。

外生动力要素即金融资源的外部供给。仅有企业、个人和金融机构这些经济主体的内在需求还不够，还需要相应的供给提供出来，才能够真正实现金融资源的优化配置目标。外生动力要素主要包括政府机构、金融监管者、各类社会组织，因为这几类机构都具有一定的组织能力和组织优势，通过发挥其主动性并在金融法律制度的推动作用下，可以实现金融资源优化配置目标。尤其是政府机构作为主要的制度构建者，通过合理的制度设计、激励相容机制的运用，可以有效引导金融监管者、合作经济组织等各类机构促进金融资源优化配置。

从构建金融资源优化配置的总体机制出发，需要建立以下四种行之有效的机制：

第一，从法律上、制度上保护财产权利，维护公平竞争的市场经济秩序。进行产权界定，明晰各类产权以及以产权为基础的各项权益的归属、分配、保护制度，为金融资源优化配置奠定制度基础，同时应当建立完善的金融要素市场体系，使产权所有者最终能够实现其决策的全部社会价值。[①]

第二，从文化上鼓励创业发展，引导社会公众形成重视财富、正当追求财富的现代市场经济理念，以社会环境的优化促进金融生态环境的改善。

第三，从制度设计上要以激励相容为理念，在各项法律和制度设计中形成促进金融资源优化配置的导向。政府机构在完善法律制度的基础上，制定和实施金融政策时，应积极引导与鼓励相关主体解决金融制度供给不足、金融机构创设缓慢、金融监管越位、社会组织功能有限等问题。尤其是要使金融制度能够对企业和个人、金融机构自我组织金融资源产生激励（incentive）作用，因为在金融制

---

① 当产权结构明确界定时，资源的市场分配才是有效率的。参见［美］汤姆·泰坦伯格（Tom Tietenberg）：《自然资源经济学》（高岚等译校），人民邮电出版社2012年版，第31~34页。

度完善、金融市场体系健全的金融资源系统中,对金融资源配置效率起决定作用的实际是这些经济主体的决策。

第四,从社会管理上要积极发展各类社会组织,特别是各类合作经济组织,使其成为社会管理和稳定的重要力量,促进金融资源优化配置。

二、发展融资合作的社会组织

应促进各类社会组织更好地发挥经济协作功能。各类社会组织在履行行业自律、维护权益、综合分析、沟通联谊、反映诉求职能的同时,应更多地承担起业务协作、运行规范、资源整合作用,形成有效的融资优势。应以经济主体的自我管理为基础,整合现有的组织资源,催生多种形式的新型社会组织,如各种企业协会、行业协会、研究会、合作联盟、合作社等,使其在市场经济中充分发挥协调、沟通、服务的功能。

应发展一类促进融资合作的社会组织,有目标地促进金融资源优化配置。促进融资合作的社会组织,有多种形式出现。"中国普惠金融工作组"(Inclusive Finance in China Working Group)便是一个。该组由日内瓦世界微型金融论坛(WMFG)、德国国际合作机构(GIZ)以及中国人民银行研究生部共同发起成立,其目标在于推广普惠金融、促进信息和知识交流、普及负责任的投资者行为以及推动制定配套扶持政策,其实是融资促进和推动金融资源优化配置的机构。"联合国环境规划署金融行动机构"(United Nations Environment Programme Finance Initiative,UNEP FI)是一个推进金融机构在业务运营中坚持可持续发展战略的全球金融业联盟,已有200多家银行、保险公司和投资机构为其会员。该机构关注的是金融机构所有层面的可持续发展问题,包括提高能效、决策科学性、社会环境、公司治理,表明世界上许多金融机构从可持续发展高度上认识金融发展问题。[1] 应发挥各类社会组织促进融资的积极作用,依托、跨越、联合其他社会组织,利用已有的、分散的金融资源,建立融资协会、融资促进会等社会组织,并形成中小企业融资协会、农业产业化融资促进会、制造业产业链融资协会等专业性组织,促进相关类型的经济主体整合原有金融资源,提升融资承载能力。

应健全金融资源优化配置的法律体系。金融资源优化配置是一种融资促进措施。为了形成良好的金融资源优化配置机制,使金融资源优化配置主要行为建立

---

[1] 魏革军:《将可持续理念融入金融发展进程——访联合国环境规划署金融行动机构秘书长保罗·克莱门茨-亨特》,载于《中国金融》2011年第9期。

在法治基础上，应以发育各类社会组织、加强征信管理、健全社会中介机构体系并促进其诚信执业、优化社会环境和信用环境等为目标，制定《社会组织发展法》、《征信管理法》、《失信惩治法》、《社会中介机构诚信执业法》。通过法治化措施，既促进经济主体行为的公开透明、运行质量的提高，又促进各类社会组织的发育和完善，使各类经济主体提升金融资源的自我组织水平。

三、促进金融资源优化配置的机构设置

在金融资源优化配置中，应当充分发挥政府机构的作用。中国的金融部门条块分割严重、金融市场体系不健全的现实以及各级政府及其组成部门各自为政、功能不优的体制前提，决定了促进金融资源的优化配置必须由政府机构负责协调好多个金融监管机关、众多社会组织、许多金融机构、大量经济主体的工作关系及利益关系，并应健全金融管理制度、信用制度，只有政府机构可以起到统筹协调的作用。政府促进金融资源优化配置，并不意味着需要政府直接"创造"金融资源和干预微观金融运行，无须随时动用这只"有形之手"；政府机构统筹协调的意义在于，可以用这双有形之手，构建良好的市场经济体制和金融市场体系。

政府机构促进金融资源优化配置的职能应当明确划分，重要的是明确中央与地方的金融管理权限，使全国金融市场的统一开放与地方发展金融的特殊性与积极性相结合，构建起"双层多线"的金融管理体制，形成金融"两级管理"的格局。[①] 在地方政府组成部门中，"金融办"的作用和地位日益受到瞩目。促进金融资源优化配置，需要由政府机构发挥好统筹协调作用，特别是要加强政府金融管理部门的职能配置。

地方各级政府的金融办在近些年来较好地发挥了协调沟通作用，开展了小额贷款公司试点和融资性担保机构整顿规范、各类交易场所清理整顿，推进企业境内外上市，加强银行与企业项目对接，推动区域性金融机构重组和金融改革，防范化解金融风险，改善金融生态环境，在推动区域性金融的改革发展中发挥着关键作用。但是，各地金融办也面临着职能不明确、地位不对等、找不到切入点、力量薄弱等实际问题。地方政府的金融办由于承担着融资合作共识的凝聚者、金融市场建设的推动者、区域金融的管理者、金融稳定的维护者、金融环境的构建者、金融改革的"发动机"等核心功能，通过加强地方政府金融办机构设置、强化其职能配置、促进金融办机构的实体化，列为政府的直属机构或组成部门、

---

① 周建春：《完善地方政府金融管理体制》，载于《中国金融》2011年第11期。

综合经济部门,赋予其金融监管、金融国资监督管理、金融综合协调的职能,是加强金融资源优化配置的机制性措施。

第七节 金融资源配置效率

前面详细讨论了金融资源及其优化配置的内涵、措施和机制,归根结底是要实现有效融资的目标,促进金融资源的均衡配置,使金融资源成为经济发展的促进因素。在本书的最后,将讨论延伸到金融体系有效性方面。

一、金融体系有效性

分析金融资源配置效率,其实就是分析特定条件下金融体系的有效性。金融体系有效性是指一个国家、地区、经济体和经济单位将自身可支配的、稀缺的金融资源通过规范的制度和机制进行组织和运用,将稀缺的金融资源在不同的经济主体、不同区域、不同行业之间进行分配,使金融资源发挥出最大的融资效率,实现经济与金融的和谐发展和社会福利最大化的状况。金融体系有效性既包括金融资源运用效率的内容,也包括金融资源配置效率的范畴,其实质体现的是"金融制度的效率",用经济学语言表述,就是"帕累托效率"(pareto efficiency),即如果一个国家、地区、经济体和经济单位能够有效地组织、运用、分配稀缺的金融资源,达到若不使某一方面的状况差一些就不能让另一方面变得更好一些的程度,此时的金融体系就是有效率的。

在20世纪70年代金融发展理论产生以来,出现了金融深化论、金融约束论和金融可持续发展理论三种有代表性的理论。前两种理论没有从资源角度揭示金融的属性,金融可持续发展理论则引进了金融效率观,认为金融资源区别于自然资源,是一种具有战略性的特殊资源,金融资源是市场经济资源配置的核心制度,社会经济中的生产和消费主要是通过金融来组织,即通过金融资源配置其他资源。金融资源优化配置与社会经济的可持续发展紧密相关,其约束条件是金融资源总量,即金融资源所涉及的各类自然要素和社会要素的总价值。当然,其他各个系统的资源可以采用实物核算、价值核算、福利核算的办法,金融资源所涉及的各类自然要素和社会要素因为缺乏公认的市场价格而使其评价衡量存在较大难度,金融资源的各类构成要素难以进行量化和简单加总,并且各类要素在一定条件下有相互替代及相互补充的关系,各类要素之间存在着一定的技术结构,很难为各类要素确定权重,从而使分析金融资源的数量、质量、结构极难进行,尤其是在理论认识和系统研究尚未达到相当深入程度的情况下,也无须勉强量化,因此,金融资源系统的核算主要围绕对金融功能、金融效率的总体评估来进行。按照这一看法,金融效率主要衡量金融资源在经济系统与金融系统以及金融系统内部子系统之间配置的协调程度,金融效率等同于金融适度,金融功能得以充分实现,也就意味着帕累托效率状态,经济系统中的各类资源达到帕累托效率状态与金融资源配置达到帕累托效率状态是同步实现的。① 这样,金融效率成为金融量性发展与质性发展的统一、静态效率与动态效率的统一、微观效率与宏观效率的统一。国内学者还从资金配置效率、信贷效率、金融机构效率、资本市场效率、金融监管效率、货币政策传导效率、金融制度效率、金融体系效率与企业融资效率等多个角度对金融效率进行了探索。

由于构成金融资源的各类要素难以进行加总,金融资源总量及其结构计量、金融资源区域配置状况衡量、金融与经济相互关系分析、金融功能优化和金融体系效率评估等方面均存在很大难度。目前看,理论界和金融行业普遍以金融相关比率(Financial Interrelations Ratio,FIR)来衡量金融资源发展水平,但是其难点在于数据选取。对已有研究进行梳理后发现,国内学者从分析金融发展与经济增长的关系出发,普遍采取的分析范式有三种:一是将贷款/GDP进行国际间比较;二是将(贷款+存款)/GDP在国际间比较;三是将(M_2+各类贷款L+有价证券S)/GDP在国际间比较。以上三个FIR指标中,第三种最接近戈德史密斯(Raymond W. Goldsmith)的原意,而且将货币运行、信贷市场、存款规模、资本市场、债券发行、保险市场的情况基本涵盖。②

金融相关比率可以表示金融资源的利用程度,但是随着中国经济的货币化程度迅速提高,金融相关比率难以真实反映中国经济发展及金融资源配置现状。由于各国金融资源发展状况不同,金融市场结构也有很大差异。国际社会在反思全球金融危机的过程中,发现传统的货币供应量、信贷规模等中介目标已经不能满足货币政策操作的需要。巴塞尔银行监管委员会(BCBS,2010)在实证研究的基础上,提出了"广义信用"的概念,囊括了实体经济部门债务资金的所有来源,这就使信用总量包括了对私人部门和非金融部门的信用总和——不仅包括国内和国际银行以及非银行金融机构发放的贷款,也包括为住户和其他非金融私人部门融资而发行的债务性证券。③ 中国政府也在试图提出权威指标进行统计分析,2011年将"保持合理的社会融资规模和节奏"作为经济工作的重点目标,

---

① 杨涤:《金融资源配置论》,中国金融出版社2011年版,第240~243页。
② 武志:《金融发展与经济增长:来自中国的经验分析》,载于《金融研究》2010年第5期。
③ 盛松成:《社会融资规模概念的理论基础与国际经验》,载于《中国金融》2011年第8期。

中国人民银行据此以"社会融资规模"取代人民币贷款规模作为金融宏观调控的中间目标,这其中的"社会融资规模"可以在一定程度上反映国家和各个地区的金融资源状况。

人民银行所称的"社会融资规模"是指一定时期内实体经济从金融体系获得的全部资金总额,主要由三部分构成:一是银行、证券、保险等金融机构通过资金运用对实体经济提供的资金融通,如人民币和外币贷款、信托贷款、委托贷款、金融机构持有的企业债、非金融企业股票、保险公司的赔偿和投资性房地产等;二是非金融企业等实体经济通过在票据市场、债券市场、股票市场发行银行承兑汇票、债券、股票等获得的资金支持;三是其他融资,如小额贷款公司、贷款公司的贷款,私募股权投资基金、产业投资基金的投资等。据中国人民银行统计,社会融资规模2013年度已经达到17.29万亿元,与GDP之比为30.39%,其中2002~2010年年均增长27.5%。[①] 另有数据显示:2002~2010年间,中国社会融资规模年均增速比同期人民币各项贷款年均增速高9.4个百分点,反映出中国金融规模快速扩张和金融结构多元化发展的明显趋势。[②]

二、金融资源配置效率

金融资源优化配置水平,通过实证分析提供了大量证据。王小鲁和樊纲的实证研究显示,地区资本投入差异是中国区域经济发展差距形成的重要贡献因素,地区间资本投入差异主要取决于金融资源优化配置水平,[③] 这也为其他学者的实证研究所证实,表明沿海地区与内陆地区经济发展的差异在很大程度上可由区域金融资源投入差异来解释。王广谦对金融效率进行了较为系统的研究,他将金融效率定义为金融运作能力的大小,在此基础上将金融效率划分为金融机构效率、金融市场效率、金融宏观效率和中央银行货币调控效率四个层次,得出金融业在经济增长中做出了20%贡献的结论。[④] 近些年来,随着人们对金融产业、金融资源认识的深化,在确定了金融的资源属性后,金融资源优化配置的有效性即金融效率的研究得以深化。

由于中国的区域经济协调发展问题日益受到关注,国内学者更重视区域金融资源配置差异、区域金融差异度量、区域金融发展差异动态特征、区域金融发展

---

① 盛松成:《社会融资规模与货币政策传导》,载于《金融时报》2012年1月16日(010)。
② 计承江:《关于以社会融资总量作为货币政策中间目标的思考》,载于《金融时报》2011年10月31日(010)。
③ 王小鲁、樊纲:《中国地区差距的变动趋势和影响因素》,载于《经济研究》2004年第1期。
④ 王广谦:《经济发展中金融的贡献与效率》,中国人民大学出版社1999年版,第57~73页。

趋势、区域金融差异形成原因、区域金融发展对区域经济增长影响差异、区域金融协调发展策略等方面的研究，使区域金融领域的研究拓展到中观层面，拓展到金融资源的区域空间分布结构及其发展态势层面，从而丰富了区域金融研究的内涵。区域金融资源分布差异作为新兴的研究领域，发展时间较短，还没有形成一套较为完整、科学的理论框架和研究方法，① 但是毕竟使我们丰富了对金融资源优化配置的认识。

影响金融资源配置效率的因素主要由金融产权制度、金融结构、金融价格、金融创新、金融管理和外部环境构成。戈德史密斯把各种金融现象归纳为三个基本方面：金融工具、金融机构和金融结构，金融发展的实质是金融结构的变化，研究金融发展就是研究金融结构的变化过程和趋势。戈德史密斯研究了金融结构、金融发展对经济增长和发展的影响，认为金融结构与金融发展对经济增长（发展）的影响即使不是金融领域中唯一最重要的问题，至少也是最重要的问题之一。发达的金融结构对经济增长与经济发展具有积极的促进作用，金融结构越发达，金融工具和金融机构提供的选择机会就越多，人们从事金融活动的欲望就越强烈，储蓄总量的增加速度就越快。在一定的资金总量下，金融活动越活跃，资金的使用效率就越高。因此金融越发达，金融活动对经济的渗透力越强，经济增长和经济发展就越快。②

三、社会融资规模及其结构

对金融效率进行实证分析也能够表明金融资源配置效率如何，展现了中国在经济快速成长过程中金融资源的优化配置水平和金融效率提升的状况。关注金融资源配置效率，同时也就验证了金融制度的激励相容性程度。激励相容的理念使人们认识到，良好的制度设计是提高经济效率的有效保证，可以用经济制度的"激励相容度"来衡量经济主体的目标与制度设计者目标的一致性程度。由于金融制度较之经济制度更为具体化，用金融制度的激励相容度指标来衡量金融制度设计的合理性，尚且不如直接使用金融效率指标衡量更为具体和直接。

随着中国金融市场化程度的提高，国家提出以"社会融资规模"作为货币政策中间目标，可以从更大程度上反映实体经济从金融体系融资的规模。表7-1是经整理的近年社会融资规模及其结构情况。

---

① 黄桂良：《国内外区域金融差异研究综述与简评》，载于《区域金融研究》2010年第7期。
② ［美］雷蒙德·戈德史密斯（Raymond W. Goldsmith）：《金融结构与金融发展》（周朔等译），上海三联书店、上海人民出版社1994年版，第22~32页。

第七章 金融资源优化配置的机制：金融资源的制度组织

表 7-1　　　　　　　　　　　社会融资规模及其结构　　　　　　　　　　单位：亿元，%

年份	人民币贷款	比重	人民币贷款以外融资	比重	外币贷款	委托贷款	信托贷款	承兑汇票	企业债券	股票融资	社会融资规模	GDP	社会融资规模/GDP	直接融资比重
2002	18 475	91.86	1 637	8.14	731	175	—	-695	367	628	20 112	120 333	16.71	4.95
2003	27 652	81.06	6 461	18.94	2 285	601	—	2 010	499	559	34 113	135 823	25.12	3.1
2004	22 673	79.19	5 956	20.81	1 381	3 118	—	-290	467	673	28 629	159 878	17.91	3.98
2005	23 544	78.45	6 464	21.55	1 415	1 961	—	24	2 010	339	30 008	184 937	16.23	7.82
2006	31 523	73.83	11 173	26.17	1 459	2 695	825	1 500	2 310	1 536	42 696	216 314	19.74	9.01
2007	36 323	60.88	23 340	39.12	3 864	3 371	1 702	6 701	2 284	4 333	59 663	265 810	22.45	11.09
2008	49 041	70.25	20 761	29.75	1 947	4 262	3 144	1 064	5 523	3 324	69 802	314 045	22.23	12.67
2009	95 942	68.97	43 162	31.03	9 265	6 780	4 364	4 606	12 367	3 350	139 104	340 903	40.81	11.29
2010	79 451	56.67	60 740	43.33	4 855	8 748	3 865	23 346	11 063	5 786	140 191	401 513	34.92	12.01
2011	74 715	58.24	53 571	41.76	5 712	12 962	2 034	10 271	13 658	4 377	128 286	473 104	27.12	14.05
2012	82 036	52.04	75 596	47.96	9 164	12 841	12 847	10 499	22 551	2 507	157 632	519 470	30.35	15.89
2013	88 917	51.42	83 987	48.58	5 848	25 465	18 448	7 751	18 021	2 219	172 904	568 845	30.39	11.71

资料来源：中国人民银行、国家统计局。

从表 7-1 的数据中可以获得若干信息：

第一，近些年，社会融资规模相对于经济发展水平的比重有了很大提升。社会融资规模与 GDP 之比，由 2002 年的 16.71% 提高到 30% 左右，其中 2009 年度达到 40% 以上，确保了全球金融危机大背景下的中国经济增长目标，表明近些年来金融资源不断开发，金融要素运行活跃，验证了金融发展与经济发展之间的互动关系。

第二，社会融资规模相对于经济发展水平，其比重并不稳定。金融相关比率从本质上体现着经济系统的产出所需要的社会资本数量，也即经济体系运行所占用的金融资源数量。中国的社会融资规模比之于 GDP，近些年总的趋势是在上升，但是年度之间差距往往很大，在 2009 年国家应对金融危机实施宽松的货币政策导致这一比例达到历史高点——40.81% 之后，在 2010 年、2011 年分别大幅回调到 34.92% 和 27.12%。这既有货币体系运行的问题，也反映了经济系统运行和金融资源系统运行之间并未达到彼此协同的状态。

第三，以贷款为主体的融资格局仍未改变。虽然中国直接融资渠道逐渐拓宽，但是人民币贷款融资仍占到 50% 以上，以企业债券、股票所构成的直接融资虽在缓慢上升，但比重仍然很低。金融资产结构并非评估金融功能的有效标准，但是贷款比重居高不下，说明企业经济活动的资本化问题仍未得到很好解决，中国发展多层次金融市场体系任重道远。

参考文献

[1] [英] 阿代尔·特纳（Adair Turner）：《杠杆率、期限转换和金融稳定——超越巴塞尔协议Ⅲ的挑战》（王邦胜译），收录于《比较》（第55辑），中信出版社2011年版。

[2] [美] 阿兰·兰德尔（Alan Randall）：《资源经济学——从经济角度对自然资源和环境政策的探讨》（施以正译），商务印书馆1989年版。

[3] [美] 小艾尔弗雷德·钱德勒（Alfred D. Chandler）：《看得见的手——美国企业的管理革命》（重武译），商务印书馆1987年版。

[4] [美] 安格斯·迪顿（Angus Deaton）：《理解经济发展的机制》（杨听雨译），收录于《比较》（第55辑），中信出版社2011年版。

[5] [美] 安东尼·桑德斯（Anthony Saunders）：《信用风险度量——风险估值的新方法与其他范式》（刘宇飞译），机械工业出版社2001年版。

[6] 白钦先：《金融结构、金融功能演进与金融发展理论的研究历程》，载于《经济评论》2005年第3期。

[7] 白钦先、刘刚：《金融强国：中国的战略选择》，载于《经济与管理研究》2006年第6期。

[8] 陈晓莉、孙晓红：《美国数量宽松货币政策对中国宏观经济的影响分析》，载于《经济科学》2012年第1期。

[9] 陈雨露：《中国金融体系的发展趋势》，载于《中国金融》2011年第22期。

[10] 陈仲常、谢小丽：《体制转型时期中国的货币政策乘数与M_2/GDP关系——基于变参数IS-LM模型分析》，载于《经济科学》2011年第5期。

[11] 成丽敏：《全球虚拟经济膨胀下的金融危机原因研究》，载于《经济研究导刊》2010年第5期。

[12] 程恩江、刘西川：《小额贷款缓解农户正规信贷配给了吗？——来自三个非政府小额信贷项目区的经验证据》，载于《金融研究》2010年第12期。

[13] 程海标、张惠、刘士清：《信用联盟体建设的实践及启示》，载于《中国金融》2010年第22期。

[14] 程同顺：《中国农民组织化研究初探》，天津人民出版社2003年版。

[15] 邓艾、任万鹏：《激励相容理论在金融监管中的效用探析》，载于《中国商人（经济理论研究）》2005年第6期。

[16] 邓向荣、杨彩丽：《极化理论视角下我国金融发展的区域比较》，载于《金融研究》2011年第3期。

[17] ［美］德怀特·珀金斯（Dwight H. Perkins）：《中国经济对中国经济学家提出的挑战》，收录于《比较》（第56辑）（张文良译），中信出版社2011年版。

[18] 范小云、肖立晟、方斯琦：《从贸易调整渠道到金融调整渠道——国际金融外部调整理论的新发展》，载于《金融研究》2011年第2期。

[19] 冯旭南、李心愉、陈工孟：《家族控制、治理环境和公司价值》，载于《金融研究》2011年第3期。

[20] 高静：《国际货币体系改革背景下的人民币国际化策略研究》，载于《学术论坛》2011年第10期。

[21] 高连和：《论和谐发展中的金融生态、科学金融与循环金融》，载于《西华大学学报（哲学社会科学版）》，2010年第5期。

[22] 葛兆强：《理性认识中小企业及其融资难问题》，载于《上海证券报》2009年8月21日。

[23] 郭云峰、郑垂勇：《金融资源系统自组织特征研究》，载于《济南大学学报（社会科学版）》2008年第4期。

[24] 韩鑫韬：《美国碳交易市场发展的经验及启示》，载于《中国金融》2010年第24期。

[25] 何诚颖、赫凤杰、陈薇：《后金融危机时代中国金融监管的演变和发展》，载于《经济学动态》2010年第7期。

[26] 何凤隽：《与地方政府的金融资源配置权博弈》，载于《重庆大学学报（社会科学版）》2005年第4期。

[27] 何晓星：《再论中国地方政府主导型市场经济》，载于《中国工业经济》2005年第1期。

[28] 侯光明等：《组织系统科学概论》，科学出版社2006年版。

[29] 胡仙芝等：《社会组织化发展与公共管理改革》，群言出版社2010年版。

[30] 胡宗义、刘义文：《金融非均衡发展与城乡收入差距的库兹涅茨效应研究——基于中国县域截面数据的实证分析》，载于《统计研究》2010年第5期。

[31] 黄桂良：《国内外区域金融差异研究综述与简评》，载于《区域金融研究》2010年第7期。

[32] 黄桂田、齐伟、尹志锋、徐肇涵、张悦：《成本上升中的产业组织创新——我国中小企业的发展路径转型》，载于《中国经济》2011年第2期。

[33] 黄解宇、杨再斌：《金融集聚论：金融中心形成的理论与实践解析》，中国社会科学出版社2006年版。

[34] 黄永军：《自组织管理原理——通往秩序与活力之路》，新华出版社2006年版。

[35] 伊·普里戈金（Ilya Prigogine）、伊·斯唐热：《从混沌到有序——人与自然的新对话》（曾庆宏、沈小峰译），上海译文出版社1987年版。

[36] 计承江：《关于以社会融资总量作为货币政策中间目标的思考》，载于《金融时报》2011年10月31日。

[37] 季伟杰、翟伟峰、郑安安：《基于金融资源论的金融产业集聚研究》，载于《中国城市经济》2011年第3期。

[38] 贾康：《地方债务应逐步透明化》，载于《中国金融》2010年第16期。

[39] 金艳丽：《英美主流文化与现代金融体制》，载于《中国金融》2010年第13期。

[40] [美] 约翰·戈登（John Steele Gordon）：《伟大的博弈——华尔街金融帝国的崛起》（祁斌译），中信出版社2005年版。

[41] [美] 约瑟夫·熊彼特（Joseph A. Schumpeter）：《经济发展理论——对于利润、资本、信贷、利息和经济周期的考察》（何畏、易家详等译），商务印书馆1990年版。

[42] 孔祥毅：《中国金融学科建设在曲折中发展——纪念〈中国金融〉创刊60周年》，载于《中国金融》2010年Z1期。

[43] 郎铁柱等：《环境保护与可持续发展》，天津大学出版社2005年版。

[44] 李斌：《国家对于社会的"组织化"管理及其历史变迁——基于中国经验的考察》，载于《理论与改革》2010年第4期。

[45] 李德林、尹锋：《黄光裕真相——欲望驱逐下的首富困境》，经济日报出版社2009年版。

[46] 李东明：《金融危机中的 PE 市场变化及启示》，载于《中国金融》2011 年第 1 期。

[47] 李洁、张天顶：《全球流动性扩张及其对资本市场的影响》，载于《金融研究》2010 年第 10 期。

[48] 李俊辰：《伦敦金融城——金融之都的腾飞》，清华大学出版社 2007 年版。

[49] 李林、丁艺、刘志华：《金融集聚对区域经济增长溢出作用的空间计量分析》，载于《金融研究》2011 年第 5 期。

[50] 李妍：《金融监管制度、金融机构行为与金融稳定》，载于《金融研究》2010 年第 9 期。

[51] 李扬：《金融中心：集聚金融资源的有效机制》，载于《中国城市经济》2004 年第 12 期。

[52] 李扬等：《中国地区金融生态环境评价》（2006~2007），中国金融出版社 2007 年版。

[53] 李运达、马草原：《金融深化与 FDI：理论、证据和中国实效》，载于《经济科学》2010 年第 2 期。

[54] 林伯强、黄光晓：《能源金融》，清华大学出版社 2011 年版。

[55] 梁琪、张孝岩、过新伟：《中国金融市场基准利率的培育——基于构建完整基准收益率曲线的实证分析》，载于《金融研究》2010 年第 9 期。

[56] 廖理、黄诺楠、张金宝：《中国消费金融调研报告》（2009），经济科学出版社 2011 年版。

[57] 刘闽浙、张娇妮：《金融资源论的再探讨及金融可持续发展》，载于《东方企业文化》2010 年第 4 期。

[58] 刘伟林、李征：《我国农村信用合作模式及发展路径》，载于《中国金融》2011 年第 1 期。

[59] 卢颖、白钦先：《中国金融资源地区分布中政府权力影响》，载于《广东金融学院学报》2009 年第 7 期。

[60] 陆家骝：《金融体系约束与中国经济非平稳增长——基于不完全市场理论的分析》，载于《经济科学》2011 年第 2 期。

[61] 陆瑶：《激活公司控制权市场对中国上市公司价值的影响研究》，载于《金融研究》2010 年第 7 期。

[62] 梅新育：《融资渠道也是影响力》，载于《中国金融》2011 年第 3 期。

[63] 世界银行（Nicholas Stern et al.）：《全球化、增长与贫困——建设一个包容性的世界经济》（世界银行政策研究报告）（陈伟等译），中国财政经济出版社 2003 年版。

[64] 牛锡明：《财富管理是银行经营转型的方向》，载于《中国金融》2011 年第 8 期。

[65] [美] 保罗·萨缪尔森、威廉·诺德豪斯（Paul A. Samuelson & William D. Nordhaus）：《经济学》（第十二版）（高鸿业等译），中国发展出版社 1992 年版。

[66] 彭建刚等：《中国地方中小金融机构发展研究》，中国金融出版社 2010 年版。

[67] 彭兴韵、施华强：《伯南克变革的基本方向——兼论美国货币政策的演化》，载于《国际经济评论》2007 年第 3 期。

[68] 钱志新：《产业金融——医治金融危机的最佳良药》，凤凰出版传媒集团、江苏人民出版社 2010 年版。

[69] [美] 雷蒙德·戈德史密斯（Raymond W. Goldsmith）：《金融结构与金融发展》（周朔等译），上海三联书店、上海人民出版社 1994 年版。

[70] 邵敏：《台湾金融控股公司及其经济影响》，载于《中国金融》2010 年第 11 期。

[71] 沈华嵩：《经济系统的自组织理论——现代科学与经济学方法论》，中国社会科学出版社 1991 年版。

[72] 盛松成：《社会融资规模概念的理论基础与国际经验》，载于《中国金融》2011 年第 8 期。

[73] 盛松成：《社会融资规模与货币政策传导》，载于《金融时报》2012 年 1 月 16 日。

[74] 宋旺、钟正声：《中国金融脱媒度量及国际比较》，载于《当代经济科学》2010 年第 2 期。

[75] 苏京春：《优化私募股权基金的增值环节》，载于《中国金融》2011 年第 1 期。

[76] 孙永平：《自然资源与经济增长关系的历史考察——三次"中心—外围"格局的形成及其转换》，载于《经济评论》2011 年第 2 期。

[77] 汪安佑等：《资源环境经济学》，地质出版社 2005 年版。

[78] 汪小亚、帅旭：《积极推广农村小额信用贷款》，载于《中国金融》2010 年第 16 期。

[79] 王成:《自然资源与经济增长关系研究文献综述》,载于《经济学动态》2010年第6期。

[80] 王华庆:《金融创新——理性的思考》,上海远东出版社2011年版。

[81] 王立勇:《财政政策效应:理论研究与经验分析》,中国人民大学出版社2010年版。

[82] 王亮:《区域创新系统资源配置效率研究》,浙江大学出版社2010年版。

[83] 王曙光:《金融发展理论》,中国发展出版社2010年版。

[84] 王曙光、王东宾:《民族金融与反贫困》,载于《中国经济》2010年第11期。

[85] 王晓莉、韩立岩:《基于DEA的中国各地区金融资源分布有效性评价》,载于《北京航空航天大学学报(社会科学版)》2008年第12期。

[86] 王婷:《租金视角下供应链竞合的价值创造途径》,载于《商业经济与管理》2010年第4期。

[87] 王修华、黄明:《金融资源空间分布规律:一个金融地理学的分析框架》,载于《经济地理》2009年第11期。

[88] 王延平、张方群:《金融创新与经济增长的效应研究》,载于《商业时代》2011年第9期。

[89] 王振中:《建立适合中国的宏观审慎监管机制》,载于《中国金融》2010年第13期。

[90] 魏革军:《金融学科建设应坚持包容四海与中国化的统一——访中国金融学会名誉会长黄达》,载于《中国金融》2011年第10期。

[91] 魏一鸣、王恺、凤振华、从荣刚:《碳金融与碳市场——方法与实证》,科学出版社2010年版。

[92] 吴洪、赵桂芹:《保险发展、金融协同和经济增长——基于省级面板数据的研究》,载于《经济科学》2010年第3期。

[93] 吴敬琏:《经济学和中国经济的崛起》,收录于《比较》(第55辑),中信出版社2011年版。

[94] 吴军、何自云:《金融制度的激励功能与激励相容度标准》,载于《金融研究》2005年第6期。

[95] 吴显亭:《中国低碳经济发展:银行业的责任和努力》,载于《中国金融》2010年第24期。

[96] 吴晓灵、焦瑾璞：《中国小额信贷蓝皮书》（2009~2010），经济科学出版社2011年版。

[97] 吴晓球：《中国构建国际金融中心的路径探讨》，载于《金融研究》2010年第8期。

[98] 武志：《金融发展与经济增长：来自中国的经验分析》，载于《金融研究》2010年第5期。

[99] 夏斌、陈道富：《中国金融战略2020》，人民出版社2011年版。

[100] 向琳、李季刚：《中国农村金融生态环境优化研究——基于金融资源配置效率的实证分析》，载于《西部论坛》2010年第3期。

[101] 徐忠、邹传伟：《硬信息和软信息框架下银行内部贷款审批权分配和激励机制设计——对中小企业融资问题的启示》，载于《金融研究》2010年第8期。

[102] 阎波：《信用评级机构改革及美国债券市场发展》，载于《中国金融》2010年第23期。

[103] 杨玲：《我国生产者服务业发展中的警示——基于后工业时代对美国生产者服务业的深度探究》，载于《经济经纬》2009年第5期。

[104] 杨龙、胡晓珍：《金融发展规模、效率改善与经济增长》，载于《经济科学》2011年第1期。

[105] 杨晓龙、伍艳：《我国区域经济政策与区域金融发展不平衡研究》，载于《区域金融研究》2010年第3期。

[106] 杨正位：《多角度透视国际经济失衡》，载于《中国经济》2011年第3期。

[107] 杨子健：《建立中小企业融资的新型组织体系》，载于《中国金融》2010年第23期。

[108] 易纲：《中国改革开放三十年的利率市场化进程》，载于《金融研究》2009年第1期。

[109] 易宪容、王国刚：《美国次贷危机的流动性传导机制的金融分析》，载于《金融研究》2010年第5期。

[110] 于李胜、王艳艳：《信息竞争性披露、投资者注意力与信息传播效率》，载于《金融研究》2010年第8期。

[111] 曾康霖：《试论我国金融资源的配置》，载于《金融研究》2005年第4期。

[112] 曾维和：《"整体政府"论——西方政府改革的新趋向》，载于《国外社会科学》2009年第2期。

[113] 张兵、范致镇、潘军昌：《信息透明度与公司绩效——基于内生性视角的研究》，载于《金融研究》2009年第2期。

[114] 张海洋、平新乔：《农村民间借贷中的分类相聚性质研究》，载于《金融研究》2010年第9期。

[115] 张金清、吴有红：《外资银行进入水平影响商业银行效率的"阈值效应"分析》，载于《金融研究》2010年第6期。

[116] 张睿：《交易费用产业组织理论述评》，载于《财经问题研究》2009年第6期。

[117] 张若雪、袁志刚：《技术创新能力、金融市场效率与外部经济失衡》，载于《金融研究》2010年第12期。

[118] 张文驹：《资源学的学科属性及定位问题讨论》，载于《中国国土资源经济》2004年第3期。

[119] 张晓燕、王腾江：《我国金融集聚的现状和问题》，载于《学习月刊》2010年第6期。

[120] 张亦春、胡晓：《宏观审慎视角下的最优货币政策框架》，载于《金融研究》2010年第5期。

[121] 郑慧：《加强和改进我国金融监管的政策建议》，载于《光明日报》2010年1月20日。

[122] 中国证监会：《中国资本市场发展报告》，中国金融出版社2008年版。

[123] 仲素梅、武博：《国内外自然资源与经济增长研究述评》，载于《技术经济与管理研究》2010年第1期。

[124] 钟春平、孙焕民、徐长生：《信贷约束、信贷需求与农户借贷行为：安徽的经验证据》，载于《金融研究》2010年第11期。

[125] 周丹、郭万山：《金融资源意识、金融功能提升与金融可持续发展——从金融学科建设看金融发展理论的演进》，载于《当代经济管理》2011年第2期。

[126] 周道许：《地方政府在区域金融生态建设中的作用》，载于《中国金融》2010年Z1期。

[127] 周逢民：《构建黑龙江省碳汇金融体系》，载于《中国金融》2011年第9期。

[128] 周建春:《完善地方政府金融管理体制》,载于《中国金融》2011年第11期。

[129] 周孟亮、李海燕:《中国农村金融的资源配置功能》,载于《湖南农业大学学报(社会科学版)》2008年第12期。

[130] 周小川:《城镇化及其融资问题》,收录于《比较》(第55辑),中信出版社2011年版。

[131] 朱建华:《农业产业化进程中金融资源的有效配置》,载于《科技和产业》2010年第6期。

[132] 邹力行:《金融帝国——美国的发展与启示》,湖南大学出版社2009年版。

图书在版编目（CIP）数据

金融资源配置及其组织化发展／商庆军著 . —北京：经济科学出版社，2014.9
ISBN 978-7-5141-4868-8

Ⅰ. ①金… Ⅱ. ①商… Ⅲ. ①金融-资源分配-研究 Ⅳ. ①F830

中国版本图书馆 CIP 数据核字（2014）第 172044 号

责任编辑：赵　蕾
责任校对：郑淑艳
责任印制：李　鹏

金融资源配置及其组织化发展
商庆军　著
经济科学出版社出版、发行　新华书店经销
社址：北京市海淀区阜成路甲 28 号　邮编：100142
总编部电话：（010）88191217　发行部电话：（010）88191540
网址：www.esp.com.cn
电子邮件：esp@esp.com.cn
天猫网店：经济科学出版社旗舰店
网址：http://jjkxcbs.tmall.com
北京季蜂印刷有限公司印装
710×1000　16 开　16.5 印张　320000 字
2014 年 9 月第 1 版　2014 年 9 月第 1 次印刷
ISBN 978-7-5141-4868-8　定价：42.00 元
（图书出现印装问题，本社负责调换。电话：88191502）
（版权所有　翻印必究）